ハイデッガーの思惟と宗教への問い

宗教と言語を巡って

谷口静浩 著

晃洋書房

目次

序　1

第一章　ハイデッガーの思惟における宗教的次元……7

一　ハイデッガー解釈の歩み　9
1．『存在と時間』に対する評価──「実存主義」という見方　9
2．ケーレを巡る議論　11
3．全集版刊行　12
4．ハイデッガーとナチズム　13
5．日本における受容──京都学派との関わり　16
6．現在の状況　17
二　「宗教の本質への問い」の連関でハイデッガーを解釈するとは　18
1．ハイデッガーの思惟と神学研究　19
2．ペゲラーのハイデッガー解釈　20
3．宗教の本質への問いと言語の問題　22

第二章　宗教と思惟……29
一　ハイデッガーの生涯と思惟　29
1. 思惟の由来　30
2. ナチズムとの関わり　35
二　宗教を巡る思惟　39
1. 思惟の経験から　40
2. 野の道　41
三　結語——宗教と思惟　46

第三章　『存在と時間』期における宗教的なるものへの問い……53
一　現存在の解釈　55
1.『存在と時間』における現存在の解釈　55
2. 事実的生の解釈学から現存在解釈へ　57
3. 世界—内—存在としての現存在　68
二　超越としての世界—内—存在　70
1.『存在と時間』における超越　70

2. 『存在と時間』に続く時期の超越　73
三　超越の問題と宗教　78
四　結語――「世界―内―存在」の宗教性　82

第四章　詩作と宗教……89

一　詩作への問い――古代ギリシア思想との連関で　89
1. ギリシア哲学への視座　91
2. ギリシアの思惟と詩作　94
二　詩作と言葉――ヘルダーリンへの取り組み　96
1. 詩作と神々　97
2. 言葉の本来的生起　100
3. 詩作と言葉　103
三　詩作と宗教――思惟と詩作との関わりを巡って　106
1. 存在の声に聴従する思惟　106
2. 思惟と詩作の覆蔵的連関　111
3. 詩作と宗教　114
四　結語――宗教的言語の可能性　116

第五章　言語への問い……121
一　人間と言語　122
1．人間存在の言語性　122
2．言語に対するフンボルトの思惟　124
3．フンボルトの言語論からハイデッガーへ　130
二　ハイデッガーにおける言語への問い　133
1．後期の思惟　134
2．言語そのものの語り――「言語への道」第一、二節におけるハイデッガーの言語論　137
3．真起と言語――「言語への道」第三節　141
三　結語――フンボルトとハイデッガー　145
第六章　宗教への問い……155
一　ハイデッガーにおける宗教への問い　155
1．ルターからパウロへ、そしてアウグスティヌスへ　156
2．ブルトマンとの交わり――『現象学と神学』　159
3．東アジアの思想との連関　162

二　宗教の可能性を求めて――新しい宗教性を告げるハイデッガー　167
1．宗教性を巡る模索――『哲学への寄与』　167
2．科学技術の時代と宗教　176
三　結語――言葉のうちへと溶け込んだ宗教性　182

第七章　神話の言語と宗教……195
一　神話への哲学的アプローチ　196
1．ガーダマーの思想　197
2．ドイツ観念論哲学における神話論　199
二　シンボル形式としての神話――E・カッシーラーの神話理解　200
1．「シンボル形式」の連関で　201
2．宗教と言語の連関で　203
三　根源的言語としての神話――ハイデッガーの言語理解　206
1．カッシーラーの『神話的思考』に対する「書評」と同時期の講義　206
2．ギリシア思想の元初と神話　210
3．根源的言語としての神話　214
四　結語――神話的思惟と言語　218

終章　宗教とは何か…………225
一　宗教とは　227
1．超越者の語りかけとしての宗教　228
2．自己存在への問いとしての宗教　229
3．「聖なるもの」による宗教規定　232
二　宗教と言語——宗教の根源へ　236
文　献　244
後書き　259
索　引

序

本書は二〇世紀の哲学議論の中心であり続け、現在においてもなおその議論が止むことのないマルティン・ハイデッガー（Heidegger, Martin, 1889-1976）の多様な射程を持つ思惟に対して、「宗教の本質への問い」という切り口からその思惟の核心へと迫る試みである。ハイデッガーに関して、カトリックの出自や神学研究への志向、さらにその論考の多くの箇所で見いだされる宗教の本質への言及などから、「宗教への問い」なくして彼の思惟の歩みはなかったと断言できる。しかし他方、彼は宗教をテーマとするまとまった論考をほとんど残しておらず、彼が残した著述から彼の宗教への思索を明確にすることは非常に困難なものとなる。そのためこれまでのハイデッガー研究史において、彼の思惟を「宗教への問い」という切り口で論じる本格的研究はほとんどなく、たとえ宗教との連関で彼の思惟を論じる研究があったとしても、キリスト教神学との関わりにおいて扱うものが大半であった。しかしハイデッガーがユダヤ―キリスト教の神を徹底して問いつつ、キリスト教の神や神学の問題を超えて宗教そのものの根元へと問いを向けていることこそが、ハイデッガーの思惟を根底から突き動かしている事柄だと言える。すなわちハイデッガーの「神への問い」は、キリスト教の伝統のなかから出てきたものではあっても、「存在」を、「言語」を徹底して問い抜くという仕方で、キリスト教という枠を突破し、宗教一般を問う射程を持っていると考えられる。そしてハイデッガーの思惟を追思し抜いたオットー・ペゲラー（Pöggeler, Otto, 1928-2014）がおりにふれて用いる「宗教的次元」という概念は、宗教への問いがハイデッガーの思惟の根底に存するという見方を支持していると思われる。

ところで本書では、ハイデッガーの思惟と宗教への問いとの連関が、言語の問題に光を当てるという仕方で解明される。ハイデッガーの思惟は一貫して、そして後期になるほどますます「言語」へと焦点が絞られていく。ハイデッガーの言語への問いは、「人間が語るのは、言語に呼応するかぎりである。言語が語る」、「言語は静寂の鳴り響きとして語る」といった表現からも見て取れるように、日常的な言語活動へと向けられているのではなく、究極的な場面での言語使用に、「宗教的」と呼べる言語使用へと向けられている。したがってハイデッガーの言語論の解明は、彼の宗教への問いを明らかにするさいの導きとなると考えられる。

ここで本書を概観しておくと、序論的性格を持つ第一章において、以上の基本方針を確認すべく、これまでのハイデッガー研究の歩みが検証される。この検証を通じて、ハイデッガー研究史において、彼の思惟の宗教性を巡って――直接的なテーマとはならない仕方ではあっても――どのような議論がなされてきたかが示される。さらに本研究がペゲラーの「ハイデッガーの思惟の道には、その始まり以来、神への問いが存している」という発言や「宗教的次元」という概念に導かれるものであることが示され、最後に本書における「言語への問い」の重要性が確認される。

続いて第二章では、ハイデッガーの「思惟の由来」を訪ねることから始め、ナチズムとの関わり、第二次世界大戦後になされた自然の本質を問う思惟をたどりつつ、彼の思惟の根本性格が明らかにされる。この考察を通じて、ハイデッガーにとって思惟の由来が彼の思索を導いたこと、またナチズムとの関わりは彼にとって思惟の事柄であったことが確認される。さらに宗教に対しては、自然の本質を問いつつ「原存在の呼びかけ」、「至高の空からの呼びかけ」に耳を傾けこの呼びかけに呼応するという仕方での「思惟による準備」に、ハイデッガーにとっての宗教的次元が見て取れることが示される。

つぎに第三章では『存在と時間』の時期の思惟に照明が当てられる。すなわち『存在と時間』へと至る思惟、『存在と時間』およびそれに続く思惟、とりわけ「超越と自己」を巡る思惟が講義録に基づいてたどられる。ここで「超越」は、存在了解の地平としての「とき性」の超越性とも関連して、『存在と時間』を窮地に陥らせた問題であり、また宗教と関わる問題でもあることをハイデッガーは認識していた。ここで私たちはその「超越」の思惟の究極に raptus（拉致）といったルター神秘主義につながる考えを見いだす。この考えから、宗教と距離を置いた感のあるこの時期のハイデッガーの思惟においても、宗教への関心がけっして失われていないことが確認される。

　そして第四章では、古代ギリシアの元初的思惟との親縁性においてヘルダーリンの詩作の本質へと迫ることになる。ギリシアの思惟の根本語 alētheia は、覆蔵性 lēthē の「非」として覆蔵性の覆いを取り除きつつ、この「非」によって破られた覆いのもとに蔵《かく》されていた〈秘蔵されたもの〉を〈秘蔵されたもの〉として護る形で言語化されたものだと言いうる。この〈秘蔵されたもの〉を〈秘蔵されたもの〉として護る努力という点でヘルダーリンの詩作は古代ギリシアの思惟と親縁性を持つことが見て取られる。この〈秘蔵されたもの〉の言語化可能性こそ「詩作」の意義だと考えられる。すなわち詩作としての〈秘蔵されたもの〉の言語化は、〈秘蔵されたもの〉として蔵《かく》されているものを明け開く営みであるが、それと同時に詩作の言葉は、〈秘蔵されたもの〉を〈秘蔵されたもの〉として護ることによって、秘蔵性の護持を要件とする宗教にとってその宗教性の存続を可能にするものである。私たちはハイデッガーの思惟に基づいて、詩人の営みを、「存在の真理」を護りそれを言語化する努力、「聖なるもの」を言語化する格闘のうちに見る。そして私たちはヘルダーリンの言う「詩人的に住む」というあり方のうちに、宗教的次元の具体的な姿を見いだすのである。もちろんここで見られる言語の宗教性は、あくまでもハイデッガーの詩作の連関におけるものであり、私たちは次章以下でこの問題を言語の連関で、宗教の連関で問い直すことになる。

　そこで第五章では、ハイデッガー言語論の頂点とも言うべき論考「言語への道」が解釈される。この論考でハイデッガーは、フンボルトの言語論に導かれる形で言語の深みへと分け入り、言語の本質を「人間に対して〈秘蔵されたもの〉から〈秘蔵されたもの〉へと呼びかける言語の語りの秘蔵性」のうちに見て取っている。ハイデッガーはこの「言語の語り」を「真起（Ereignis）の語り」とも言うが、フンボルトが語る「人間性の深みから湧き出てくる言語」、「民族の精神としての言語」、総じて「人間存在の根源的言語性」、「人間と世界との関わりの根源的言語性」という根本思想は、真起の語りとしての言と人間との呼応というハイデッガー言語論の根本思想と相即するものであると解釈することができる。すなわち人間には、みずからの精神の働きとしての言語活動の根底に、真起の語りとしての言の語り、〈秘蔵されたもの〉から〈秘蔵されたもの〉へと呼びかける言の語りに委ねられ呼応するという根源的事態が認められるからこそ、人間存在そして人間と世界との関わりは根源的に言語によって貫かれているのである。このような真起と結びついた言語の最内奥の本質解明によって、宗教的言語の問題へと導かれることになる。

つぎに第六章では、まさに宗教と言語の問題が追及される。ハイデッガーは、若き時代のルターへの傾倒、ブルトマンとの親交、そして東洋の思想家たちとの交わりといった出来事を通して、宗教的事柄を彼の思惟の根底として問い続けていった。すなわちハイデッガーはルターからは「みずからの存在そのもの」へ関心を向け、自己存在へと問いを向けることを、ブルトマンからは信仰を「啓示という語りかけ、語りかけの言葉が聴かれることによってのみ成り立つ応答」と捉えることを、そして東アジアの宗教・哲学思想との交流のうちで、キリスト教的宗教性への問いを「宗教性」そのものへの問いへと深化させることを学んだと思われる。さらに『哲学への寄与』においてハイデッガーは、相互委譲という神と人間との関係を見いだし、この関係においてその根底に存する「真起」こそが第一義であることを看取した。また科学技術との連関で、技術の危険という性格とこの危険が孕む「恵み」を見て取ったのであるが、この「恵み」という宗教の事柄に直面しつつ、彼はどこまでも「存在の思惟」に止まろうとする。このように神や宗教の問題は、ハイデッガーの思惟を根底において衝き動かすものであると同時に、彼にとって言語の本質への問いと一つに思索されるべきものであった。

最後に第七章では、宗教の言語として「神話の言語」が問題とされる。そのさい、ハイデッガーが若き日に直接討論の場を持ったカッシーラーの神話論が導きとなった。もっともハイデッガーはカッシーラーを正当に評価しているわけでもカッシーラーに倣って神話を正面から問題にしたわけでもなかったが、ハイデッガーの「宗教と言語」への問いにおいて神話の問題はけっして等閑に付しうるものではなかった。ハイデッガーはとりわけギリシアの神話に即して、神話を宗教的真理を語る言語の可能性と見なした。もちろん神話の言語によって彼の宗教的言語への問いに解答が与えられたわけではないが、宗教的言語の一つの可能性が示されたと言うことはできるのではないだろうか。

このように本書は、ハイデッガーの思惟を「宗教の本質への問い」の連関で、言語へと焦点を合わせるという仕方で解明するものである。そして終章では以上のような解明を受けて、このようなハイデッガーの思惟によって私たちの宗教理解にどのような知見が加えられたのかが考察される。そのさい宗教の本質究明にとって大きな意味を持ち続けている「聖なるもの」概念が吟味され、ハイデッガーの連関から出された〈秘蔵されたもの〉の、宗教の根本概念としての妥当性が示されることになる。

本書ではハイデッガーの思惟を踏まえつつ、詩作の根本構造のうちに、「超越の次元からの語りかけ」によって始まる宗教と言語との根本のあり方が見て取られ、詩人のおこないが人間の言語でありながら人間の言語を超えようとする宗教的営みとして解釈された。すなわちヘルダーリンの言う「詩人的に住む」というあり方のうちに、「宗教的次元」の具体的な姿が見いだされたのであった。詩作の言葉は「〈秘蔵されたもの〉を明け開きつつ、同時に〈秘蔵されたもの〉を〈秘蔵されたもの〉として護る言葉」であり、しかもそれは神々の目くばせを受容し神々の語りかけに応える人間の言葉であり、「超越の次元」に届く可能性を保持するものと考えられる。また言語の根源としての言の語りは、人間に対して〈秘蔵されたもの〉から〈秘蔵されたもの〉へと呼びかけるものであった。すなわち詩作の言葉は、そしてそもそも言語は、その根源に〈秘蔵されたもの〉を蔵《かく》しそれを護るものであることが明らかにされた。この〈秘蔵されたもの〉のうちにこそ、そしてこの〈秘蔵されたもの〉を語る言語の試みにこそ、私たちは宗教の根源を見いだすことができると思う。そしてこの宗教の根源を教えてくれたものが、まさしくハイデッガーの思惟であったのだ。ハイデッガーにとって神の問題は「存在」への問いと別物ではなく、存在の「真理」の生起と一つに問われた――このことこそハイデッガーの「宗教への問い」にとって肝要な点であると言えるだろう。したがって彼の神への問いにおける根本語が「真起」ということになるのである。本書で真理の問題の核心に〈秘蔵されたもの〉を見て取った。この〈秘蔵されたもの〉のうちにこそ宗教と言語とを結びつける要諦が見いだされるのである。

なお本書はハイデッガーの思惟を「宗教の本質への問い」の連関で解明することに主眼を置いているが、ハイデッガーの思惟の歩みそのものをその時代背景とともに丹念にたどったものでもあることを付言しておきたい。そのため私は「ハイデッガーとナチズム」の問題からも視線を逸らさずにハイデッガーの思惟を究明するよう努めた。

ところで現在、ハイデッガー研究の中心は「黒ノート」に置かれている。その点からすると「黒ノート」への言及を最小限に抑えた本書は、ハイデッガー専門家にとってはいささか物足りないものと思われるであろう。確かにハイデッガーの思惟の全体を知るために「黒ノート」を無視できないことは論を俟たない。しかしながら「黒ノート」は、そこからハイデッガーのナチズムへの偏向の証拠を見つけようという意図を除くと、ハイデッガー研究者以外から関心を寄せられることがほとんどないこともまた事実であろう。ハイデッガーの「第二の主著」とまで言われたあの『哲学への寄与』でさえ、一般の読者のみならず哲学研究者たちからもほとんど関心を持たれることはなかったが、「黒ノート」も同様であることが推し量られる。また「黒ノート」におけるハイデッガー独自の造語を含む難解な文章は、ハイデッガー専門家以外の接近を峻拒するものとも思われる。本書はもちろんハイデッガー研究の専門書であるが、ハイデッガー研究者以外の哲学・宗教（学）に関心を持たれる方々にとってもハイデッガー入門書としてお読みいただけるよう執筆したつもりである。この点を考慮して本研究では、ハイデッガーの膨大なテクストのうち哲学・宗教（学）研究に資すると思えるものを中心に扱うこととなったのである。

第一章　ハイデッガーの思惟における宗教的次元

ハイデッガーの哲学的思惟は、二〇世紀の哲学議論の中心であり続けた。そしてその思惟は、彼の死後四〇年を経過したいまでもなお、哲学研究の大きなテーマとなっている。彼の在世中から刊行を開始した全集は百巻にもおよび、その全体がほぼ出揃いつつある。ハイデッガーは大学教授の地位にあって学術研究に没頭したのであり、全集版において公開された講義録は、彼の講義への取り組みがいかに精力的なものであったかを如実に物語っている。また新たに公表された膨大な「思索メモ」においても、生活時間のほぼすべてを真剣な思索に没頭させていた様子が克明に見て取れる。しかしながら彼はまた、カトリックの出自でありながらそこから離れた点、第二次世界大戦へと向かう暗黒のドイツ史において政治的な役割を担った点など、生き方そのものが問題視される思想家でもある。私たちは本書において、多様な射程を持つ彼の思惟に対して、「宗教の本質への問い」という切り口からその思惟の核心へと迫っていきたい。というのもハイデッガーに関しては、序で述べたように、カトリックの出自や神学研究への志向というその経緯、さらにはその論考の多くの箇所で記された宗教の本質への示唆などからも、「宗教への問い」なくして彼の思惟の歩みはなかったと断言できるからである。しかしながら他方ハイデッガーは宗教をテーマとするまとまった論考をほとんど残しておらず、彼が残した著述から彼の宗教に関する思索を明確にすることは非常に困難なものとなる。そのためもあってこれまでのハイデッガー研究史において、彼の思惟を「宗教への問い」という切り口で論じる本格的な研究は多くなかったと言える。またたとえ宗教との関わりで彼の思惟を論じる研究があったとしても、彼の思惟を神の問題、神学との関わりにおいてキリスト教の連関で扱うものがほとんどであった。しかしながらハイデッガーの問いが神や神学の問題を突破して宗教そのものへと向けられていることこそが、ハイデッガーの思惟を根底から突き動かしている事柄であると私たちは考えたい。本書は、「宗教の本質への問い」の連関でハイデッガーの思惟の核心へと迫る試みである。そしてこの試みにおいて、ハイデッガーの思惟を終始動かし続けた「言語への問い」が決定的な意味を持つこととなる。

ところでこのようにハイデッガーの思惟を「宗教への問い」の連関で解明する試みは、不可欠なものであると同時にある意味で無謀なものとも言える。というのもハイデッガーの思惟を神や神学との関連で扱う従来の研究においても、神や神学の事柄に関するハイデッガー自身の発言の少なさがつねにネックとなってきたことが確認されるからである。したがってこのような試みは、ともすれば彼の宗教に関する発言を不当に肥大化させ、彼の思惟を歪曲するものとなる危険を孕んでいる。それにもかかわらず私たちは、彼の思惟の営みをその根底から正確に理解しようとするとき、彼の思惟における「宗教への問い」の連関の決定的重要性を看過することはできず、その連関を解明することは欠くべからざるものであると考えられる。ハイデッガーの思惟行路における「宗教への問い」の重要性は、彼が生涯にわたって問い続けた「存在」が、ヨーロッパの哲学史を導いてきた問題連関、すなわち「神と存在」という問題連関そのものであることからも見て取ることができる（1）。そしてハイデッガーの思惟の独創性は、神の創造をも含む形で「存在」を問うのみならず、神の創造との連関をその根底へと「突破」して、「存在」をその元初において問うところにあると言える。そしてこのとき、まさに神の創造の主役をなすユダヤ―キリスト教の神そのものを徹底的に問うこと、さらにその神を超えて宗教そのものの根元を問うことが不可欠となったのである。

本書はハイデッガーの思惟を彼の「宗教への問い」の連関で解明する試みである。言うまでもなくこの試みは、宗教をテーマとする一次文献の乏しさゆえに、しかし同時に彼の膨大な著述が宗教的関心に貫かれていることが明白であるがゆえに、困難を極めるものであることが予想される。私たちはこの試みの導きとして、O・ペゲラーのハイデッガーに関する広汎な論考に助けを求めたい。ペゲラーはその著『マルティン・ハイデッガーの思惟の道』（一九六三年）

において、ハイデッガーの思惟を「思惟の道」と捉え、「ハイデッガーの思惟の道には、その始まり以来、神への問いが存している」(2)と述べる。ペゲラーのこの見方は、その後陸続と公表されるハイデッガー論においても維持されており、彼のハイデッガー理解はまさに「宗教への問い」の連関でなされたという性格を持つ。この性格は、なかんずく彼が明確な概念規定をおこなうことなくしばしば用いる「宗教的次元」という概念に反映されている。ペゲラーは「宗教的次元」という概念によってさりげなく、ハイデッガーの思惟の核心に宗教的なものが関わっていることを表明していると考えられる。私たちは本研究で、ペゲラーの論考に手がかりを求める形で、ハイデッガーの思惟の宗教的連関の解明をめざしたい。

一　ハイデッガー解釈の歩み

ハイデッガーの思惟は前世紀に展開されたものではあるが、現代という時代の根本動向を把握し来る時代に対する根本指針を得るうえで独自の意義を有する。この独自の意義は、彼の思惟が正確に解釈され理解されることを前提とする。その正確な理解のために私たちは、私たちに残されたハイデッガーの著作、講義録、遺稿、書簡、親交のあった人々による報告などをもとに、ハイデッガーの思惟を歪曲することなくその思惟に適った仕方で解釈しなければならない。しかしながらハイデッガーが残した発言は膨大なものであり、またその発言を収集し確定する作業も完了したとは言い難い状況にある。私たちはまず、ハイデッガー存命中から続けられた、彼の思惟を理解する努力の跡を「宗教への問い」というまなざしにおいて振り返ってみたい。

1.『存在と時間』に対する評価――「実存主義」という見方

ハイデッガーの哲学議論へのデビューは『存在と時間』(Sein und Zeit, 1927)の公刊とともに始まる。この論考はまずフッサールが編集する『哲学および現象学研究年報』（Jahrbuch für Philosophie und phänomenologische Forschung）第八巻に、O・ベッカー（Becker, Oskar, 1889-1964）の「数学的実存――数学的諸現象の論理と存在論に対する研究」とともに発表された。このことからも知られるように、この論考はフッサール現象学との強い親縁性のもとに生まれたものであり、その後フッサールとの関係が微妙なものになっていったとしても、フッサールの現象学的思惟がこの論考の前提であることに変わりはない。ハイデッガーの思惟は以降、さまざまな形で論考が公にされるたびに哲学研究者たちの注目を浴び続けた。しかしながらこのような注目は、第二次世界大戦後に爆発的に広まった実存主義論争によって質の異なるものとなる。実存主義の爆発的流行はサルトル（Sartre, Jean-Paul, 1905-1980）の『実存主義はヒューマニズムである』（一九四六年）を嚆矢とする。もちろん「実存」の優位を主張する思想はより以前に遡るものではあるが、サルトルのこの書でもって政治思想、倫理思想をも巻き込む形で実存主義論争が開始された。この書においてハイデッガーは「無神論的実存主義者」として登場する（3）。確かにハイデッガーは『存在と時間』において「実存（Existenz）」「実存的（existentiell）」「実存論的（existential）」という用語を使用してはいるが、この書において分析されるのは実存と言うより「現存在（Dasein）」であり、現存在の存在こそが問題とされているにもかかわらず、である。ハイデッガーはこのサルトルの考えを承けて翌年、J・ボーフレ（Beaufret, Jean, 1907-1982）の質問に対する返答という形で『ヒューマニズムに対する書簡』を公刊し、サルトルの考えに異を唱えることになる。しかしながら当時、ハイデッガーの思惟、とりわけ『存在と時間』は「実存主義」という枠組みで議論され、この議論が広く戦後世界に受け入れられたのである（4）。「実存主義」は一九五〇年代、六〇年代の世界の哲学議論を席捲した。それにともなってハイデッガーの思惟は、彼が否定したにもかかわらず、この実存主義論争をリードする思想と見なされていく。さらに皮肉なことに「神無き実存」というサルトルの規定は、かえってハイデッガーの思惟の宗教的連関を浮き彫りにするものとなり（5）、彼の思惟は神学者たちの議論にとってなくてはならないものとなっていく。この宗教的思惟という性格は、つぎのケーレを巡る議論と関わるものである。

2．ケーレを巡る議論

主著『存在と時間』の公刊時には、表題に「前半部」という但し書きが付されていた。この但し書きは長く維持され、一九五三年の第七版に至って初めて削除されることとなった。この長きにわたる「前半部」という付言によって必然的に、『存在と時間』の「後半部」が待望され続けたが、一九三〇年代以降のハイデッガーの思惟は明らかに『存在と時間』のものとは異なったものとなり、今度はこの思惟の「移り行き」そのものに注目が集まった。ここで思惟の移り行きとは、思惟の事柄が「存在者の存在」という形而上学的存在から「存在そのもの」へと移り行ったことを意味する。この事態に対してハイデッガー自身は一九四七年になって初めて、『ヒューマニズムに対する書簡』のなかで「ここ〔『存在と時間』のなかで予告された第一部第三編「時間と存在」〕で全体が転回（umkehren）する〔はずであった〕」（GA9, 328 : GA は全集略記号。巻末文献参照。以下同）と発言し、『存在と時間』そのものが含む「思惟の転回（ケーレ）」が、そして『存在と時間』でもともと考えられていたのとは違った形で遂行された「思惟の転回」が本格的な議論の俎上に載せられることとなった。

もっともハイデッガー自身、みずからの「思惟の転回」について言及することはまれである。その多くない言及のなかでとくに注目すべきはリチャードソン（Richardson, William J., 1920-2016）の著『ハイデッガー――現象学を通って思惟へ』（一九六三年）に対する「序言」という形でのハイデッガー自身によるコメントであろう。このなかでハイデッガーは、思惟の転回とは「『存在と時間』における立場の変更、ましてやそこにおける問いの設定の放棄に基づいて引き起こされたもの」ではなく、転回という思惟は「『存在と時間』という思惟すべき事柄に留まり続けている」ことから結果したものであると言う。すなわちハイデッガーによると、思惟の転回とは「存在と時間」という事柄そのものに属し事柄そのものが要求するもの、「存在が時間に属し、時間が存在をもたらす」という事柄そのものなのである。したがって「転回」とは存在そのものの根本動向であり、「転回の「生起」とは原存在（Seyn）そのもの「である」。

原存在は転回からのみ思惟されうる」と言われているのである（6）。このとき「存在」と「時間」とはそれぞれ「現前（Anwesen）」「現前の自己覆蔵の明け開け」と言い表される事態なのである。

このように「序言」におけるハイデッガーの説明によると、「思惟の転回（Wendung）」とは「転回（Kehre）の思惟」であり、「転回」という根本性格を持つ「存在の思惟」なのである。ところでこうした「思惟の転回」「転回の思惟」において本書にとって重要なのは、「転回」という本性を持つ「存在そのもの」、ハイデッガーが三〇年代以降関心の的とした「存在そのもの」が、宗教的陰影を帯びたものなのかどうかという議論である。もしこの存在が宗教的陰影を帯びたものだとするならば、この存在そのものは「神秘主義的」と呼ばれるべきものなのであろうか。こうした問題に関して私たちは、本書を通じて考察していくことになる。

3. 全集版刊行

ハイデッガーに関してなされたさまざまな議論は、全集版の刊行とともに新たな局面を迎えることとなった。全集版の刊行は、マールブルク大学での一九二七年夏学期講義を収めた第二四巻『現象学の根本問題』（Die Grundprobleme der Phänomenologie. 1975）をもって始まる。この講義は口述筆記などによって密かに知られていたようであるが、本巻は「ハイデッガー自身の指示を承けて」「彼自身が与えた編集方針に基づいた」もので、ハイデッガー自身の講義草案と受講者による筆記ノートとを組み合わせるという形で編纂されている（7）。この講義録の編集方針は、その後も踏襲されていくことになる。確かにこの巻に関してはハイデッガー自身の指示に基づいて編集がなされたが、彼の死後におけるこの編集方法は、テクストそのものの問題性を生み出すもととなった。そして今後のハイデッガー研究は、このテクストそのものの孕む問題性を巡って展開するものと予想される。しかしいずれにしてもこの数十年間のハイデッガー研究は、全集版の進捗とともに進められてきたことは間違いない。

ところでこの全集版刊行の進行において一つの区切りとなったのは、生誕百年を期して一九八九年に刊行された第六五巻『哲学への寄与（真起について）』（Beiträge zur Philosophie（Vom Ereignis））であった（以後『寄与』と略記）（8）。この断片集もまた、そのタイプ原稿がすでに彼の弟子たちのあいだに行き渡っていたが、とりわけペゲラーによって「第二の主著」（9）とまで評価され、さらに彼の『ハイデッガーの思惟の道』のなかで未刊のままでかなりの部分が引用され、しかもその引用がペゲラーの論旨において重要な役割を担った。このようなことから『寄与』はその公刊が強く待ち望まれていたものであったが、皮肉なことにこの注目すべき断片集の刊行に少し先んじて上梓されたヴィクトル・ファリアスの『ハイデッガーとナチズム』（Heidegger et le Nazisme）による衝撃があまりにも大きく、『寄与』への注目はハイデッガー研究者のあいだにほぼ限定されることとなった。他方ハイデッガーの思惟とナチズムとの関わりは、ファリアスの書によって新たな資料も加わり、それ抜きでハイデッガーに関する議論が成り立たないほどにまで大きな注目を浴びることとなった。とはいえ『寄与』に示された思索が後期ハイデッガーの思惟を予描していることは間違いなく、公刊された『寄与』はハイデッガー研究の重要な基本文献となったのである。

そしてこのたび二〇一四年に刊行を開始したいわゆる「黒ノート」の出現によって、ハイデッガー研究は新たな段階に突入することとなった。この「黒ノート」はハイデッガーにとっての「思索メモ」といった性格のものであり、その大半は彼の著作や講義へと結実していく思索が綴られているが、なかには従来のハイデッガー像を打ち破る可能性を秘めた叙述も見いだされる。もっともこの膨大なメモのうちに、ハイデッガーのナチズムおよび反ユダヤ主義との関係のみを読み取ろうとする傾向も少なからず存在するのである（10）。

4. ハイデッガーとナチズム

ハイデッガーとナチズムとの関係は一九三三年の学長就任以来、繰り返し問題視されてきた。しかし第二次世界大戦後の哲学議論において、ハイデッガーの思惟はおもにさきに見た実存主義との関わりや思惟のケーレの問題連関において扱われ、ナチズムの問題はいわば「沈静化」していた。ところが一九八七年、『ハイデッガーとナチズム』という衝撃的な書物が上梓されて以来、この著作が巻き起こしたセンセーションが哲学にわずかでも関心を持つ人たちを席捲することとなった。ハイデッガーはそれ以来、彼が著した哲学的著作や講義録に基づいて議論されるよりはむしろ、職務上の必要に迫られて記した文章や私信をもとに、場合によっては「むりやり」ナチズムと関連づけて議論されることが目立つようになった。もちろんすでにドイツを代表する哲学者であったハイデッガーにとって、ナチス政権下でのみずからの行動が持つ意味の重大さは十分認識できたはずであり、彼の言動や行動がその哲学と無縁でないことも言うまでもない。ハイデッガーとナチズムの問題は哲学的に小さな問題ではない。しかしながらナチス政権下でのハイデッガーの行動や政治に絡んだ発言は、その社会状況に大きく制約されたものであることも事実であり、それだけを取り出して解釈すべきものではない。そしてこの問題は「黒ノート」の公刊によって新たな段階に入ることとなった。

「黒ノート」には学長時代の彼の思い(11)、あるいはユダヤ人に対する「偏見」さえ語られている。その記述は「テクスト」として綴られている以上、慎重な解釈が要求されるのは当然である。しかしその記述において、彼の考えがはたして「反ユダヤ主義的」と言えるのか、あるいはさらにその記述が彼のナチズムへの共感を表明しているのかといった点ははなはだ疑わしい。例えば反ユダヤ主義の「動かぬ証拠」としてしばしば引用されるつぎの記述が、はたして明確な反ユダヤ主義の表明と言えるであろうか。

> なぜ私たちは、イギリスが本当は〔ドイツと同じ〕西洋としての立場を取っていない、あるい取らないでいられることを認識するのにこんなにも時間がかかるのか。それはイギリスが近代世界の整備を始めたこと、しかし近代はその本質において全世界の作為性という脱拘束へと向けられていることを、私たちは先になってやっと把握するであろう、という理由による。帝国主義諸国の「権益」を分配する意味でイギリスと協調するという考えもまた、イギリスがいまやアメリカニズムとボルシェヴィズムのうちで、そして同時に世界ユダヤ網（Weltjudentum）のうちで最後まで演じている歴史的出来

事の本質に的中するものではない。世界ユダヤ網の役割への問いは人種に関する問いではなく、人間性のあり方への形而上学的問いである。この問いは、まったく制約を受けずに、あらゆる存在者の存在からの根こぎを世界史的「課題」として引き受けなければならない。(GA96, 243)

ここで「全世界の作為性(Machenschaft)」とは、存在者を「何か(有益なもの)とする(machen)、有益なものとして利用する」という技術の本質のことで、ハイデッガーはこの作為性が近代世界を支配している、しかもそれが「(宗教性を持った)存在という拘束からの解放」として支配していると考えている。この断片のなかで注目すべきは最後の四行に示された思想、すなわちユダヤ人のあり方を問う場合、それは「人種に関する」問いではなく、「人間性のあり方への形而上学的」問いであるということ、ならびにこの問いが「存在者の存在からの根こぎを世界史的課題として引き受けなければならない」という二点であろう。さらにこの引用の第三番の文には、この作為性の世界支配をリードしているのがイギリスであって、イギリスはハイデッガーを含めた西洋とは異なる立場であり、この立場はアメリカやロシアと、さらにはユダヤ人とさえ共通する、という考えが披瀝されているが、この考えは政治思想としては「妄想」の域を超え出るものではなく、当時ドイツの一般大衆が抱いていた偏見と大差がないものと思われる。このようなことから、引用した断片がハイデッガーによる世界の現状に対する哲学的考察であり、彼がユダヤ人を肯定的に捉えていないことは確かだとしても、この記述によってハイデッガーはユダヤ人を非難するというよりはむしろ、そこから哲学的に現代世界のあり方を、それも存在の問題との連関で存在史的に問おうとしていることは明確である。したがってこの発言を「反ユダヤ主義」といった概念で表される内容と同一視する論評には違和感を覚えるのである。なおこのナチズムとの関係の問題については次章でも扱うことにする。

5. 日本における受容——京都学派との関わり

ハイデッガー哲学は当時の日本を代表する哲学研究者たちによって異例の早さで受容された。すでに田邊元は初期フライブルク時代の、そして三木清、九鬼周造らはマールブルク時代のハイデッガーの講義を聴いており、その報告がすばやく日本の哲学雑誌に紹介された。田邊元（一八八五—一九六二）は西田幾多郎の助教授として一九一九年に京都帝国大学に着任したのち、一九二二年三月より二四年一月まで文部省在外研究員としておもにフライブルクでフッサールや私講師時代のハイデッガーに学んだ。そして帰国後の同年一〇月に『思想』に発表した「現象學における新しき轉向」において、ハイデッガーの一九二三年夏学期講義の紹介をおこなっている（12）。この論文は日本におけるハイデッガー受容の嚆矢《こうし》とも言うべきものであり、この紹介によってハイデッガーは、フッサール現象学を継承しつつディルタイ流の「生の哲学」の方向へと「解釈学的現象学」という名のもとに発展させようとする新進気鋭の哲学者として知られることとなった。もっとも一九二三年秋より約一年間マールブルクでハイデッガーに師事していた三木清（一八九七—一九四五）は、田邊の報告より少し早く、滞在中のマールブルクより報告を書き送り、それが「消息一通」という題で『思想』一九二四年三月号に掲載されてはいた（13）。しかしこの報告ではハイデッガーに関しては、その人柄について簡単に触れているだけであり、三木による本格的なハイデッガー紹介は一九三〇年一月『中央公論』掲載の「ハイデッガーの存在論」をもって始まることとなる（14）。

また九鬼周造（一八八八—一九四二）も同じ頃、すなわち一九二七年一一月より翌年六月までマールブルクに滞在し、その間ハイデッガーの講義を聴講しゼミナールにも参加している。もっとも九鬼はそれ以前からハイデッガーと交流があったようで、九鬼の家庭教師をしていたサルトルが一九二六年にハイデッガーを訪問したさい、九鬼の紹介状を持参したという逸話も残されている（15）。この九鬼のハイデッガーに関する論考は、ヨーロッパより帰国の船中で執筆された「佛獨哲學界の現狀」が存在するが（16）、公刊されたものとしては一九三三年の「ハイデッガーの哲學」

が最初のものである（17）。この論文は、『存在と時間』を中心にハイデッガーの思想を的確に把捉し解説した論考としてはおそらく日本で初めてのもので、とりわけ九鬼が苦心のうえで選定した訳語は、以後のハイデッガー研究の進捗に大いに寄与するものであった。

以上の考察からも知られるように、ハイデッガーは日本の欧米哲学受容史においていわば「異常に」愛好された哲学者であったと言える。その理由はいくつか考えられるが、戦前戦中の日本で好まれた理由は、『存在と時間』がそこに含まれる「不安」、「死に向けた存在」などといった概念によって、当時日本のひたすら戦争へと向かう社会状況において、あたかも死を肯定する宗教文献のように作用したことが挙げられる。さらにもう一つの理由として仏教思想との関連が指摘できる。ハイデッガーは仏教思想の核とも言うべき「無」を積極的に評価し取り入れることによって、仏教に関心を抱く人たちから親近感を持って受け容れられた。とりわけ禅仏教に基盤を持ついわゆる「京都学派」の人たちによって、共感を持って受容された。これら二つの理由に共通することは、ハイデッガーの思想が宗教的連関において日本の哲学思想界に受け入れられたということである。もちろんこのような仕方での受容に対する批判が持続的に為されたことは看過されてはならない。なおハイデッガーと日本の哲学者たちとの関わりについては第六章でも扱うことにする。

6．現在の状況

ハイデッガーを巡る議論はここ四〇年間、全集版の進捗に左右されてきたと言えるであろう。そして全集版刊行の最終段階にきて、いわゆる「黒ノート」の出現はハイデッガーの読者に衝撃を与えるものとなった。とりわけ「黒ノート」におけるユダヤ人への直接の言及によって、ナチズムとの関わりという点でハイデッガーを非難したい人たちは元気づくことであろう。しかしながら「黒ノート」の精読はかえって、ハイデッガーとナチズムとの思想的隔たりを浮き彫りにすることになると予想することもできよう。さらにハイデッガーとナチズムの問題がクローズアップされることによって、「ナチズム」そのものの未解明性も際立つことになるのではないだろうか。言うまでもなくナチズムは第一次世界大戦の敗戦国ドイツの経済的壊滅状態という特殊な歴史的状況を背景として登場したものであり(18)、ナチズムに対する熱狂的人気の源はその思想にあるというよりもむしろ、その「巧みな」経済政策にあったと言える。いずれにしてもナチズムの解明に不可欠な社会学的見地は、ハイデッガーの思想を通路とした解明とは異質なものであろう。

おそらく今後しばらくは、「黒ノート」がハイデッガー解釈の主役を演じることは間違いない。しかしながら本研究は、「黒ノート」に関する十分な考察を断念せざるをえない。その大きな理由として、「黒ノート」のハイデッガー哲学における位置づけという課題の大きさが挙げられる。すなわち「黒ノート」をハイデッガーの著作や講義録と同等のテクストとして扱うべきか、という課題である。この課題を巡る議論はかなり長い時間を必要とするものであると思われる。むしろ筆者は本研究が「黒ノート」出現前の資料に限定したものであるとしても、この課題を巡る議論に影響を与えるものでありたい、という「野心」を持って研究を遂行したいと願っているのである。

本書はハイデッガーの思惟を「宗教」という切り口で解明するものである。そして私たちが本論考で提出したい解釈は、「ハイデッガーの思惟の歩みは宗教への問いをその根底に持ち続けている」というもので、その意味でハイデッガーの思惟を「宗教哲学」と見なすというものである。本研究でハイデッガーの思惟における宗教への問いの性格が、「黒ノート」を含まない段階で明らかにされることにより、「黒ノート」の性格を決定する地平が開けることにつながればと思う。

二 「宗教の本質への問い」の連関でハイデッガーを解釈するとは

ハイデッガーが生涯を通じて問い続けた「存在」は、ヨーロッパの哲学史において長きにわたってキリスト教の「神の創造」との連関で問題とされた事柄であり、ヨーロッパの思想史全体において「存在」を問うことは、キリスト教を、さらには宗教そのものを問題とすることなしにはなされえない。したがってハイデッガーの思索は必然的に宗教の問題に直面することとなったが、彼は宗教そのものをテーマとして論じることを「巧みに」かわしてきたという心象をぬぐいえない。その理由は、宗教へのハイデッガーの関心が希薄であったからではけっしてなく、むしろ彼の究極的関心が宗教へと向かっていたがゆえに、そして宗教の問題が複雑怪奇なものであることを知り抜いていたがゆえに、あえて宗教そのものをテーマとすることに躊躇したのではないかと思われる。しかしながらそうは言っても、ハイデッガーの思惟の根底に宗教への問いが横たわっていることは疑いなく、私たちはこの問いを明るみに取り出すことなくハイデッガーの思惟を解明することはできないと考えるのである。

1．ハイデッガーの思惟と神学研究

ハイデッガーがカトリックの出自であること、ハイデッガーの学問研究の出発点が神学であることは、彼の思惟の性格を決定づけるものであった。そしてこの性格のゆえに、ハイデッガーの思惟は神学研究それ自体に影響を与えるものとなった。神学研究にとってハイデッガーの思惟が意味を持ち始めるのは、言うまでもなく『存在と時間』を契機としてであり、とりわけブルトマンの神学との関連で、一九三〇年代の初めにはすでに神学研究にとってもっとも注目すべき哲学思想と見なされていた。もちろんナチス政権下での神学研究においてはハイデッガーと距離を置こうとする傾向も見られたが、終戦後、とりわけ一九五〇年代ともなると、神学の議論にハイデッガーの思惟を積極的に取り込もうとする動きが活発になる(19)。そのさいハイデッガーの思惟は、「思惟のケーレ」とも絡んで論じられることとなった。このような動きのなかで特筆すべきはハインリヒ・オットの『思惟と存在――マルティン・ハイデッガーの道と神学の道』(20)であろう。このバルトの弟子による本格的な神学の連関におけるハイデッガー論は、E・ユンゲルによる酷評(21)にもかかわらず、ハイデッガーの思惟を神学の連関で扱った本格的な論考であり、この著作を機縁としてハイデッガーの思惟との出会いを根底に据えた「神学と哲学の関わり」に関する議論が活発化することとなった。G・エーベリングはこの議論に対して、神学にとってハイデッガーとの出会いが有益であるとして、この出会いを「真理が生起する出来事〔真起〕」と評価している(22)。そしてとりわけこのような議論がなされた一九六〇年代以降、「神学と哲学」に関する議論にはハイデッガーとの関わりが不可欠の要素となっていったのである。「ハイデッガーの思惟と神学」、これは一つの大きなテーマであり、これまでにいくつのもの論考が公刊されている(23)。しかしながら私たちは、すでに述べたように、ハイデッガーの問いが神や神学の問題を突破して宗教そのものへと向けられていることにこそ、ハイデッガーの思惟を根底から突き動かしている事柄を見ようとするのである。このような見方がハイデッガー解釈として適切な、妥当性を持つものであるのか、このことは本研究を通して明らかになるであろう。そして私たちは、このような試みの導きとして、ペゲラーの膨大な論考に、とりわけ「宗教的次元」という概念に助けを求めたい。

2. ペゲラーのハイデッガー解釈

ハイデッガーの思惟の歩みの根底に宗教的関心を見いだし、この関心に注目する仕方で思惟の解明を続けた人にペゲラーがいる。ペゲラーのハイデッガー解釈は、『マルティン・ハイデッガーの思惟の道』の刊行とともに大きな注目を浴びることとなったが、ハイデッガーの思惟全体を行路の歩みと捉えるこの著作において、その大きな特徴としてハイデッガーの思惟を「宗教への問い」との連関で追求していることが挙げられる(24)。

ところでペゲラーの諸論考のなかに、「宗教的次元(religiöse Dimension)」という概念がしばしば見いだされる。もっともこの概念には明確な概念規定がなされず、またこの概念はハイデッガー研究に特化したものではないが、おおよそ「宗教的なもの」といった意味で使用されているこの概念に対し、『ハイデッガーと解釈学的哲学』(一九八三年)所収の長編論文「解釈学的哲学」の末尾においてわずかではあるが解説が加えられている。ここでペゲラーは「宗教的次元」という小見出しのもとに、『存在と時間』以降の思惟の歩みに即する形で、ハイデッガーの思惟における「宗教的次元」に言及している。すなわちペゲラーによると、「形而上学と神学との連関がハイデッガーにとって疑わしくなり始めて」以来、とりわけ『存在と時間』において「現存在がその死を引き受けることによってその「全体性」を求めて」以後、ハイデッガーは「強い威力としての存在の理念から、それとともに「強い威力を持つものとしての、すなわち聖性としての存在」から、神的なものをその生成へと向けて、存在理解において見えうるよう」にしようとしたのであり、このような仕方で「宗教的次元を言葉へと来らせた」のである。それは例えば芸術の分野でセザンヌが、「山岳のような単純な物を、不在と現在とがともに同時にあるように在らしめる」彼の絵画が、山岳を描きつつ、その絵画において山岳を在らしめつつ同時に消し去るという仕方で、「不在と現在とのともに同時に」という「宗教的と呼べる次元」を示していたように――このようにペゲラーは言うのである(25)。

つまりペゲラーは存在と無との同時において、しかもこの存在が「強い威力を持つもの」、「聖性」として理解されているところに存在の持つ「宗教性」を見ているのであり、このような仕方でハイデッガーの存在への問いは神的なもの（聖なるもの）への問いと一つになると見なす。こうしてハイデッガーにとって、存在をその真理、その聖性との連関で問い抜く過程で、存在の問いの連関で「宗教的次元」が問題になったとペゲラーは考える。したがってハイデッガーにとっての根本語「真起」はまさに、「脱真起（Enteignis）」との同時ということからも、宗教的次元が言語へと来ったものであり、この真起のうちで「真なるもののみならず、聖なるものも」示されるとペゲラーは言うのである。もっともこの場合、宗教という概念がラテン語による伝統的な宗教という概念（religio）や伝統的なキリスト教的宗教観に縛られないという前提を確認することをペゲラーは忘れない。すなわちペゲラーは、ハイデッガーがその思惟の道において、「存在」を「神への問い」、「宗教への問い」と一つに問い続けて到達する究極的境位を「宗教的次元」と名づけたと理解できるのである。

もちろんハイデッガーが問い続けた「存在」は、けっして独立した対象的なものなどではなく、「人間との関わり」

こそが肝要となる事柄である。したがって「宗教的次元」も存在と関わる人間の宗教性を規定するものであることは言うまでもない。本書ではペゲラーが使用する「宗教的次元」という概念を踏まえつつ、宗教性をどこまでも人間の宗教性と捉え、超越の次元からの語りかけによって人間に拓かれる宗教的な場として考えている。この意味で本書における「宗教的次元」という語はいったんハイデッガーの連関を離れたところから出されており、ペゲラーがハイデッガー解釈の連関で使用する概念とはさしあたって同一ではないが、この二つの概念のあいだに通底するものを探ることこそ本書の究極の狙いであると言うことができる。

3．宗教の本質への問いと言語の問題

このようにハイデッガーにとっての「存在」はその宗教性と一つに問われるべきものであり、存在と人間との関わりは人間の宗教性、宗教的次元への問いを通して解明されるべき事柄である。したがってペゲラーの「ハイデッガーの思惟の道には、その始まり以来、神への問いが存している」という発言は、ハイデッガーの思惟の核心を剔抉《てっけつ》するものと言えるだろう。そしてハイデッガーがこの問いを言語そのものの深みへと尋究するという仕方で問い続けたこと、このことこそハイデッガーの宗教への問いの根本性格だと私たちは考えるのである。

ハイデッガーは言語に関して、人間が語るという事態のなかに、この事態を成り立たせている出来事して「言語が語る（Die Sprache spricht）」という出来事を見て取る。「人間が語るのは、言語に呼応するかぎりである。言語が語る」（GA12, 30）と言われる。この「言語が語る」という出来事は、人間がそれに呼応する（entsprechen）という仕方で人間の語りを可能ならしめるものであり、この出来事は「言語は静寂の鳴り響きとして語る（Die Sprache spricht als das Geläut der Stille）」（GA12, 27）とも表現される。この「静寂の鳴り響き」は、「人間的なものではまったくない」とされることから、何らかの超越的なもの、あるいは仏教的な無といった次元の出来事、多分に宗教的性格を持つ出来事ではないかと推察できる。先取りして言うと、このような次元は本書ではやがて「超越の次元」として宗教に不可欠な

要素として現れることとなる。そして私たちが関心を持つ「宗教的次元」はこの超越の次元と深く関わるものであることがのちに示されるであろう。

このように「人間が語るのは、言語に呼応するかぎりである。言語が語る」という一つの発言を取り上げるだけでも、ハイデッガーの思惟において「言語」がどこまでも中心問題でありながら、その思惟がどこか宗教的陰影を帯びたものであることが見て取れる。いずれにしてもハイデッガーの「神への問い」は、キリスト教の伝統のなかから出てきたものではあっても、「存在」を、「言語」を徹底して問い抜くことによって、キリスト教という枠を突破し、宗教一般を問う射程を持っていると考えられる。本書で私たちは、ハイデッガーの思惟の根底へと深く分け入り、ともに思惟するという仕方で、「宗教と言語」の問題を考えていきたい。

注

（1）ハイムゼート（Heimsoeth, Heinz, 1886-1975）は名著『西洋形而上学の六つの大きな主題と中世の終焉』（Die sechs grossen Themen der abendländischen Metaphysik und der Ausgang des Mittelalters, Darmstadt, 5. Auflage, 1965, 1. Aufl., 1922）において、近世哲学と中世哲学との地盤の共通性を確認したのち、「神と世界」、「有限なものにおける無限性」、「魂と外的世界」、「存在と生動性」、「個体」、「知性と意志」という六つの大きな主題の一つ一つについて綿密にして深い洞察に満ちた考察をおこなっている。この考察は「中世の千年にもわたる展開を最深において規定してきた〔宗教的〕生の威力から、近世哲学に対してもまた大きな原動力が生じている」（一二頁）という洞見に導かれている。すなわちこれら六つのテーマには、その根底に「神（創造主）と存在（創造）」という宗教的根本問題が潜んでおり、このことは西洋哲学の根本テーマが「神と存在」を巡る宗教的なものであるという考えを支持している。

（2）Pöggeler, Otto: *Der Denkweg Martin Heideggers*, Pfullingen, 3. erweiterte Auflage 1990, S. 261, (1. Aufl., 1963). ペゲラーがここで言う「神への問い」がたんにキリスト教の神に対する問いに留まらず、「宗教への問い」といった性格を持つことについ

ては、彼の「ハイデッガーと老子」（後出）などの論考からも見て取れる。

（3）Sartre, Jean-Paul, *L'existentialisme est un humanisme*, Paris, 1968, p. 17, p. 21.

（4）理想社が発行する雑誌『理想』では、一九二七年八月号で、「実存哲学」が第二次世界大戦後初めての特集として組まれ、ヤスペルス、ハイデッガー、キェルケゴールという三人の哲学者が取り上げられた。

（5）実存主義を解説する著作として長く読まれた松浪信三郎著『実存主義』（岩波新書、一九六二年）において、ハイデッガーの思惟は実存主義の文脈で扱われつつも、宗教的思惟として解釈されている。同書第四章「神にそむく実存主義」（一二三頁以下）参照。

（6）Cf. Richardson, William J.: *Heidegger: through phenomenology to thought*, The Hague, 1963, Preface（Vorwort）VII-XXIII.

（7）Vgl. Martin Heidegger, *Gesamtausgabe*, Bd. 24, Nachwort des Herausgebers, Vittorio Klostermann, Frankfurt a. M., 1975. ハイデッガーからの引用は原則として全集版からおこない、本文中に全集の巻数と頁数を記したが、『存在と時間』だけは単行本のページ数も付け加えた。また全集に未収録のものは別個に注を付した。なお引用文中の〔 〕は筆者による補足である。

（8）Ereignis に対する「真起」という訳語については第六章注（33）参照。

（9）ペゲラーはその論考のいたるところで『寄与』を「第二の主著」と性格づけているが、その考えは晩年に至っても変わることはなかった。例えば Pöggeler, Otto: *Wege in schwieriger Zeit: Ein Lebensbericht*, Müünchen, 2011, S. 234 参照。

（10）この問題に関してはペーター・トラヴニー・中田光雄・齋藤元紀編『ハイデガー哲学は反ユダヤ主義か——「黒ノート」をめぐる討議』（水声社、二〇一五年）で詳しく論じられている。

（11）全集九四巻一一一頁以下では、学長時代の彼の思いが吐露されている。そこでは新しい大学、新しい学問、総じて新しい時代に関する思索が綴られ、新しいものに対する期待が表明されている。この期待は総統（Führer）と結びつくものであり、みずからその新しいものの実現をめざす決意が述べられている。しかしやがてその期待は失望へ向かい、みずからの学長職を失敗と見なすに至る。

（12）『田邊元全集』第四巻、筑摩書房、一九六三年、一九—三四頁。この講義はハイデッガーの一九二三年夏学期講義に基づくものである。なおこの論文を読んだ西田幾多郎は田邊に対して一九二五年（推定）一〇月二日に「本日『思想』御掲載のハイデッガーの考をよみてはじめて氏の哲學が非常に面白い意圖を有するものたることが分かりました　現象學的立場から文化學に對して面白い貢獻ができるかも知れない」と書き送っている。『西田幾多郎全集』第一九巻、岩波書店、一九六六年、五八二頁。

(13)「消息一通」のなかで三木は、「今の獨逸で將來のある哲學者と云へば、多くの人がハルトマンとハイデッガーとを擧げます」と言い、ハルトマンについては比較的詳しく記しているが、ハイデッガーに関してはごく簡単な紹介に留めている。まずその学問に関しては、アリストテレス学者で中世哲学に深い理解を持つ者として、またその人柄に関しては「田舎者で、無骨で、ぶっきらぼうで、しかもねばり強い」と評している。また「なかなか利口で、気の利いたところのあるのは面白い」とも語っている。『思想』第二九号所収「消息一通」(岩波書店、一九二四年三月)、参照。

(14) 田邊、三木の両者はまた、ハイデッガーの総長就任に対して明確な批判を表明した人たちでもあることは注意されるべきである。田邊は一九三三年九月五日付けの未発表原稿「危機の哲學か哲學の危機か」において、また三木は同年一一月の『セルパン』誌所収の「ハイデッガーと哲學の運命」において、ともにハイデッガーのフライブルク大学総長就任及び就任講演「ドイツ大学の自己主張」を批判している。『田邊元全集』第八巻三頁以下および『三木清全集』第一〇巻(岩波書店、一九六七年)、三一〇頁以下参照。

(15)『九鬼周造全集』別巻(岩波書店、一九八二年)所収の「九鬼周造年譜」に拠った。

(16) この一九二九年に記された論考における当時の哲学界の現状把握は、非常に的確で優れたものである。この論考は全集に収録されてはいるが、残念ながら当時公刊されることはなかったようである。『九鬼周造全集』第一巻、二二一頁以下参照。

(17) この論考は一九三三年に岩波講座『哲学』で「実存の哲学」として公表されたものである。もともとこの論文は「実存の哲学」の後篇で「実存の哲学の一例、ハイデッガーの哲学」となっていたものであるが、のちに『人間と実存』(岩波書店、一九三九年)に収録されたさいに独立した論文とされた。

(18) この歴史的状況を作り出したのは、敗戦国ドイツというよりもむしろイギリスを始めとする戦勝国の側であると言える。周知のようにこの戦勝国が旧オスマントルコ領に対してとった行動は、イスラム国を含む現在の絶望的な中東情勢を創り出した一因ともなっている。国際間の戦争とは正当性を賭した戦いであるが、正当性を持つ側がかならずしも勝利するわけではないにもかかわらず、勝利した側はその勝利が自分たちの正当性を証するものであると宣揚することになる。

(19) 神学、キリスト教学研究の有力雑誌 *Zeitschrift für Theologie und Kirche* においても、ナチス政権以降控えられがちだったハイデッガー論が戦後初めて登場するのは一九五六年である。

(20) Ott, Heinrich: *Denken und Sein--Der Weg Heideggers und der Weg der Theologie*, Zollikon. 1959.

(21) ユンゲルはオットの書に対し、彼のハイデッガー理解に関しては一応の評価をするものの、ハイデッガーの存在を「思惟の超越論的前提」と見なすという「根本的誤り」を犯していると断じ、さらにバルト理解に関しては、とりわけ「類比」、「存在」といった根本概念をまったく誤って理解しているとし、結論としてこの書におけるハイデッガー解釈の意義は「読者をハイデッガーのテクストへと導入すること」でしかないとしている。Vgl. Jüngel, Eberhard: 〝Der Schritt Zurück. Eine Auseinandersetzung mit der Heidegger-Deutung Heinrich Otts〟. In: *Zeitschrift für Theologie und Kirche*. Tübingen. 1961. S. 104-122.

(22) エーベリングは哲学と神学との関係についての議論において、哲学と神学とが異なるものという印象にもかかわらず両者のあいだには深い関わりがあることを示した上で、両者の根本的な相違が、問いの言葉としての哲学の言葉と告知の言葉に仕える神学の言葉という「言葉の相違」に淵源するものであるとする。改革的「福音と律法」という観点ではむしろ「律法の解釈」という性格を持ったハイデッガーの存在の思惟は、哲学と神学を仲介するものとなり、とりわけ「神について形而上学的でない仕方で語る」ことを要請される神学は、形而上学の克服をめざすハイデッガーの思惟に、しかも言葉の根本生起を待ち望む彼の思惟にその可能性を見いだすのである。このような仕方でハイデッガーの思惟と神学との出会いは、エーベリングにとって「真理が生起する出来事〔真起〕」という意味を持つことになるのである。Vgl. Gerhard Ebeling: 〝Verantwortung des Glaubens in Begegnung mit dem Denken M. Heideggers--Thesen zum Verhätnis von Philosophie und Theologie〟. In: *Zeitschrift für Theologie und Kirche*. 1961. Beiheft 2. S. 119-124.

(23) 比較的最近のものとしてはまず茂牧人著『ハイデガーと神学』（知泉書館、二〇一一年）を、また邦訳書としてディディエ・フランク著・中敬夫訳『ハイデッガーとキリスト教――黙せる対決』（萌書房、二〇〇七年）およびジョン・マクウォーリー著・村上喜良訳『ハイデガーとキリスト教』（勁草書房、二〇一三年）を挙げることができる。

(24) 『マルティン・ハイデッガーの思惟の道』は、邦訳の「解説」からも知られるように、日本の読者を意識して執筆されたものである。ひょっとするとこの書に見られる宗教的関心の強さは、ペゲラーが当時日本で仏教的関心と結びついてハイデッガーが読まれていた事情を考慮した結果なのかも知れない。ペゲラーは『回顧』のなかでも語っているように、すでに一九六四年には西谷啓治と出会い、日本の禅仏教と、その視点からハイデッガーが読まれている状況とを把握していた。大橋良介・溝口宏平訳『ハイデッガーの根本問題——ハイデッガーの思惟の道』（晃洋書房、一九七九年）、「解説（一）」（大橋良介）、および O. Pöggeler.: *Wege in schwieriger Zeit: Ein Lebensbericht*, S. 137 参照。

（25） Vgl. Pöggeler, Otto: *Heidegger und die hermeneutische Philosophie*, Freiburg/München, 1983, S. 358f. なおここで言われている「山岳（der Berg）」は、やがて私たちにとって根本語となる〈秘蔵されたもの（Geborgenes）〉の由来である動詞 bergen と、もともと同じ語であることは注意されてよい。

第二章　宗教と思惟

宗教は人間の真なるあり方の哲学的探求という面を持つ。すなわち宗教は人間に根源的な思惟を要求し、宗教経験は思惟を要求する事柄となる。ところで思惟とは、人間が、人間の言語によっておこなう、どこまでも人間的な営みである。しかしながら宗教経験をその事柄とする思惟は、人間を超えたものに関わらざるをえず、その意味で思惟の可能性そのものを思惟するということになる。

私たちは、宗教経験をその事柄とする思惟の典型を、マルティン・ハイデッガーのうちに見いだす。ハイデッガーが生涯にわたって保ち続けた「存在への問い」は「神への問い」、「宗教への問い」でもあるということ、このことが彼の思惟をその根底から特徴づけている。「問うということは、思惟することの敬虔さである」（GA7, 36）という彼の発言からも窺えるように、ハイデッガーの思惟の営みは、宗教的な次元においてなされたものであると言うことができると思われる。私たちは以下で、ハイデッガーの思惟の根本性格を明らかにすることを試みつつ、宗教と思惟との関わりを考えていきたい。

一　ハイデッガーの生涯と思惟

ハイデッガーの生涯は、ヨーロッパの哲学的思惟の根源へと遡行し、その根本特徴を明らかにし、その可能性を模索することにすべてが捧げられたものである。このことには何ら疑問の余地がないものと思われる。しかし、「ハイデッガーとナチズム」、「存在の政治」といったタイトルから知られるように、ここ数十年、世界のハイデッガー研究は彼のいわゆる政治参加との関連を無視してはなしえないという状況になっている。「黒ノート」の出現はこの状況をさらに促進するものと受け取られている。確かにハイデッガーの思索人生は、彼が生きた激動の時代に呼応するかのように、波乱に満ちたものであった。ここで彼の生涯を、その思索との関わりに焦点を当てながら概観してみたい。

1. 思惟の由来

ハイデッガーは、「この神学的由来がなければ、私はけっして思惟の道に至らなかったであろう。しかし由来はつねに将来であり続ける」(GA12, 91) と語り、神学という思惟の由来が彼の思惟の全体を規定するものであることを認めている。ここで言われる「神学的由来」とは、カトリックの司祭をめざす生徒たちの寮で過ごしたギュムナジウム時代、大学入学後、神学寮において営まれた神学生としての二年間を意味している、とさしあたっては考えておきたい。

マルティン・ハイデッガーは、一八八九年九月二六日、南ドイツの小さな町メスキルヒ (Messkirch) で生まれた。メスキルヒ市はボーデン湖とドナウ河の中間に位置し、現在の人口は約八三〇〇人 (二〇一七年) である。父フリードリヒは、町のほぼ中央にある聖マルティン教会 (カトリック) の「堂守りにして桶職人 (Mesner und Küfermeister)」(1) であった。Mesner とは、教会の世話係ともいうべき仕事で、日本でいうとかつての「寺男」に近いものであろう。そのためハイデッガー一家は教会の傍らにある堂守官舎で暮らしていた。ハイデッガーにとってキリスト教とは、そしてカトリックの信仰とは、幼年時代、少年時代の生活と切り離せないものである。また、母ヨハンナは、メスキルヒに近い小さな村ゲッギンゲンの出身であるが、この村はカトリックの篤い信仰に満ちた所であり、ヨハンナも敬虔なクリスチャンであった。さらにハイデッガーには五歳年少の弟フリッツがいる。彼は生涯、メスキルヒの銀行に勤める傍ら、兄の原稿をタイプに打ち、兄の片腕となって仕事を助けた。ハイデッガーの膨大な著作、のみならず彼の思惟の営みそのものが、弟フリッツなしには考えられない。このようにハイデッガーが生まれ育った環境、とりわけ生まれ育った家庭は、カトリックの篤い信仰に包まれており、このことは彼の思惟に、生涯にわたって深い影響を及ぼしたと考えられる（2）。

ハイデッガーは、一九〇三年、メスキルヒの高等小学校から、ボーデン湖畔にあるコンスタンツのハインリヒ・ズーゾ・ギュムナジウムに編入し、司教座ギュムナジウム生寮（コンラート・ハウス）の寄宿生となった。この編入には、メスキルヒ司教区司祭カミーロ・ブラントフーバーおよびコンラート・グレーバーの尽力があったと言われる。この、入寮当時の寮長で後にフライブルクの大司教となる、同郷のグレーバー博士との出会いは、ハイデッガーにとって非常に大きな意味を持つことになる。ハイデッガーは、コンスタンツで三年間過ごしたのち、一九〇六年フライブルクのベルトルト・ギュムナジウムに転学し、聖ゲオルギウス司教座ギュムナジウム生寮の寮生になった。この転学は、クリストフ・エーリナー奨学金の受給という経済的理由で説明されるが、学問上の動機も考えられてよい。というのも、ベルトルト・ギュムナジウムの評判の良さに加えて、大学都市フライブルクの持つ学問的雰囲気は、ギュムナジウムの上級学年を迎えたハイデッガーにとって魅力的だったことは想像に難くない。実際、ギュムナジウムの生徒としてフライブルクで過ごした三年間は、彼にとって非常に充実したものであったようで、この間、グレーバーより贈られたフランツ・ブレンターノの学位論文『アリストテレスにおける存在者の多様な意味について』に基づいて、アリストテレス研究に没頭することとなったのである。ハイデッガーはのちに振り返って、ブレンターノのこの書が、「哲学のうちへ入っていこうとする私の最初の頼りない試みを支える杖」（GA14, 93）となったと告白している。ハイデッガーの思惟にとって、とりわけ『存在と時間』として結実する思惟にとって、アリストテレス研究がその核心にあることは周知の事柄であるが、ハイデッガーのアリストテレス研究は神学寮の寮生という環境で始められたという点は注目されてよい。確かにハイデッガーとアリストテレスとの出会いは、ブレンターノの学位論文に仲介されたものであったとしても、神学寮の雰囲気のなかにはカトリック神学が、そしてその土台とも言うべきアリストテレス哲学が溶け込んでいたということは当然のこととして推察されるからである。

ところで、カトリック神学の研究へ、そしてその研究によって拓かれる司祭職や神学の分野での研究職へと突き進んでいたハイデッガーは、二つの「挫折」を経験することになる。そのうちの一つは、一九〇九年、ギュムナジウム卒業後に入会したイエズス会修練院（オーストリアのフェルトキルヒ近郊ティージスにあった）をわずか二週間で退会させられたという事件である。この退会の理由は彼の心臓疾患にあったとされるが、この事件に関して注目したいのはまず、大学入学資格試験を優秀な成績で合格したハイデッガーが、大学ではなく、イエズス会の修道士を志したということである。彼のこの選択には、カトリック教会の意向が存したことは十分想定されうるが、この選択にハイデッガー自身の意志が働いたことも否定できないであろう（3）。ハイデッガーがその後、故郷メスキルヒに近いボイロン修道院にしばしば滞在し、修道士に対する憧憬を吐露していることからも（4）、彼は修道士に対してけっして一時的なものではない憧憬を持っていたと言えそうである。したがって二〇歳になったばかりのハイデッガーによるこの選択は、熟慮のうえでなされた決断であったはずであり、そのため修練院の退会は「挫折」という性格のものではなかったかと推測される。この事件に関してハイデッガー自身、履歴書などにおいてもみずから言及しようとはしていないが、このことはかえって事の重大さを物語っていると思われる（5）。確かにこの挫折は、直後にフライブルクの神学寮（ボロメオ学院）に入寮し、冬学期からフライブルク大学神学部でアカデミックな研究を始めるということで、一応は克服されたかに見える。しかしこのいわば修道士「失格」という出来事によって、ハイデッガーのカトリックに対する思いが複雑なものになったということは言えそうである。

私たちは、「ハイデッガーのカトリシズムに対する一途な思いはここで途切れた」と考えたい。このテーゼの根拠を十分に示すことはできないが、以下のように想定することは許されるのではないだろうか。すなわちハイデッガーは、修練院退会の事件ののち、神学寮においてフッサールの『論理学研究』に没頭することとなるが、アリストテレス研究とフッサール研究、この二つの研究は、神学を志す学徒にとってまったく異なる意味を持つものである。ハイデッガー自身は、「現象学に至った私の道」と題した回想において、大学生活初期のフッサールへの打ち込みは、フライブルクでのギュムナジウム時代におけるアリストテレス研究の延長線上にあるものという説明をしている（6）。確かにブレンターノはフッサールの師であり、フッサールの思惟はブレンターノの影響を受けている。しかしブレンターノのアリストテレス論とフッサールの『論理学研究』とは直線的に結びつくものではない。そもそもアリストテレス哲学は、それをもとにしてスコラ学が形成された、カトリック神学の基礎となるものである。ギュムナジウム時代のハイデッガーは、カトリック神学の連関でブレンターノの学位論文を読んだはずである。それに対して大学入学後のハイデッガーは、カトリック神学の連関、ブレンターノからフッサールへというつながりから徐々に離れて、むしろフッサールの思惟そのものに惹かれ、フッサールの思惟そのものへ関心が移っている（7）。フッサールは、それまでの哲学の伝統に対して、「現象学」という方法でもって改革をめざした革新的哲学者であり、伝統を重んじるカトリックの神学にとってはその伝統を破壊する力ともなりうる哲学者である。そしてこのフッサールへの打ち込みが、やがてアリストテレス解釈に「現象学」が結びつくことになり、『存在と時間』という独創的な思惟につながることとなる。私はこのあたりの事情のなかに、ハイデッガーの大学時代初期における、カトリシズムに対する「諦念」の兆しを読み取ることが可能ではないかと考える。そしてこの「諦念」の兆しを、修道士「失格」の事件と結びつけることは、あながち行き過ぎた解釈とも言えないのではないかと思うのである。

ところでハイデッガーの大学生活は、入学後およそ一年半の一九一一年の二月、心臓疾患の再発によって中断を余儀なくさせられることとなる。ハイデッガーは約半年間休学し、故郷のメスキルヒで静養したが、この静養は神学研究の断念へとつながることとなった（当然それはエーリナー奨学金の打ち切りをも意味した）。この、第二の「挫折」とでも呼ぶべき事件は、教会関係に就職する可能性の消滅と結びつくものであり、とりわけ彼の両親にとっては大きな衝撃となるものであった（8）。結局ハイデッガーは同年の冬学期より、当時哲学部より分離したばかりの自然科学――数学部へ移り、「哲学に完全に没頭する」（GA14. 94）こととなる（9）。ところでここで考えておきたいのは、この神学断念という出来事が当時のハイデッガーにとってどれほどの重大さを持つものであったか、ということである。確かに彼がこの年の三月に発表した「橄欖山の時（Ölbergstunden）」と題する詩のなかには、ハイデッガーの切羽詰まった心情が読み取れるのではあるが（vgl. GA13, 6）、私たちの連関では、大学入学後のハイデッガーのなかにはカトリック神学に対する「諦念」の兆しが存したのであり、冬学期から哲学に没頭したときにはすでに哲学研究に打ち込むための気持ちの整理ができていた、と考えるのが妥当ではないだろうか。神学を断念したハイデッガーが、それから二年も経たない一九一三年七月に学位論文『心理主義における判断論』を、さらにその二年後には教授資格論文『ドゥンス・スコトゥスの範疇論と意味論』を哲学部に提出し哲学研究者としての確かな歩みを始めていることは、この考えの妥当性の傍証とはならないであろうか。しかしそうだとしても、二〇歳になってから数年間のうちに起こったこれら二つの出来事は、ハイデッガーの人生を決定的に変えたものであり、哲学者ハイデッガーを根底から規定していると考えられる。だからこそハイデッガーは、「この神学的由来がなければ、私はけっして思惟の道に至らなかったであろう。しかし由来はつねに将来であり続ける」（GA12, 91）とまで言うのではないだろうか。

　ところでこの「神学的由来」がハイデッガーの思惟にとってそれほど重要だとするのなら、神学断念という決断の意味を探ることはぜひとも必要であろう。ここで手がかりとしたいのは、「神学的由来」発言の直前になされた「その当時、私はとくに聖書の言葉と神学的―思弁的思惟との間の関わり合いの問いに引き廻されていた」という一節である。ここで「その当時」と言われているのは、文脈のうえからは、『存在と時間』を書き始めた一九二三年ごろがまず意味されているが、かならずしもそのころに限定されず、神学研究を始めた大学時代から二三年ごろまでの時期を指すと考えることができる。すなわち「聖書の言葉と神学的―思弁的思惟との間の関わり合いの問い」とは、「神学的由来」の核心をなす事柄と見なしてよいと思われる。ここで「聖書の言葉」とは、復活のキリストに出会った人たちによって語られた、信仰を持つ者によってのみ聞かれうる言葉である。それに対して「思弁的思惟」とはまさに神学の立場であり、「聖書の言葉は神学の立場では聞かれえない」という確信が二〇歳のハイデッガーをして修道士に向かわせた、とも考えられる。そしてハイデッガーは、修道士に対する挫折から、神学の立場での可能性を再び追求するが、二年後その可能性を最終的に断念した――私は「神学の由来」をこのように理解したい。しかしそうだとしても、神学断念後のハイデッガーは哲学にいったい何を求めたのであろうか。

ハイデッガーが哲学に求めたもの、それは「根本的に（radikal）問う」ということだと言える。ハイデッガーがフッサールに魅かれたのも、フッサールの「事柄そのものに向かって根本的に問う」態度であったと言えるだろう（10）。そしてハイデッガーは、この根本的に問う態度をもってふたたびアリストテレスへと向かっていく。哲学へと進んだハイデッガーがめざしたのは、「アリストテレス解釈における革命」、すなわちカトリック神学の基礎としてのアリストテレス解釈に革命をもたらすことであったと言えるであろう。アリストテレスをカトリック的ではない仕方で解釈する可能性、プロテスタンティズムにとって核心となる「解釈学」という手法による解釈の革命の可能性が模索されたと考えられるのではないだろうか。この「解釈学」とはまさに「聖書の言葉の解釈」ということであり、そのうちでは「聖書の言葉と神学的―思弁的思惟との間の関わり合い」が同時に問題となる。すなわち「解釈」という連関で、「究極的なもの」、「宗教の事柄」を言い表す言葉の可能性が根本的な問題となっていったと考えられる。このような仕方で、すなわち「聖書の言葉と神学的―思弁的思惟との間の関わり合いの問い」という「神学的由来」に突き動かされつつ、「言葉の可能性」を巡ってなされた根本的な思惟が、やがて「アリストテレス解釈における革命」をもたらす「解釈学」へと進んで行く。ハイデッガーの主著『存在と時間』は、このような連関のもとで生み出されていったと考えられるのである。

2．ナチズムとの関わり

『存在と時間』（一九二七年）の大成功を受けて一九二八年の秋に母校フライブルク大学に「凱旋」したハイデッガーは、それからわずか五年足らずで同大学の学長に就任する。しかしこの学長就任は、ナチズムの時代における政治参加として問題にされる、ハイデッガーにとって暗く忌まわしい出来事となった。「ハイデッガーとナチズム」、このテーマは、V・ファリアスの『ハイデッガーとナチズム』（一九八七年）公刊以来、ハイデッガー研究の中心に据えられてきた。しかしこの著作における論述手法は、歴史学的手法によってなされたと評価される場合であっても、まことに残念なことに、ナチス政権による残虐な行為の責任の一端を無理やり哲学者ハイデッガーに帰せようとする意図がありありと見て取れるものである（11）。私はこのテーマを的確に論じた一人として、ラクー＝ラバルト（Philippe Lacoue-Labarthe, 1940-2007）を挙げたい。ラクー＝ラバルトは、「ハイデガーがナチズムに加担したこと、彼の立場が急進的であったこと、さらに「幻滅させ」られはしても、この幻滅はくもりのないはっきりした否認に彼を導くほど強くはなかったこと――この事実に疑いの余地はない」（12）と述べる一方で、「ハイデガーは反ユダヤ主義と「運動」公認の人種差別的生物学主義にたいしては、この上なく明白なしかたで、ごくわずかな保障さえもあたえることを拒んだのである」（13）とも述べ、公平な立場からハイデッガーの政治的責任を明確にしようとしている。とりわけ生物学主義に対する反対は、O・ペゲラーもおりにふれて指摘するところであるが（14）、このことは、ハイデッガーによるナチズムに対する全面的賛同を否定するものである。いずれにしても、「ハイデッガーとナチズム」といったテーマに関しては、真に学問的なアプローチのみが許容されることをまず確認しておきたい（15）。

さて私たちは、ハイデッガーとナチズムの問題に関して、ハイデッガー自身による二つのテクスト、すなわち、一九三三年五月二七日におこなわれた学長就任演説『ドイツの大学の自己主張』（16）、および一九六六年におこなわれた『シュピーゲル』誌との対話（17）に基づいて、哲学的視点から少し考えてみたい。まず、『ドイツの大学の自己主張』（以下『自己主張』と略記）であるが、この学長就任演説では、学長職の使命という話題から、「大学の本質」へ、「学問の本質」へと追求がなされる。そして「学問の本質」という連関で、学問が哲学として、存在者全体に対峙するという仕方で始まったギリシアが問題となる。ギリシアという学問の原初は、もっとも偉大なるものとして、私たちをすでに統べているとされる。ハイデッガーは、アイスキュロスの一節、「テクネーは、必然（anagkē）に比べれば、はるかに力が弱いものだ」のなかに、「事物に関するあらゆる知は、まずもって運命の優位に委ねられており、運命の前では無力である」(GA16, 109) という原初的な知の本質を読み込むことによって、決定的な指針を得ることになる。この指針を受けて「学問とは、存在者全体——存在者は、みずからを立て続けに覆い隠す——のただなかで、問うという仕方で持ちこたえることである。そのさい、この〔問うという〕行為によって耐え抜くことは、運命を前にして無力であることを知っている」とし、この規定を「学問の原初的本質」(GA16, 110) と呼ぶ。ところでこの規定において学問の核心は、「問うという仕方で持ちこたえること」から、優位にある運命へ、国家の運命へと移行し、運命を前にした無力さが前面に出される。そしてドイツの運命が「困窮の極みにある」という判断をきっかけとして、ある意味で唐突に、学生たちによる三つの奉仕、すなわち「労働奉仕 (Arbeitsdienst)」、「国防奉仕 (Wehrdienst)」、「知の奉仕 (Wissensdienst)」が出される。そしてこの三つの奉仕が根源的に「一つの刻印づけるような力」へとまとめられる場合にのみ、ドイツの大学が形態と威力を持つとされ、それは教授陣と学生との間の「知の闘争」という仕方でなされるとされる。そして結論として、「民族に関するともに働く知、国家の命運に関する準備する知は、精神的負託に関する知と一つになってはじめて、学問の根源的でまったき本質を創り出す。それ〔本質〕を実現することが私たちに課されているのは、私たちが精神的—歴史的現存在の始原という遥かな定めに従うときにである」(GA16, 114) と言われているのである。

この演説では、学問の問題が、民族、国家の問題として論じられ、学問の始まりにおける偉大さ、現在におけるドイツの運命の「困窮の極み」といった連関で、運命を前にしての無力さが問題となっている。この強大な力の前での無力さは、ハイデッガーの思惟における根本問題となり、やがて彼の思惟は、存在という強大な力によって規定される思惟、すなわち「存在史的思惟」(seinsgeschichtliches Denken) へと移行していくことになる。そしてこの運命の強大さを前にして無力さを自覚する思惟は、その強大さに打ち勝つ力〔救い〕の、「向こうから」の到来を待ち望む思惟でもある。この時期のハイデッガーが、この救いの到来をヒトラーの出現およびナチズムの台頭に重ね合わせ、そのなかに「新たな神話」を見ていたというペゲラーの考えは妥当性を持つと言える(18)。そして『シュピーゲル』誌との対話は、ヒトラーとナチズムのうちに救いの可能性を見たというこの見解の傍証となるであろう。すなわちこの対話では、『自己主張』において言われた「〔ヒトラーおよびナチズムという〕この勃興の偉大さと壮大さ」（『自己主張』では「壮大さと偉大さ」）について、ハイデッガー自身「私はそのことを確信していた」（GA16, 655）と述べ、さらに「私はこの一つの可能性を見た」（19）といった発言さえ『シュピーゲル』誌のテクストには見られる。さらにペゲラーの、「一九二九年にハイデッガーの思惟が危機に陥り、この危機が宗教的次元を伴うものであった」という見解（20）を考え合わせるとき、ハイデッガーはヒトラーおよびナチズムに対して明らかに期待を持ったのであり、この期待は彼自身の宗教的危機に対応するものであって、また「新たな神話」というドイツ観念論的概念によって解釈可能な宗教的性格を持つものであった、と理解してよいであろう。さらに宗教的性格ということで言うと、原初がもっとも偉大なものでありその後のあり方を規制しているという考えは、祖師を絶対的な偉大さを持つもの、以後の展開を統べるものとする創唱宗教の考えと同質のものであるとの指摘も可能であるかもしれない。

この救いの到来を待ち望む思惟は、『シュピーゲル』誌との対話において「神のようなもの（ein Gott）」という概念でもって語られることになる。ハイデッガーは言う、「ただ神のようなものだけが私たちを救うことができる。私は救いの唯一の可能性を、神の出現に対する心構え、あるいは没落における神の不在に対する覚悟を思惟と詩作のうちで準備することのうちに見て取る。大まかに言うと、私たちは「くたばる（verrecken）」のではなく、没落するのだとしても、不在の神に面して没落するのである。〔……〕私たちは神を思惟によって招き寄せることはできない。私たちはせいぜい期待する心構えを準備することができるにすぎない」（GA16, 671/2）（21）。この引用からハイデッガーは、神を招き寄せようとする思惟（herbeidenken）にではなく、詩作と親縁性を持つ思惟に宗教的な可能性を見ていたと言えるであろう。しかしその可能性については、「神の出現に対する心構えを準備する」、「神の不在に対する覚悟を準備する」あるいは「（神の出現を）期待する心構えを準備する」といった、きわめて慎重で控えめな語り方をしている。ここには、宗教的事柄に関する思惟の役割をどこまでも控えめなものに制限しようとする、思索者の自制心が見て取れる(22)。しかしここでハイデッガーが使う ein Gott という言い方は、一見控えめなものでありながら、じつはヨーロッパの二千年にわたる一神教＝キリスト教の伝統における der Gott の絶対性に対する挑戦であり、新たな神の出現を期待するゆゆしき概念である。ここでハイデッガーは、ヨーロッパの宗教（キリスト教）の根本的な変革への期待を持っていたと考えられるのではないだろうか。この点では、思惟は宗教の根底をも覆す威力を持つと言えそうである。ハイデッガーは思索者としてのみずからを自制しつつも、宗教を根底において支えるという思惟の自負を持っていた、と言えるのではないだろうか。

このように大戦前のハイデッガーにとってナチズムは、現実の政治の問題というよりもむしろ「思惟の事柄」であったと言うことができるであろう。しかしハイデッガーが現実の場面で取った行動は、政治的な意味を持たざるをえなかった。そして学長職の挫折、ドイツの敗戦という政治的結末は、大戦後のハイデッガーの思惟に重くのしかかってくることになったのである。

二　宗教を巡る思惟

ハイデッガーは学長時代、二回目のベルリン大学招聘を辞退した後におこなったラジオ演説「豊かな自然――なぜ私たちは田舎に留まるのか」(GA13. 9-13) を皮切りに、ことさら自然のなかに身を置き自然の語りに耳を傾ける自分を強調する小品をつぎつぎに発表している。とりわけ敗戦直後のハイデッガーは、現実の世界から隠棲して自然のなかに孤独に身を置き、自身の存在そのものを懸けて思索に没頭している姿をことさら見せようとしていると私たちの目には映る。このハイデッガーの態度のうちに、彼が生き延びるために選択した「逃げの姿勢」が感じ取られなくもない。このようなハイデッガーの姿勢を非難することは、しかも敗戦という現場を経験していない私たちが批判することはたやすい。しかし敗戦直後のドイツという厳しい状況においてともかく生き続けるために、思索者として生き続けるために与えられた選択肢はそう多くはなかったはずである。むしろ私たちは、ハイデッガーがこの状況においても思索者であり続けたことを評価し、彼の「作品」に表された思惟を彼の思惟行路の連関で読み解くべきではないだろうか。そのような考えから、私たちはこの時期の思索のドキュメントとして『思惟の経験から』（一九四七年）、『野の道』（一九四九年）という二つの小品を取り上げたい。そして私たちは、「宗教と思惟」という問題連関のなかでこの二つの作品を考えていきたい。

1．思惟の経験から

『思惟の経験から』（Aus der Erfahrung des Denkens）では、早朝から夕方に至るまでの自然の移り変りを十の場面に分け、それぞれの自然の光景に即応する思惟が、さらにその思惟の本質を追求する熟考が展開されている。第一の場面では、「早朝の光りが静かに山々のうえに広がっていくとき……」という情景に対して、「世界の暗闇は、けっして原存在（Seyn）の光りには届かない（あるいは、原存在の光はけっして世界の暗闇には届かない）」。私たちは神々に対してはあまりにも遅く、原存在に対してはあまりにも早くやって来た」（GA13, 76）と言われている。ここでまず、自然と歴史的・現実的世界とが対比され、自然においては必ずめぐりくる夜明が、現実世界においてはそうではないことが確認される。ここで世界の暗闇とは、さしあたってはハイデッガー自身の置かれた状況であり、さらには敗戦国ドイツの置かれた状況である。そしてその理由として、世界が「原存在の光」に届いていない、あるいは「原存在の光」が世界に届いていないことが挙げられる（23）。ハイデッガーは、私たちの時代とは、神々がすでに立ち去り、しかし原存在がまだやって来ない時代であると考えていることから、「原存在」を光と見て「原存在の到来」に救いの可能性を見ていると考えられる。この連関でこの「原存在」は、『シュピーゲル』誌との対話で語られた「神のようなもの」と対応すると見なせる。そしてハイデッガーはこのような「原存在」の到来に対して、それを準備する思惟の役割に決定的に重要なものを見る。原存在と思惟の連関については、「思惟の勇気（der Mut des Denkens）は、原存在の呼びかけから来る。そのとき命運の言葉が成熟する。私たちが〔思惟の〕事柄をしっかりと見すえ、心のなかでことばを聴くやいなや、思惟が恵まれる」（GA13, 77）という発言、および「すべての心の勇気（der Mut des Gemüts）は原存在の呼び声に対する反響であり、この呼び声が私たちの思惟を世界の遊戯へと取りまとめる」（GA13, 81）という発言に注目したい。ここで「原存在の呼びかけ（die Zumutung des Seyns）」および「原存在の呼び声（die Anmutung des Seyns）」に注意する必要がある。まず、「原存在の呼びかけ」に関しては、原存在の呼びかけに呼応して思惟に対する勇気が生じ、思惟の言葉が成就することになると考えられる。それは私たちが思惟の事柄をしっかりと見すえ、そのことによって心のなかに言葉が生じるという出来事でもある。この思惟は、原存在の呼びかけによって恵み与えられる思惟である。また「原存在の呼び声」に関しては、この呼び声に対する反響という仕方で勇気が起こるのであり、この呼び声が思惟を世界の遊戯へともたらすのである。この両者において、原存在の呼びかけに呼応するという仕方で思惟が恵まれ、思惟によって私たちは原存在の到来を準備することになる。このような思惟こそ、詩作と親縁性を持つ本来の思惟である。ハイデッガーは言う、「思惟の詩作的性格はまだ覆い隠されている。〔……〕しかし思惟的詩作は真実には原存在の所在論（Topologie）である。それは原存在に対して原存在の本質の所在（Ortschaft）を言う」（GA13, 84）。思惟――真なる存在の呼びかけに呼応する思惟――には、もっとも根源的な事柄、原存在の秘密を語る言葉が恵まれることになる。このような性格を持つ思惟は、もっとも根源的な事柄を名づける詩作の営みに限りなく近づく。思惟と詩作の親縁性、この思惟的詩作によって真なる存在が名づけられ語られる可能性を索《もと》めてハイデッガーの思惟の営みは続けられることになる。

2. 野の道

小品『野の道』（Der Feldweg）は、一九四九年初頭、彼の故郷メスキルヒの生んだ作曲家コンラーディン・クロイツアのための記念文集に寄せられた一文である。じつはこの年の五月、フライブルク大学哲学部は、ハイデッガーを

「退官教授に認められているすべての権利を与えて退官させる」という申請書を評議会に提出することとなり、ハイデッガー復権の気運が高まってくるが(24)、この小品におけるみずからの思惟の原点を見つめ直す試みは、そのような機運と関連を持つかもしれない。ハイデッガーにとって、故郷で過ごした幼少年時代の暮らし――彼の家族、故郷の自然――は、「思惟の原点」とも呼んでよいものである。『野の道』は、故郷の自然、故郷の人々の暮らしのなかに思惟の原点を探るささやかな、しかし決定的な試みと言える。『野の道』の叙述は、「野の道は、イースターの頃には、芽吹き始めた麦畑と、目覚めだした牧場のあいだで明るく輝き、クリスマスの頃には、吹雪のなかで、近くの丘の彼方へと消えていく。野の道は、野のなかに立つ十字架のところで、森の方へと曲っていく」(GA13, 87) というくだりから始まっている。『野の道』は、「イースター」、「クリスマス」、「十字架」といった、イエス＝キリストの生と死と深く関わる宗教的雰囲気をもって始まっている。しかもこの宗教的雰囲気が自然の営みと深く結びついていることが、大きな意味を持っている。すなわちこの小品では「自然と宗教の融合」がテーマとなっているとさえ言える。ハイデッガーは、故郷の自然の語りにひたすら耳を傾けるという仕方で、みずからの思惟の原点である、自然のなかに溶け込んだ宗教性を見つめ続けている。『野の道』では、「野の道の語り」に先だって、つぎのような自然描写がなされている。

四季を通じて、その近さを変えながらも、野の道にはいつも同じ畑と傾斜のある牧場がともなっている。森の上から見えるアルプスの山々が、夕暮のなかへと沈んでいくこともある。夏の日の朝、野の道が丘のうねりのなかを弧を描くように続いているあたり、ヒバリが舞い上がることもある。母が生まれた村のあるあたりから、東の風がこちらへ吹き荒れてくることもある。木こりが夕暮れ時、柴の束を炉ばたへと引きずっていくこともある。収穫物を積んだ車が、野の道をがたがた揺られながら家に帰っていくこともある。子供たちが牧場の斜面に咲きはじめたサクラソウを摘むこともある。霧が終日その陰鬱さと重苦しさを野に押しつけていることもある。しかしいつも、あらゆるところから、野の道のあたりには

同じものの呼びかけが聞こえてくるのである。(GA13, 88/9)

季節に応じて、時間の経過にしたがって、さまざま姿を見せる自然、ハイデッガーにとってこの自然は、彼の思惟の根本経験となり、「故郷」あるいは「故郷喪失性」(Heimatlosigkeit)は彼の思惟の根本語となっていく。ハイデッガーにとって、「宗教的なもの」は、故郷の自然と一体になっている。その自然の語り、「同じものの呼びかけ」はつぎのように語っている。

単純なものは、留まるもの、偉大なものの謎を守蔵している。単純なものは、突如として〔媒介されることなく〕、人間のもとに立ち寄る。しかしそれには長い成熟を必要とする。いつも同じであって目立たないもののなかに、単純なものはその祝福を蔵している。野の道の周辺に留まり生育したすべてのものの遥かさが、世界を恵み与える。〔世界の〕遥かさの言葉によって〔語られつつ〕語られないものにおいて、読むことと生きることの古き巨匠エックハルトが言うように、神ははじめて神である。(GA13, 89)

ここで「留まるもの(das Bleibende)」、「偉大なもの(das Große)」の謎を隠し持つとされる「単純なもの(das Einfache)」が、ハイデッガーにとって、「神的なもの」の具体的なイメージになっていると考えられる。この「単純なもの」は、いつも同じで目立たないものでありながら祝福を蔵しており、「突如として〔媒介されることなく〕(unvermittelt)」人間のもとに立ち寄るということが起こるとされる。そのために必要となる「長い成熟(ein langes Gedeihen)」とは、「単純なもの」の側あるいは人間の側だけの成熟というよりはむしろ、先ほどの「原存在の到来を準備する思惟」の連関からも、思惟によって準備された人間と「単純なもの」自身の成熟との呼応が意味されていると思われる。この長い成熟の後に生起する「単純なもの」の立ち寄りは、『寄与』における「最後の神の立ち寄り(der Vorbeigang des letzten

Gottes）」と同じ事柄であろう（25）。この立ち寄りが「突如として〔媒介されることなく〕」と言われるとき、キリスト教における神の一人子イエスによる媒介が念頭に置かれつつも、キリスト教とは異なった仕方での神の立ち寄りが考えられていると解釈することができる。ここで宗教の事柄が問題になっているが、この事柄をハイデッガーはどこまでも慎重に、「野の道の周辺に留まり生育したすべてのものの遥かさが、世界を恵み与える。〔世界の〕遥かさの言葉によって〔語られつつ〕語られないものにおいて〔……〕神ははじめて神である」と表現する。ここで「野の道の周辺に留まり生育したもの」の持つ遥かさ、その遥かな世界の語りかけ――しかしこの語りかけは、語らない〔沈黙〕という仕方でなされる――によってはじめて、神が神であると言われる。このとき、この語りを聴きうるのは、野の道の周辺に留まる者のみで、このような者たちにとって、この語りは「神の語り」として聴かれることになるだろう。ハイデッガーは、彼の故郷の国言葉である〝das Kuinzige〟によって表される故郷の人たちの気質について、「それを持たない人は、けっしてそれを獲得することはできない。それを持っている人は、野の道から得ているのである」（GA13. 90）と語るが、同様にこの神の語りも、それを聴きうる人たち――野の道の周辺に留まる人たち――によってのみ聴かれる語りであり、その意味で「故郷」と結びついた神の語りということになるであろう。ここでドイツ神秘主義の主峰マイスター・エックハルト（Meister Eckhart, ca.1260-ca.1328）が持ち出されていることには決定的な意味があると思われる。エックハルトは、キリスト教の伝統をある意味で突破するような仕方で、「魂のうちにおける神の子の誕生」といった事柄を徹底的に考え抜いた人であるが、この連関で「〔世界の〕遥かさの言葉によって〔語られつつ〕語られないものにおいて、神ははじめて神である」とは、この遥かな世界の語りを聴きうる人たちの魂のうちに神が誕生するという事態である、と考えられないであろうか。もっとも、ここで誕生する神についてハイデッガーは、この神がどのような神であるのかということについては明確にしていない。さきに挙げた「『シュピーゲル』誌との対話」におけるように、ただ「神のようなもの（ein Gott）」としか言えないかもしれない。いずれにしてもここで重要なことは、「野の道に留まる」ということである。野の道に留まるという仕方で、野の道の「語り」を聴くことが肝要なのである。そのとき、野の道は私たちに何を教えるのであろうか。ハイデッガーは、野の道の傍らにある一本のかしわの木に注目してつぎのように語る。

成長するということは、遥かな空に枝や葉を広げ、大地の闇のなかへ根を張ることを意味する。また人間が、至高の空からの呼びかけを聴く心の準備ができ、かつものを支える大地の保護のなかに保たれるという二つの在り方を等しくあわせ持つときにのみ、すべての堅実なものは成熟する。(GA13, 88)

ここでは、「成熟する」という事態に即してより広い連関で宗教の事柄が語られている。すなわち「遥かな空に枝や葉を広げ、大地の闇のなかへ根を張る」一本の木のように、本質的に天空と大地のあいだに留まる人間は、「至高の空からの呼びかけを聴く心の準備ができ、かつものを支える大地の保護のなかに保たれるという二つの在り方を等しくあわせ持つときにのみ」、成熟ということがあるとされる。この「至高の空からの呼びかけを聴き」、「大地の保護のなかに保たれる」人間のあり方こそが、本質的に宗教的なあり方であると理解することが可能であると言える。ハイデッガーはヘルダーリンの詩作との連関で、「大地と天空、神的なものと死すべきものという四者からなる方域(das Geviert)としての世界」ということを言い、人間は死を死として能くしうるとき、死すべき者としてこのような世界に住むと言う。この「四方域としての世界」こそ、先ほど「故郷」に即して世界の遥かさと言われた世界であり、人間に語って語らない遥かな世界であろう。そしてこの「沈黙の語り」を私たちは「至高なるもの」、「神のようなもの」の語りかけとして聴くのであり、先に私たちが考察した「原存在の呼びかけ」として聴くのである。ここでは、ヘルダーリンの詩の言葉を聴きうる人たちの魂のうちに宗教的なものが拓かれると言えるであろう。そしてこの連関で、「死を能くする」とは宗教的なものが拓かれた人間のあり方が意味されていると思われる。

三　結語——宗教と思惟

私たちは、ハイデッガーの思惟の歩みに即しながら、そして自然の本質を問う彼の思惟に即しながら、彼の思惟が宗教的な事柄を問い抜くものであったことを明らかにしてきた。ハイデッガーに暗雲のごとく垂れ込めるナチス政権のもとでの「政治参加」、しかしそれは少なくとも彼の思惟行路においては、政治参加と言うよりもむしろ「思惟の事柄」であったことがほぼ明らかにされたと思う。もちろんそうであるからと言って、哲学者の「純粋な」思索が現実の政治の文脈で解釈されてしまう危険を認識しなかったとすれば、それは現実の正確な把握を任務とする哲学者を自認する者にとっては恥とすべきであることには変わりない。私たちは本章で、ハイデッガーの思惟の歩みをたどりながら、ハイデッガーの思惟における「宗教的次元」のあり様を概観した。すなわちハイデッガーにとっての「宗教的次元」とは、「原存在の呼びかけ」、「至高の空からの呼びかけ」に耳を傾けこの呼びかけに呼応する仕方での思惟による準備であると思われる。しかしここで「原存在」、「至高の空」といった言葉で表される「至高者」がどのようなものであるのかは、キリスト教の神との連関で問題であり続けることになる。さらに「思惟によって、人間を救済する神に到達しうるのか」あるいは「宗教にとって核心となるのは信仰(帰依)よりもむしろ思惟であると言えるのか」といった事柄も問題として残るであろう。ハイデッガーは宗教の事柄に関して、詩人であり思惟する者でもあったヘルダーリンの詩作のなかにこの答えの可能性を探ろうとしている。そしてヘルダーリンの詩作—思惟を巡って、ハイデッガーにとっての思惟の事柄は「思惟と詩作」となる。この問題については第四章「詩作と宗教」で考察するが、私たちはそれに先だってハイデッガーの思惟行路を決定づけた『存在と時間』の時期の思索の意味を探ってみたい。

注

（1）Vgl. Hugo Ott: *Martin Heidegger: Unterwegs zu seiner Biographie*, Frankfurt a. M./New York, 1988, S. 85. 邦訳：北川東子・藤澤賢一郎・忽那敬三訳『マルティン・ハイデガー――伝記の途上で』（未来社、一九九五年）、一一二頁。ハイデッガーの伝記に関しては、この書から多くの教示を得た。

（2）H・オット前掲書およびヴィクトル・ファリアス著、山本尤訳『ハイデガーとナチズム』（名古屋大学出版会、一九九〇年）によると、ハイデッガーの幼年時代、メスキルヒでは、古カトリックとカトリックとの争いがあり、カトリックに属する幼いハイデッガーがいじめに遭うといったことがあったようである。しかしこのような「いじめ」に関してハイデッガー自身何も語っておらず、深い心の傷となって残ったかどうかは不明である。

（3）ハイデッガーは、九月三〇日に入会し、一〇月一三日に健康上の理由で退会させられた。なおLotzによると、修練院への入所はハイデッガー自身の意志によるものである。Vgl. Johannes Baptist Lotz: “Im Gespräch”, in: Neske, Günter (hrsg.): *Erinnerung an Martin Heidegger*, Pfullingen, 1977, S. 155.

（4）H・オット、前掲書、「日本の読者に寄せて」参照。

（5）一例を挙げれば、『存在と時間』における重要な概念、「世界―内―存在」や「死に臨む（向かう）存在」なども、修道士願望との関連で捉えることが可能なものと思われる。すなわち「世界―内―存在」における「世界」として、さしあたって世俗的世界（回り世界）が意味されていることを鑑みるとき、この概念は、世俗を離れ、世俗的世界の外で祈りと労働の暮らしをする修道士の生活、いわば「世界―外―存在」との対比で考えられているという一面を指摘できないであろうか。また「死に臨む（向かう）存在」については、世俗的自己の死とともに十字架を背負って生きる修道士としてのあり方が、死に臨み死のもとにあるという捉え方のモデルとなっている、とは言えないであろうか。

（6）フッサールへの打ち込みは、ハイデッガー自身の回想によって、「フッサールの思惟の方法がフランツ・ブレンターノによって規定されていること」および「ブレンターノの学位論文によって引き起こされたもろもろの問いにおける決定的な前進を期待した」と説明されている。Vgl. GA14. 93.

（7）このあたりの事情についてハイデッガーは次のように回想している。「フッサールの『論理学研究』から私は、ブレンターノの学位論文によって引き起こされた問いに対して、決定的に前進することを期待していた。しかしながら私の努力は徒労であった。というのは――それを私はずっと後に経験することになるのだが――その探求方法が正しくなかったからである。それにもかかわらず私はフッサールの著作に魅了され続けていたので、〔大学入学後の〕数年間、私を捕らえているものが何であるかを洞察することなしに、繰り返しその著作に読みふけった」(GA14, 93)。

(8) Vgl. Johannes Baptist Lotz: *ibid.*, S. 155.

(9) 神学断念後の自然科学―数学部へ移り、三セメスターのあいだ自然科学、数学の訓練を受けたことは、ハイデッガーのその後の思索にとって大きな意味を持つことになった。この点に関しては、Neumann, Günter: 〝Heideggers Studium der Mathematik und Naturwissenschaften〟, in: Alfred Denker, Hans-Helmuth Gander und Holger Zaborowski (hrsg.), *Heidegger-Jahrbuch 1, Heidegger und die Anfänge seines Denkens.* Freiburg/München, 2004 より教示を得た。

(10) ハイデッガーは、フッサールがフライブルクへ着任したころの教育方針に関して「フッサールの教育は、現象学的に「見る」ことへ向かって訓練しつつ一歩一歩入っていくという仕方でなされたが、このように見ることと同時に、哲学的知識を検討せずに使用することのないよう要求した。そしてまた大思想家たちの権威を会話のうちに持ち込むということの断念をも要求した」と回想している。Vgl. *GA14, 97.*

(11) 日本においても同様の状況下で「西田学派」とよばれる哲学者たちの大戦を正当化する発言が非難されることがある。このような非難に対して常俊宗三郎は、「これらの哲学者の発言の片言隻句を挙げて裁断するのはたやすいことである。そのさい留意されねばならないのは、その片言隻句が発言者の全体としての見解という文脈に正しく位置づけられているかどうかである。〔……〕それに、発言がどのような時にどのような所でなされたのかということも考慮されなければならない。狂信者の監視のなかで正論を公然と吐露することは死を意味する。それなら沈黙すればよいともいえるが、沈黙は黙認とどう違うのか、むしろ、たとえわずかな手立てであっても、正しい方向にむけて機会を利用すべきではないか、という理屈もなりたつ。〔……〕まともに生きる状況が失われているとき、よく生きることは、不可能とはいわないとしても、きわめて困難なことなのである。肝要なことは、過去への批判的反省から、苦境に導く邪悪の芽を摘みとる方策に思いをこらすことである」と述べている(常俊宗三郎編『日本の哲学を学ぶ人のために』、世界思想社、一九九八年、二九三/四頁)。この常俊の発言は、一九三〇年代にハイデッガーが置かれた状況に対しても当てはまる、非常に適切なものである。

（12）ラクー＝ラバルト著・浅利誠・大谷尚文訳『政治という虚構』（藤原書店、一九九二年）、二四三頁。

（13）ラクー＝ラバルト、同書、五六頁。

（14）Vgl. Pöggeler, Otto: *Neue Wege mit Heidegger*, Freiburg/München, 1992, S. 224, 226, 247 usw.

（15）筆者は、「ハイデッガーとナチズム」という大問題を考えるさい、まず哲学的視点と社会学的視点とを峻別する必要を指摘したい。ハイデッガーとナチズムを扱ったものの多くは、この両者を混同しており、さらにみずからの哲学的素養の欠如を公言しつつも哲学の問題としてこのテーマを扱う論者さえいる。つぎに指摘したいことは、ハイデッガーのテクストの扱い方についてである。すなわちハイデッガーのテクストを扱うさい、例えば彼の学長時代に特定の政府機関に提出された公文書などを公刊されたテクストと同様に扱う、ということがしばしばなされている。しかし言うまでもなくこのような公文書は、特定の政治的状況、特定の政府機関との関係を前提として、そしてたいていは公表されないという暗黙の了解のもとに、そして多くの場合非常に限られた時間内に書かれたものであり、あらゆる人に読まれることを想定して書かれたテクストとは根本的に異なる性質を持っている。私はこの二点を考え合わせるとき、このような公文書はむしろ社会学的視点から慎重に扱われる必要があるもの、とすべきではないかと考える。ラクー＝ラバルトは、政治的責任を含めハイデッガーを断罪するさいの唯一の判断基準は、ハイデッガーの「テクストの読解」以外にはないと断言しており（ラクー＝ラバルト、同書、二四〇頁以下参照）、この主張に筆者もまったく同感であるが、ハイデッガーが書いたもののうちでどこまでを彼のテクストとみなすか、ということについては非常に慎重な扱いが要求される。いずれにしても、ハイデッガーのナチズムへの関与を示す文書を発見したということをもって大きな業績と考え、ハイデッガー哲学の解釈に変更を求めるといった安易な態度は、哲学的研究にも社会学的研究にも寄与するものではないということを強く認識する必要があると思われる。

（16）M. Heidegger: *Die Selbstbehauptung der deutschen Universität. Das Rektorat1933/34*, Frankfurt a. M., 1983, GA16, 107-117. なおこのテクストは一方で、民族（Volk）、奉仕（Dienst）などといった言葉を使ってナチズムへの賛同を表明するものであり、他方ハイデッガーの思想に親しんだ者にとっては、そのような表向きの賛同の陰でナチズムに対する精一杯の抵抗を試みた演説であるとの解釈も可能であろう（注13参照）。しかしドイツ民族の命運（Geschick）に従うことを指示し、ドイツ民族の精神的負託によって三つの奉仕（労働奉仕、国防奉仕、知の奉仕）を命じるこの演説は、歴史的事実として戦争への道を拓く助けとなったということも否定できない。さらにハイデッガーは大戦後におこなった自己弁明において、この演説の持つ両義性を最大限に利用してナチズムへの賛同を否定していることには、おおむね正当性がない。例えば一九四五年に書かれた「学長職一九三三・四年——事実と思想」（GA16, 372-394）のなかでハイデッガーは、『自己主張』のなかで使われた「闘争（Kampf）」という言葉に関して、この言葉はヘラクレイトスの断片五三に由来するものであって、哲学的文脈で用いられたと弁明している。しかし一九三三年の学長就任演説において、「闘争（Kampf）」という言葉がヒトラーの『我が闘争（Mein Kampf）』を連想させることは十分に意識されていたはずである。Vgl. *GA16*, 379f.

（17）*Der Spiegel*, Nr23/1976. GA16, 652-683. 川原栄峰訳「ハイデッガーの弁明」『理想』五二〇号、一九七六年。なお『シュピーゲル』誌のテキストと全集版のものとの間にはかなりの異同があるが、この異同の経緯については、全集版の編集者の一人であるヘルマン・ハイデッガーによって解説されている。Vgl. *GA16*, 815ff.

（18）ペゲラーは、希望が失われた時代状況において、「総統」がハイデッガーにとって救世主と思えた理由の一つとして、彼が、みずからの宗教的確信の危機において新しい「神話」を求めた、ということを挙げている。Vgl. O. Pöggeler: *ibid*., S. 247.

（19）*Der Spiegel*, S. 198. この発言は全集版では書き換えられている。Vgl. *GA16*, 658. おそらく全集版のテクストがハイデッガーの真意により近いのであろうが、全集版のテクストが絶対的なものとも思われない。筆者留学当時（一九八七／八八年）ペゲラーは、今回の全集はいずれ厳密なテクスト批判を経た〝kritische Ausgabe〟によって取って代わられるべきものであるとの見解を私的な場で披瀝していたことをここに記しておきたい。

（20）ペゲラーはこの考えを繰り返し強調している。Vgl. O. Pöggeler: *ibid*., S. 219.

（21）引用の箇所は『シュピーゲル』テクストではつぎのようになっている。「ただ神のようなものだけが私たちを救うことができる。私たちに残されている唯一の可能性は、神の出現に対する心構え、あるいは没落における神の不在に対する覚悟を思惟と詩作のうちで準備するという可能性である。私たちは不在の神に面して没落するのである。〔……〕私たちは神を思惟によって招き寄せることはできない。私たちはせいぜい期待する心構えを呼び起こすことができるにすぎない」。Vgl. *Der Spiegel*, S. 209.

（22）この自制心は、カントが『純粋理性批判』において「信仰に場所を空けるために知を制限しなければならなかった」と述べるさいの自制心と同質のものではないだろうか。Vgl. I. Kant: *Kritik der reinen Vernunft*, BXXX.

（23）ここで「原存在の光」と言われるさいの「原存在」とは、Seyn の訳で、Seyn という古い語形は、本来の意味を保った Sein という意味で使われていると思われる。「もともとの存在」という意味で便宜上「原存在」と訳した。

（24）H・オット：前掲書、五二一頁以下参照。

（25）Vgl. *GA65*, VII. Der letzte Gott.

第三章　『存在と時間』期における宗教的なるものへの問い

『存在と時間』（Sein und Zeit, 1927）は、ハイデッガーの思惟の歩み全体にとって決定的な意味を持った著作である。この著作においてハイデッガーは、ヨーロッパの哲学の歴史において、「存在」がそれに相応しい仕方で問われてこなかったのみならず、そもそも問うということさえ拒否された（1）という事態を深刻に捉え、存在そのものの意味を明らかにするための適切な問いを立てようとする。そのさいこの存在の意味への問いは、存在理解を持つという卓越した存在者である人間に問いかけるという仕方で遂行される。このようなあり方をした人間は「現存在」と名づけられ、現存在を分析するという仕方で、存在の問いへの通路をつけようとされる。ここでは「存在論」という枠内で現存在が分析されているのであって、人間の宗教性が主題として問われているわけではない。しかしこの現存在解釈に根源性が要求されている以上、すなわち人間の根本のあり方が問われている以上、その問いの根源性は人間の宗教性の深みへと達するものであり、「不安」、「死に臨む（向かう）存在」といったこの著作のキーワードも宗教的文脈と無縁ではないはずである。

ところでハイデッガーは『根拠の本質について』（一九二九年）と題された論考のなかのある脚注で、「世界―内―存在としての現存在の存在論的解釈によっては、神への可能的存在に関してはポジティブにもネガティブにも決定されていない。しかしながら超越の解明を通してはじめて現存在の十全な概念が獲得され、いまや（現存在という）この存在者に関して、現存在の神への関わりが存在論的にどのようになっているかが問われうる」（GA9, 159）という注目すべき発言をしている。ここで「世界―内―存在としての現存在の存在論的解釈」とは『存在と時間』で遂行された現存在の解釈であると理解しうるものであり、現存在解釈という宗教的文脈でなされたわけではないこの論究において、「神への可能的存在」、人間の宗教性への問いは遂行されていないとしても、「超越の解明を通して現存在の十全な概念」が獲得されたならば「現存在の神への関わり」を存在論的に問う地盤が獲得されると言われている。すなわち『存在と時間』でなされた現存在の存在論的解釈においては「現存在の十全な概念」がまだ得られておらず、「現存在の神への関わり」を問う地盤が用意されていなかったが、「超越の解明」を通じて「現存在の十全な概念」が獲得され「現存在の神への関わり」を、「人間の神への関わり」を問うことが可能になると言うのである。このように『存在と時間』およびそれに続く数年間になされた「超越」を巡る思索が（2）、「人間の神への関わり」の問いへ、人間の宗教性への問いへと導くものとされていることが読み取れるのである。

さらに同論考の他の脚注では、「『存在と時間』に関する諸研究からこれまでに公刊されたもの〔著作としての『存在と時間』〕は、超越を具体的―開明的に企投するという課題以外のいかなる課題も持たない（〔『存在と時間』〕§12―83、とくに§69参照）」（GA9, 162）と述べられ、「根拠の本質について」の立場から、『存在と時間』で展開された論究のほぼ全体（『存在と時間』は§1―83から成り立っている）が「超越の解明」のためになされたといった理解さえ示されているのである。

これらの発言から、『存在と時間』およびそれに続く数年間の思惟は、「人間の神への関わりを存在論的に問う」ための準備という性格を持つとハイデッガー自身が見なしていたと理解することができる。もちろん「超越」はこの時期のハイデッガーにとって「世界への超越」であり、「世界―内―存在」という現存在の根本体制そのものが超越と考えられている。したがって超越を安易に宗教的超越と同質のものと捉えることは、厳に戒められなければならない。しかしながらこの時期のハイデッガーは超越へと思索を集中させつつ、超越の持つ意味合いが徐々に変化していることもまた見て取られねばならない。私たちは以下で世界―内―存在としての現存在に注目しながら、『存在と時間』の時期のハイデッガーにおける「宗教的なるものへの問い」を明らかにしていきたい。この章で私たちは、『存在と時間』およびその時期の諸講義録に即して、存在の問いと深く結びついた宗教への問いについて考察してみたい。

一　現存在の解釈

1．『存在と時間』における現存在の解釈

『存在と時間』はその思惟の革新性のゆえに、二〇世紀の哲学的思惟に強い影響を及ぼした著作である。そしてその革新性は何よりも、存在了解を持つという卓越した人間存在、存在の問いを立てるさいの唯一の通路とされる「現存在」（Dasein）の根本体制（Grundverfassung）が「世界の—内に—あること」（In-der-Welt-sein）とされ、この体制に即して現存在が分析され解釈されたことに由来する。現存在とは、人間が、主観—客観という図式においてではなく、世界のうちですでに人々やものと関わっているというあり方に即して捉えられたもので、世界という場の開けにおいて見られた人間存在である。ここではこの存在者をその根本体制において分析するという仕方で、「存在の問い」が準備的に遂行されているのである（3）。

そこでまず「現存在」という概念を、『存在と時間』のテクストに即して確認しておこう。現存在という概念は「存在の問い」の連関で出されている。すなわち「存在の問い」において「問われているもの」（das Gefragte）としての「存在」、「問い出されるもの」（das Erfragte）としての「存在の意味」に対して、「問いかけられるもの」（das Befragte）を確定するという作業において出されているのである。

〔存在の問いを仕上げるために要求される〕、〔存在に〕注目すること、〔存在の意味を〕理解し概念把握すること、〔範

例となる存在者を〕選択すること、〔その存在者に〕近づいていくことは、問うことを構成する態度であって、それら自身、一定の存在者――問う者である私たち自身がおのおのそれである――の存在様態である。存在の問いを仕上げることは、ある存在者――問いつつある存在者――をその存在において透明にすることを意味する。このような問いを問うことは、ある存在者それ自身の存在様態として、この問うことにおいて問われているものから――存在から――本質的に規定されている。私たち自身がおのおのそれであり、とりわけ問うという存在可能性を持つ存在者を、私たちは術語として現存在と名づける。（SZ. 7/GA2. 9/10）

この引用から知られるように、存在の問いを明確に打ち立て遂行するためには、存在に注目しその意味を理解し概念把握する、そのための範例となる存在者を選択しそれに近づくといったことが要求されるが、「問う」ということを構成するこれらの態度は、問いを遂行する私たち――存在了解を持つ存在者――自身のさまざまな存在様態（Seins-modi）という性格を持つ。すなわち、ここで問題となる存在は、さしあたって私たち自身によって了解された存在であり、したがって存在を問うとは「私たち自身が私たち自身に問い掛ける」という構造を持つことになり、存在の問いを仕上げるとは、「私たち自身の存在を透明にする」ということになる。またこの問いの遂行は、この問いにおいて問われている「存在」から規定されるものであり、このように「存在を問う」という視点から見られた私たち自身が、「現存在」と名づけられる卓越した存在者なのである。すなわち私たちは、その存在をみずからの存在として引き受けている存在者であり、存在を問うことが可能な唯一の存在者だとされる。したがって存在を問うことはまず、私たち自身の存在を解釈し明確化する営みとなる。またハイデッガーは、「存在の問い」は、「現存在そのものに属している本質的な存在傾向、すなわち前存在論的な存在理解の徹底化（Radikalisierung）以外の何ものでもない」（SZ. 15/GA2. 20）と言う。ここで「前存在論的な存在了解」とは、人間がすでに持っていながら、まだ自覚化されていない存在理解であり、この存在理解そのものを徹底的に問い抜き、明るみにもたらすことこそが、存在の問いを問うことであり、「現存在の解釈」の目標でもあったのである。

ところでこの存在理解は、同時に世界理解でもあることに注目されなければならない。というのは現存在には本質的に「世界の内にあること」が属しているからである。『存在と時間』のなかでは、「世界─内─存在はアプリオリに必然的な、現存在の体制である」(SZ. 53/GA2, 72)、あるいは「現存在の存在諸規定は、アプリオリに、私たちが世界─内─存在と名づける存在体制を根拠として見られ理解されなければならない」(SZ. 53/GA2, 71)と言われている。すなわち現存在とは、私の現存在であり、みずからの存在を引き受けている存在者であると同時に、人々やものとの関わりが成り立つ場の開け(Da)が、本質的に、あらゆる経験を待たずして属しているような存在者でもある。この「世界─内─存在」という規定によって、現存在解釈が独我論に陥ることは最初から避けられている。このように、「存在理解の徹底化」は「世界理解の徹底化」として、世界─内─存在という現存在の根本体制そのものを徹底的に問い抜き明らかにすることでもある。そして「現存在の解釈」は、世界─内─存在という根本体制に即した解釈となるのである。

以上のように「現存在の解釈」は少なくともハイデッガーにとっては、「存在そのもの」を問うことが可能となる唯一の方法であった。現存在の解釈という独特な方法論は、『存在と時間』において、ヨーロッパの哲学の歴史、とりわけ存在論の歴史を究明する過程で見えてきた問題性、すなわち「存在そのもの」が問われていないという問題性を克服するためのものである。しかし現存在の解釈というハイデッガー独自のユニークな思惟が出されてきた過程には、紆余曲折が見られる。私たちはつぎに煩雑になることを承知で、『存在と時間』が成立した過程に即して、「現存在の解釈学」が持つ意味について考察してみたい。

2. 事実的生の解釈学から現存在解釈へ

『存在と時間』は、ハイデッガーの初期フライブルク時代、そしてマールブルク時代の哲学的思索を通して形成された著作である。そしてその形成過程で中心的な役割を果たすのが、「世界─内─存在」を根本体制とする「現存在」概念である。この概念は、現象学の対象としての「生」、「事実的生」が周囲世界の体験と一つであるという洞察から生じたものであり、それはやがて「事実性の解釈学」として『存在と時間』へと向かう思惟の根幹をなすものとなる。ここではその思惟の歩みを、初期フライブルク講義、マールブルク講義をもとに考察していきたい。

（1）新カント派からの出発──生の根源性

一九一三年に学位論文を、一九一五年に教授資格論文を提出したハイデッガーは、同年の冬学期よりフライブルク大学私講師として講義を開始した。その当時の哲学議論にとって新カント派の持つ意味は大きく、とりわけハイデッガーの師の一人リッカート（Rickert. Heinrich. 1863-1936）は西南ドイツ学派を代表する新カント派の哲学者である。ハイデッガーと新カント派との関係は、単純なものではない。ハイデッガーは新カント派に対しおおむね批判的な態度を取りつつ、他方では新カント派の哲学から多くを学び取ってもいる（4）。ハイデッガーの炯眼は、新カント派のなかに「新カント派」というタイトルではとても纏めきれない多様性を見抜いている。もっとも新カント派に対するハイデッガーの基本的なスタンスは、新カント派の根本性格を「理論的」というところに見て取り、この理論的な態度は根源的ではないと批判し、この批判を通して「根源学」としての現象学が要請されるというものである。このようなスタンスは、例えば公刊された最初の講義録である「哲学の理念と世界観の問題」（一九一九年の戦後窮迫期）におけるナトルプに対する態度のなかに見て取れる。すなわちハイデッガーによると、ナトルプの「体系的で汎論理主義的」な根本態度は、「体験の領域をもラディカルに論理化し、その領域をただ、具体的なものの具体化という論理化された形式においてのみ成り立たせる」（GA56/57. 108）というものであり、この場合の具体的なものは、抽象的なものと必然的に相関するという意味しか持たず、具体的なものがそれとして捉えられているわけではない。このような「論理学の絶対化」を根本性格とするナトルプの態度では、周囲世界の体験といった原初的で具体的な体験をそれに相応しい仕方で捉えることができないのであり、根源的に問うことを要請する現象学を批判しうるものではない。このようにハイデッガーによると論理学の絶対化を根本性格とする新カント派は、「根源性」への要求を満たすものではない。この批判を通してハイデッガーは、新カント派的な論理の学を超える「根源―学」（Ur-wissenschaft）という理念を提出することになる。

ところで学の根源性は、学の由来である根源的な「生」に求められる。すなわち「即自的」、「即かつ対自的」、「前世界的」、「絶対的」と形容される根源的な生が起源となり、対象化や理論化を通して認識、学が成立するとされる。そのさい、対象化や理論化は、根源的な「生」から離れていく過程、「離生」（Entleben）という性格を持つ。したがって根源学への要求は、根源的な生を離れないような仕方で、いかにして学が成り立つかという問いとなる。ところで根源的な生、「世界化以前の、生に関わる或るもの」（vorweltliches Lebensetwas）という「根本現象」は、「理解という仕方で体験されうる」（GA56/57, 115）とされる。このディルタイの「体験―表現―理解の連関」という根本図式を連想させる構想を用いてハイデッガーは、新カント派的な理論的学とは別の学の可能性を模索する。この可能性こそが「根源学」、すなわち理論化以前のもの、生そのものを離れないような仕方で、根本現象を理解しようとするものであり、ハイデッガーが考える「現象学」である。この現象学についてつぎのように言われている。

〔現象学の原理とは〕真なる生一般の原志向であり、体験および生そのものの原態度、体験それ自身と同一な、絶対的な生の共感である。さしあたって、すなわち理論的なものからの道をたどりつつ、理論的なものからますます自由になるという仕方で、私たちにはこの根本態度が徐々に見えるのであり、私たちはその態度に向けて方向づけられるのである。この根本態度は、私たちがそれ自身のうちで生きるときにはじめて絶対的なものになる。そしてこのことをなしうるのは、いかに広大に構築されていようとも概念体系ではなく、自己をどんどん高めていく現象学的生である。（GA56/57, 110）

すなわち現象学の原理は、真なる生のもともとの（根源的な）志向、体験そのものおよび生そのもののもともとの（根源的な）態度、体験それ自身と同一な共感――絶対的な生の共感――であるとされる。この原理は生のもともとのところ、生の体験そのものを離れない態度であり、この態度そのものが私たちの生、体験であるというものである。このような態度は、自己の生そのものであるため、対象化して観察するという仕方では知られず、理論的なものから自由になり離れていくという仕方で徐々に見えてくるものである。このような根本態度は「自己をどんどん高めていく現象学的生」と呼ばれている。すなわちハイデッガーがここで考える現象学とは、自己を高めるという仕方で自己に対する理解を深めつつ、生のもともとのところに留まりながらも、自己のあり方を透明化していくような方法論ということになるであろう。その意味でこの現象学的生は、絶対知をめざすという仕方で自己を高めていく意識の運動としてのヘーゲル的現象学概念に近いものであるかのように、したがってこの現象学的生のうちに「宗教性」を見て取ることが可能であるかのように見える。しかしハイデッガーは、このようにいわば生を理念化する方向で現象学を考えているのではなく、みずからの生をそのあるがままの姿で、その事実性において捉えようとする。ハイデッガーは、一九一九・二〇年の冬学期講義「現象学の根本問題」の補遺において、「現象学とは何か。その理念とされるのは、生そのもの（Leben an und für sich）の絶対的な根源学である」と現象学を定式化した後に、「〔現象学の〕方向づけ、しかも作為的でない方向づけは、私たち自身がそれであり私たち自身が生きている事実的生という方向づけである」（GA58. 171）と述べ、みずからの生を「事実的生」として把握しようとしている。すなわちハイデッガーは、生を理念的に捉えるのではなく、私たち自身がそれとして生きていく事実において、事実的生として捉えようとしている。このとき、生そのものは、周囲世界と切り離せないものとなる。ハイデッガーは、現象学と「周囲世界体験」との連関について、つぎのように述べている。

　私たちは周囲世界体験へと戻り行こう、そして範囲を広げてみよう。そのとき私たちが少なくとも先行的に見て取るのは、私たちはしばしば、それどころかたいてい、周囲世界的に体験しているということである。いずれにしても理論的なものへの深く食い入る執着はいまだに、周囲世界的体験の支配領域を正しく見渡すための大きな障害となっている。周囲世界体験は偶然のものではなく、生そのものの本質のうちに存する。（GA56/57, 88）

現象学は、生の根源に定位しつつ、生の事実性へと方向を定めている。生の事実性、それは「私たちはしばしば、それどころかたいてい、周囲世界的に体験している」という場を離れるものではない。この周囲世界体験の「しばしば、それどころかたいてい」という次元は、「さしあったって、たいていは」と言い換えられて、『存在と時間』において重要な「日常性」概念になっていくことは言うまでもない。ここで注意すべきは、しばしば、それどころかたいていなされている周囲世界体験が、「理論的なものへの深く食い入る執着」との連関で考えられていることである。周囲世界体験は本来、理論化以前の、「生そのものの本質のうちに存する」根源的な体験である。しかしこの生の本質に対する自覚が深まる以前に、周囲世界体験は、理論化の傾向にさらされることにより、みずからを見失ってしまう。しかし私たちの生は、その本質において、世界のうちにある、むしろ世界そのものである。一九一九・二〇年の冬学期講義ではつぎのように言われている。

私たちの生は世界である。世界のうちで私たちは生き、そのうちへと入って行き、いつもそのうちで生の諸傾向が進行する。そして私たちの生が生としてあるのはただ、それが世界の内で生きるかぎりである。〔……〕生はいつも何らかの仕方でその世界の内で生きる。（GA58, 34）

私たちは、世界の内にあるかぎり生を遂行している。私たちの生はその本質において、世界の内にある生である。しかし私たちは、みずからの生をいつもその本質において把握しているわけではなく、「さしあたってたいてい」という次元で捉えており、そこでは理論化による覆い隠しの危険につねにさらされている。ハイデッガーは新カント派の哲学と対決しつつ、一九一九年から一九二〇年の時点ですでにこのような世界の内にある人間存在の根本構造を見て取っていた。問題はこの根本構造を見やりつつ、根源的生に定位した学、すなわち現象学をどのように仕上げるかということである。

(2) 遂行連関としての生――宗教的生の現象学を巡って

ハイデッガーは、一九二〇・二一年の冬学期に「宗教現象学入門」と題する講義をおこなった(5)。この講義においては、宗教的生が、とりわけ原始キリスト教における宗教的生が現象学の問題として論じられているが、ここでもまた現象学の方法論をより厳密に規定することが試みられている。現象学において、現象のうちへと取り込まれた経験は、三つの方向に分かれる意味の全体性として捉えられるとされる。すなわち現象のうちへと取り込まれうる経験に関して、①その経験が根源的に「何か」(内実)、②その経験は根源的に「いかに」なされるのか(関連)、③その関連の意味は根源的に「いかに」遂行されるのか(遂行)という三つの意味の全体として(vgl. GA60, 63)。したがって現象学とは、この意味全体性の解明ということになる。しかし現象が問われるとき、その内実に焦点が当てられることになり、その関連と遂行が、とりわけ遂行の面が覆い隠されることになる。ここで問題にされている経験とは、事実的な生の経験である。しかしこの経験は、「つねに、客観のようなものへ滑り落ちそうになっている」(GA60, 64)。このような傾向に対して、現象を現象のままに取り出そうとするためには、その関連、とりわけその遂行を無規定なままで確保する必要がある。このように「現象の関連および遂行は前もって規定されない」(GA60, 64)という仕方で現象を与える方法を、ハイデッガーは「形式的告示」(formale Anzeige)と名づける。この形式的告示こそが現象学的解明を主導する現象学固有の方法である、とハイデッガーはここで考えている。

現象学は、哲学を支配する形式的規定性、「対象的なものの形式的規定性」と無縁ではありえない。形式的規定性は、「形式的」であることによって現象の内実に関しては無関心であるようであるが、それでもやはり「規定性」であるために、その関連や、とりわけ遂行の面は覆い隠すことになる。したがってこの現象の覆い隠しによって、先行的な判断がなされてしまっている。この先判断を防ぐ「防御」、「先行する安全確保」こそが「形式的告示」であると言うことができる。この形式的告示はフッサールの類化─形式化の図式と一見似ているようであるが、ハイデッガーによるとフッサールの類化─形式化は「普遍化」であって、これによって現象の遂行までは捉えられない。普遍性との関係を絶った形式的告示という方法によってこそ、現象の持つ意味の全体を把握することができるとされている。

ハイデッガーは「宗教現象学入門」において「パウロの書簡」を解釈しつつ、形式的告示という方法によってはじめて明らかになる現象を示している。まず最初に示されるのは、パウロの書簡における「原始キリスト教的宗教性」の意味の遂行史的理解である。パウロは「テサロニケの信徒への第一の手紙」において、テサロニケの信徒たちが「〔キリスト者に〕なったこと（genēthēnai）」および「自分たちが〔キリスト者に〕なったことに関する知を持っていること（oidate）」を経験した、とハイデッガーは理解する（vgl. GA60, 93）。そしてこのようにテサロニケの信徒たちがキリスト者となりその自覚を持つことは、同時に、パウロ自身がキリスト者になることでもあると解釈する。すなわち「彼ら〔テサロニケの信徒たち〕が〔キリスト者に〕なったことはまた、パウロが〔キリスト者に〕なったことでもある。そしてパウロは、彼らが〔キリスト者に〕なったことに、ともに捉えられている」（GA60, 93）とハイデッガーは言う。ここでの事態は、パウロの働きかけによってテサロニケの人々がキリスト者になったという一方向的なものではなく、パウロと信徒たちがともに働き合いつつ、ともに「神との作用連関」（GA60, 94）に入ったということである。そしてこのように解釈することができるのは、両者の関わりを静的に捉えるのではなく、遂行という観点で、「遂行史的理解」（GA60, 93）によって捉えたからなのである。

つぎに明らかにされる現象は、事実的生の「時」についてである。ハイデッガーは「テサロニケの信徒への第一の手紙」五・一―一一を解釈しつつ、主の再臨（parousia）の「いつ」を巡って議論を展開する。彼によると、主の再臨の「いつ」への問いは、「目を覚まし素面でいよう」というパウロの要請によって答えられる（vgl. GA60, 105）。そしてこの答えからハイデッガーは、「〔主の再臨の〕「いつ」」への問いは私の態度へと遡って導かれる。再臨が私の生においてどのようにあるかは生そのものの遂行へと遡って示す」(GA60, 104)と洞察する。すなわち「主の再臨がいつか」というキリスト者にとっての根本の問いにおいて、客観的に測定可能な時間が問題となるのではなく、「主の再臨」に対して私がいかなる態度を取るのか、「主の再臨」を私がどう生きるのかということが問われている。すなわちこの問いにおいて問題となるのは、私がいかに生きるかということ、私がいかに生を遂行するかということ、「あらゆる瞬間における事実的な生の経験の遂行」(GA60, 106)なのである。このような時はクロノスではなく「カイロス」であるとされ、「瞬間」という意味を持つカイロスは、「事実的な生の経験」にとってと同様に、「神の永遠性」、「終末論」といったキリスト教の問題にとっても決定的に重要であるとされている(vgl. GA60, 104)(6)。そしてこのような時を問題にすることによってハイデッガーは、事実的生の持つ二つのあり方、この世界の内で平和と安全を見いだしこの世界に愛着する人たちと、そのような人たちを襲う破滅の経験から自己自身を見つめ直す人たちという二つのあり方を明らかにしている(vgl. GA60, 103/4)。

このように形式的告示という現象学固有の方法の導入によって、原始キリスト教における宗教的生、パウロの書簡に記された宗教的生に対して、これまで覆い隠されていた側面が明らかにされる。それは現象の遂行連関であって、パウロと信徒たちとの働き合い、主の再臨にのぞむ生という仕方で神との作用連関におけるあり方、すなわち世界の内でこの世界に愛着するのではなく、神との作用連関を含む世界の内でのあり方といったものである。しかしこの方法によって、宗教的生が規定されたわけではなく、あくまでも「形式的」に「告示」されるという仕方で宗教的生の遂行連関が確保されたに過ぎない。現象学とはこのように現象の覆い隠された部分を明るみに取り出す方法に過ぎないのであって、宗教経験に対しては、その経験そのものに至る根源的な道行きにとっての「前理解」を与えることができるだけである。したがってハイデッガーは、「形式的告示は最終的な理解を断念する。最終的な理解はただ、純粋な宗教的体験において与えられうる」(GA60, 67)と述べる。すなわち形式的告示という方法は、最終的な宗教的真理を示すものではない。ハイデッガーがこの講義およびそれに続く「アウグスティヌスと新プラトン主義」（一九二一年夏学期）以降、宗教現象学を追究することをしなかったのはそのためだと思われる。むしろハイデッガーは、事実的な生の経験として、宗教的経験よりも、日常的な世界（世俗）のうちでの人間のあり方に焦点を当てていくことになる。このとき、人間のあり方は「世界（世俗）―内―存在」とされるのである。

（3）事実的生から現存在へ

初期フライブルク時代の終盤、すなわち一九二一・二二年の冬学期から一九二三年の夏学期にかけて、ハイデッガーは『存在と時間』への決定的な歩みを開始した（7）。この時期の思惟には、事実的生の解釈学から存在論への移行が認められる。事実的な生は、形式的告示という仕方によって世界の内にあるという根本的なあり方が明らかにされてくるにしたがい、ハイデッガーの関心が事実的生の根本構造から事実的生の「存在」の問題へと向けられることになる。事実的な生は、存在論の連関で「現存在」と呼ばれることになり、生の問題の根底に存在の問題が横たわることが気づかれていく。

さて一九二一・二二年の冬学期講義『アリストテレスの現象学的解釈――現象学的研究入門』においては、アリストテレスを解釈する準備として、哲学あるいは現象学とは何かということが徹底して問われている。哲学はさしあたって「存在論」しかも「現象学的存在論」、あるいは「存在論的現象学」と規定される（vgl. GA61, 60）が、ハイデッガーは哲学が遂行される場所としての大学に注目し、大学という場が哲学・学問を遂行する人間の営みと不可分であるという洞察から、学問・哲学を遂行する人間の態度そのものを、人間の「事実的生」を問題にしていく。事実的「生」とは現象学の主題となる「根本現象」であり、存在論としての哲学において問われる事柄となる。ハイデッガーは「生」は現存在であり、生のうちに、生を通して「あること」である」（GA61, 85）と言う。ここで「生」が「現存在」あるいは「生のうちに、生を通してあること」と言い換えられているが、この言い換えから、生とは対象的な探求において捉えられるものではなく、存在という哲学の根本問題として問われるべきものであることが見えてくる。そしてこのことをふまえて、事実的生が現象学的に、その根本の諸カテゴリーを通して解明されていくことになる。

事実的生という根本現象に関して、「それ」のうちで生きられ、「それ」から生きられ、「それ」のために生きられる「それ」は世界であり、世界はこの根本現象の内実意味であるとされる。ここで生は世界との関わりにおいて、関わりの動性において見られており、この関わりの意味（関連意味）が「気遣うこと」（Sorgen）であるとされる。ハイデッガーによると、生は世界へと向かう傾向性を持ちつつ、世界との隔たりを取り除くという仕方でかえって自己へと閉鎖され、みずからを見誤る。このような状態においてみずからを明るくする動性として、生はそれ自身において反照的（reluzent）だとされる。「生は、その世界を通してその世界とともに、それ自身において反照的である。すなわち気遣うものとしての生に向けて反照する」（GA61. 119）と言われる。すなわち生は世界との関わりにおいて、その世界を通してみずからを照らし返し、みずからを明らかにし、みずからを了解しようとする。そしてこのことが可能であるために、生は先構造的（praestruktiv）――先を見通して備えている――でもあるとされるが、いずれにしても生は、世界からの照らし返しという仕方でみずからを明らかにするという構造を持つとされている。

人間の生がみずからを了解し明るくしようとするのは、人間がみずからの「存在」を了解し解釈するという根本性格を持つことを意味する。この根本性格については、一九二三年の夏学期講義『存在論』でさらに明確に述べられている。この「事実性の解釈学」という副題を持つ講義においてハイデッガーは、「事実性」を「「私たちの」「固有の」現存在の存在性格に対する表示」（GA63. 7）と規定し、さらに「解釈学」について、「解釈学においては、現存在にとって、自己自身に対して了解するようになり、了解するものであるという可能性が形成される」（GA63. 15）と述べている。すなわちこの講義では、生の事実性に関して、その根本の諸カテゴリーを通じてその構造を解明しようとするのではなく、むしろ生をどこまでも「みずからの」生として引き受け、みずからの存在を究明しようとされる。このとき問われるべき事柄はもはや「事実的な生」ではなく、「私たちの」「固有の」と形容される「現存在」となる。「現存在」

という術語によって、人間のあり方、人間の「存在性格」こそが問われるべき事柄となり、現存在の解釈学こそが現象学的に遂行されることとなる。この解釈学とは、自己自身に対する了解、自己了解であり、さらにハイデッガーはこの「了解（verstehen）」を、「現存在自身のいかに（Wie）」あるいは「現存在が自己自身に対して目覚めていること（Wachsein）」（GA63. 15）と言い表している。ここで言われている了解は、自己とは別なものに対する認識、関わりではなく、自己が自己に対して目覚めているということであり、自己のあり方そのものに対する了解である。このように自己のあり方そのものが問題となるとき、これまで「事実的生」という用語で問題にされていた人間の生が、「現存在」という用語で問題とされる事柄になったのである。また現存在という用語でみずからの存在が問題にされるとき、人間一般、生一般という仕方では捉えられない問題、すなわち自己固有の「罪」といった宗教的問題がハイデッガーにとって大きなものになっていたのではないかとも考えられる（8）。

問われるべき事柄が人間の存在性格とされ、「現存在」の解釈が問題の要となるのに伴い、「世界—内—存在」という言い方が登場する。この講義で世界—内—存在が出されるのは、自己のあり方そのものがテーマとされるときであるが、人間が事実的にそれであるのは、「まさに、ただみずからのそのつどの「現」においてのみ」であり、この「そのつど」は「今日ということ、すなわち各々のみずからの現在に滞在すること」と言い換えられるが、この日常的な「そのつど」の連関で「世界の内にあること」が出される（vgl. GA63. 29）（9）。しかしこの「そのつど」の日常性はけっして皮相的なものではなく、そこにおいてのみ「みずからの存在の根本性格が読み取れる」（GA63. 47）根本的なものである。このとき現存在は「形式的告知」という仕方で「先持（Vorhabe）」にもたらされると言われており、このような方法こそが現象学的でもある解釈学の方法論である。このようにして初期フライブルク時代の「現象学的」方法論は、そのつどの、日常的な現存在のあり方に定位したものである。しかしながら現存在によって自己のあり方が問題にされたとは言っても、けっして宗教におけるように「自己の本来のあり方」が追求されたわけではなかった。現存在に対して宗教的な意味合いを読み取る可能性が見いだされるのは、マールブルク時代の思惟においてである。

3. 世界―内―存在としての現存在

一九二三・二四年冬学期から一九二八年夏学期まで五年に及ぶマールブルク時代のハイデッガーは、まずフッサールから一定の距離をとることによってフッサールの現象学と正面から向き合うこととなり(10)、それとの対決を通して「現象学」をみずからの方法としてそのあり方を追求していった。またR・ブルトマン等のプロテスタント神学者たちとの交わりは、ハイデッガーに彼独自の思惟を練り上げる環境を与えた。そしてそれらは『存在と時間』というエポックメイキングな思惟へと展開した。とりわけ「現存在」と「世界―内―存在」という根本概念に関しては、一九二四年の講演「時間の概念」において、「現存在は世界―内―存在として性格づけられる存在者である」(GA64. 112)と明確に規定されるに至った。

ところでマールブルクへの移動後から「時間の概念」に至るまで、世界―内―存在を根本性格とする現存在に関して、つぎのような思惟が展開されている。

①ハイデッガーはフッサールの意識の現象学に関して、意識のあり方を、「意識がそのうちにある気遣い(Sorge)」(GA17. 58)において問題とする。この気遣いは認識作用そのものに、「認識された認識」に向けられたものであり、「見る」という働きである。この見えるということ(Sichtigkeit)は、被発見性(Entdecktheit)とも言い換えられて、「ある世界の内部にあるという意味での存在にともに属し」、「人間の存在の(現存在の)いずれの様態においても――現存在の根本様態である気遣いにおいても――現にある」(GA17. 105)とされる。すなわち、見えるということ、発見されてあるということが、世界の内にあるということであり、人間存在の根本のあり方である。気遣うとは、配慮的に気遣われたもの(das Besorgte)に目を遣るという仕方で見ることであり、このような見ること、見えることが世界の内にある人間の根本のあり方である。したがって「ある世界の内にあること(内にあること)として現存在は開示する存在である」(GA17. 105)のであり、見るという「根本体制を遂行する者」として、

現存在の根本体制は「世界の内にある」ということになるのである。

②ところでこの認識された認識への気遣いは、「最終的に保証された地盤から証示され証示可能となる」（GA17. 62）という仕方でなされており、この気遣いが今日の哲学的な問いを支配している。この保証はギリシア哲学における「theōrein の絶対的優位」（GA17. 115）に一つの根拠を持つとされるが、認識にとって肝要なことは、存在者のなかで「安らいでいること（heimisch werden）」、「くつろいでいること（zu Hause sein）」（GA17. 289）であり、この安らぎ、くつろぎが認識にさらなる保証を与えている。しかしこのような仕方で現存在は、認識された認識への気遣いによって「自己自身から逃避し、徹底的に自己を見つめ把握する可能性を放棄する」（GA17. 111）ことになる。このとき現存在は、みずからがあることそのものに内在する「脅威（Bedrohung）」、「不気味さ（Unheimlichkeit）」から「世界の内での慣れ親しみ（Vertrautheit）」（GA17. 289）へと逃避している。このことからさらに、現存在は開示するものであると同時に覆い隠すものでもあることが見られていく。このように現存在のあり方が、本来のあり方からの「逃避」であると洞察されることにより、この逃避の解消が、本来性への戻り行きが模索されることになる。そしてこの帰還の可能性は、みずからの死というもっとも固有な可能性によって与えられることになる。

③逃避から本来性への戻り行きの可能性として「死」が注目されることになる。「事実的生—死—時間性」という連関はすでに一九二二年の就職応募原稿「アリストテレスについての現象学的解釈」において十分展開されない形で出されてはいたが、「死」が人間の在り方に決定的に関わるものとされたのは、一九二四年の講演「時間の概念」からであろう。「死」という、「何時」ということに関しては不確定であるが、確実にやってくる、人間の生を無にする可能性、そのような死に思いを潜めるとき人間存在は「第一次的に可能存在」（GA64. 116）であることが見えうるようになる。「死」というもっとも極端な可能性において把握されるとき、「現存在」は「時間そのもの」であることが明らかになる。このような仕方で「現存在の存在」を「死に向けられた存在」と見ること

によって、「現存在の存在の意味は時間性である」というテーゼが出されてくることになったのである。

以上のような三つの過程を経て「時の概念」において、「現存在」に関して一応の結論が見いだせたと考えられる。「世界―内―存在」が人間の根本的なあり方を表す概念として定着するのも同じ年の夏学期の講義においてである。そこでは「現存在」に関して八つの定式の形で「現存在そのものの根本構造」がまとめられている（vgl. GA64, 112-114）。「時の概念」において『存在と時間』の骨組みが出来上がったと考えてよいであろう。そして二五年の講義『時間概念の歴史への序説』でそれは完成に近づいたと見なしうる。しかしそこにはまだ「超越」の問題は出されていない。この講義の後、おそらくは『存在と時間』の第一部第三編「時間と存在」の論考を進める過程で、「超越」が決定的な意味を持ち始めたのであろう。この問題をつぎに考えてみよう。

二　超越としての世界―内―存在（11）

1.『存在と時間』における超越

ここでまず、『存在と時間』において超越の問題が出されてくる問題連関を確認しておく（12）。『存在と時間』の第一部は「現存在を時間性へ向けて解釈することと、時間を存在への問いの超越論的地平として解明すること」という表題が付されているように、超越の問題は、存在が超越論的地平としての時間において解明されるという仕方で、第一部の論考において決定的な意味を持つはずのものであった。しかしながら「時間を存在への問いの超越論的地平として解明すること」は未刊の第三編「時間と存在」の課題であり、公刊された第一編「現存在の準備的基礎分析」および第二編「現存在と時間性」においては、現存在の時間的あり方が解明されたにすぎない。超越の問題はわずかに、第二編第四章のなかの一節「世界―内―存在の時間性と世界の超越の問題」（第六九節）において論じられているだけである。

ところで『存在と時間』の第一編では現存在の準備的分析がなされるが、この分析は第二編の冒頭で「根源性を要求しえない」ものであり、根源性を確保するためには、「解釈はまずもって現存在の存在をその可能なる本来性と全体性とにおいて実存論的に明らかにしておかなければならない」(SZ. 233/GA2. 310) とされる。そして全体性の可能性を与える「死への存在」と本来性の可能性を与える「良心」とが結びついた「先駆的覚悟性」(vorlaufende Entschlossenheit) を通して、「本来的な気遣い〔現存在の存在〕の意味」(SZ. 326/GA2. 432) としての「時間性」が開示されるのである。そして第四章「時間性と日常性」では、現存在の存在の意味が時間性であることを現存在の具体的なあり方において、すなわち日常的なあり方に即して確認しようとされる。そしてそのさい、超越が論じられることになる。

第六九節では、前章において現存在の存在の意味である時間性の脱自的性格が明らかにされたのを受けて、世界—内—存在の時間的なあり方が解明されている。そこではまず、世界—内—存在の日常的なあり方である見廻しつつ配慮的に気遣うことが、「予期し—把持しつつ現前すること (das gewärtigend-behaltende Gegenwärtigen)」という時間性の脱自的統一に基づいていることが明らかにされる。つぎにそのような配慮的気遣いの変様としての理論的態度、学的態度が究明され、この態度の可能性として現存在の超越が、すなわち「現存在は主題とされた存在者を超越しなければならない」(SZ. 363/GA2. 481) ということが取り出される。この現存在の超越は、学的態度の根本性格である「客観化」の前提であると同時に、配慮的気遣いの根底にも存するものである。そしてさらにこの現存在の超越を可能にするものこそが時間性であるとされる。時間性は、将来と既在性と現在との脱自的統一として地平といったものを持っており、そしてこの地平体制を根拠にして、現存在には開示された世界といったものが属しているとされる。すなわち「脱自的時間性の地平的統一に基づき、世界は超越的にある」(SZ. 366/GA2. 483) のであって、したがって時間性の脱自的統一に基づいて、「世界の内に」という根本体制を持つ現存在、世界—内—存在は超越的にあるとされるのである。

このように『存在と時間』において論じられている超越とは、世界—内—存在、現存在の超越であるが、その超越は時間性の脱自的統一、その地平的体制へと還元されうるものである。ではそもそも「時間性の脱自的統一」とは、どのような事態なのであろうか。「時間性」についてハイデッガーは、「将来的に自己へと帰来しつつ、決意性は、現前しつつ状況のうちへと自己をもたらす。既在性は将来から発現するが、既在した（むしろ既在する）将来は現在をみずから生み出す。このように既在し―現前する将来として統一的な現象を私たちは時間性と名づける」（SZ, 326/GA2, 432）と定義する。この定義は、決意性、すなわち先駆的決意性によって拓かれる根源的な時間性を表している。現存在は、もっとも根源的な存在可能へ、もっとも自己的な負目《おいめ》的に存在することへと呼びかける声を了解しつつ、良心を持とうと意志するのであるが、このように「良心を―持とうと―意志すること」のうちに存する本来的な開示性が「決意性」と呼ばれる。この決意性はみずからのうちに死への本来的な存在を含み持つことによって、すなわち先駆的決意性として、現存在が本来的に全体として存在することを保証することになる。そのさい現存在は、先駆的決意性において自己へと帰り来る（auf sich zukommen）という仕方で将来的（zukünftig）にある。そしてこのように現存在が帰り来る自己とは、負目的にあるという仕方ですでに在った（gewesen）自己であり、先駆的に決意しつつ、現存在はこの負目的存在をみずからに引き受けたのである。すなわち「自己へと帰り来る」という仕方で将来的な現存在は、「すでにあった自己へと戻り来る」という仕方で既在的にある。さらに決意性は、現存在が行為しつつ見廻し的に手許にあるものを配慮するという仕方で手許にあるものを現在化しつつ、既在的な将来をその都度の状況へと開いていくのである。すなわち決意性は、状況において「手許にあるもののもとにある」として、現在化（gegenwärtigen）という意味での現在（Gegenwart）なのである。

さらにハイデッガーは、この考察をもとにして、時間性を成り立たせる「自己へと帰り来る」、「すでにあった自己へと戻り来る」、「手許にあるもののもとにある」という契機に着目して、時間性を脱自的なもの（ekstatikon）とする。すなわち将来、既在、現在といった脱自態（Ekstase）から成る時間性は「根源的に、徹頭徹尾「脱自（Außer-sich）」である」（SZ, 329/GA2, 435）と捉える。もっとも時間性は、将来、既在、現在という個々の現象が脱自だと言うよりも、「脱自的統一」として時熟する（sich zeitigen）と言うべきであろう。したがって時間性の本質は「諸脱自態の統一における時熟」（SZ. 329/GA2, 435）ということになる。この時間性の脱自的性格こそが、現存在の超越の可能性の根拠とされるのである。

2.『存在と時間』に続く時期の超越

ハイデッガーは一九二七年の春に『存在と時間』を公刊したのち、直ちに第一部第三編「時間と存在」ならびに第二部の執筆に取りかかったものと思われる。一九二七年夏学期から一九二八年夏学期までの講義録、さらに『形而上学とは何か』、『根拠の本質について』、『カントと形而上学の問題』などは、『存在と時間』の完成に向けての悪戦苦闘のドキュメントと位置づけられる。そしてこの時期に特徴的なのは、「超越」の問題を巡る思惟が展開されていることである。しかしながらこの数年間の思惟の努力は、結局『存在と時間』の完成に結びつくことはなかった。そして超越に関しても、その後主題的に論じられることはないが、超越の思惟はハイデッガーのなかで消えたわけではなく、形を変えて継続されたと考えられる。ここではとりわけ一九二七年夏学期講義、一九二八年夏学期講義に基づいて、超越を巡る思惟を明確にしておきたい。

(1)　超越としての世界―内―存在

『存在と時間』公刊後最初になされた一九二七年夏学期講義『現象学の根本諸問題』（以下『根本諸問題』と略記）には、その最初のページにハイデッガー自身によって、「『存在と時間』第一部第三編の新たな仕上げ」（GA24, 1）と注が付されている。このことからも、この講義が少なくとも『存在と時間』第一部第三編「時間と存在」を強く意識してなされたものであることは疑いない（13）。そしてこのことはマールブルグ時代最後のものとなった一九二八年夏学期講義『論理学の形而上学的な始元諸根拠』（以下『始元諸根拠』と略記）にも妥当する。『存在と時間』に続く時期の思惟は、『存在と時間』の完成を目標になされたものであることがまず確認できるのである。

ところで超越の問題は『根本諸問題』において、『存在と時間』においてと同様に、まず時間の脱自的性格との連関で論じられる。ここでハイデッガーは、伝統的な時間概念をアリストテレス『自然学』第四巻において検討し、アリストテレスの論考が「通俗的な学以前の時間理解」に過ぎないことを明らかにし、この解明に基づいて、通俗的時間概念の根源となる時間へ、すなわち時間性へと進み行こうとする。この時間性とは、『存在と時間』で言われていた「将来、現在、既在といった諸脱自態の根源的統一」なのであるが、『根本諸問題』ではとりわけ、「現存在の存在体制」、「現存在に属する存在了解」の「可能性の制約」としての機能に注目して、時間性が「時性（Temporalität）」と名づけられる。時間性は、その脱自性において現存在の超越を基礎づけるものであるが、「もっとも根源的な時間性そのものの時熟」としての時性はさらに、現存在の根本体制に属する存在了解を可能にするものとされる。このとき明らかにされなければならないのは、存在了解が現存在の超越に基づくという事態である。この事態はつぎのように説明される。

> 世界が超越的なものであるとすると、本来超越的なものは現存在である。〔……〕超越的なものとは超え出るものそのものであり、私が超え出る先ではない。世界は超越的なものである。というのも、世界は世界―内―存在という構造に属しつつ、……へと超え出て行くということそのものを仕上げるからである。〔……〕世界―内―存在によって構成されているがゆえに、現存在は、その存在において自己自身を超え出た存在者である。現存在のもっとも自己的な存在構造には彼方（epekeina）が属している。〔……〕超越とは、自己を世界から了解することである。（GA24, 425）

ここで第一次的に超越的なものが世界であるとされるが、これは主観が客観へと超え出る場合のように、超越の超え出る先としての諸客観の総体が世界だということではけっしてない。世界とはむしろ「諸々の客観のさらなる彼方」、いわば諸存在の彼方に広がる無限の開けといったものであり、現存在とはそのような開け、超越がその存在に属するような存在者、その意味で世界―内―存在をその根本体制とする存在者である。この超越的なものとしての世界が、世界―内―存在として現存在の存在構造に属しつつ、そもそも現存在が彼方へ超え出るということそのものを可能にし、完成する。現存在は、みずからの存在においてみずからを超え出ており、開けへと開かれた（offen für）存在者であり、みずからを、みずからを超えたものから、すなわち自己を世界から了解するという仕方で、自己の存在の了解を、そもそも存在の了解を可能にする存在者である。現存在は、このような存在了解、世界了解にもとづいて、世界の内ですでにさまざまな存在者や他の現存在と関わっている。このように現存在は、超越的なものとしての世界をみずからのうちに含みつつ、自己として存在者や他者と関わっており、このときすでにこの関わりの根底には存在了解が存している。のである。

この事態は『始元諸根拠』では別の連関から、つぎのように言われる。

実存することとは根源的に超え出ることを意味する。〔……〕現存在が実存するものとして世界の内にあるがゆえにのみ、現存在は、かくかくの仕方で存在者に関わり取り組むことができるようになる。〔……〕現存在は被投的なもの、事実的なものであり、その身体性を通してまったく自然のただなかにある。そしてそのただなかに現存在がありそれに現存在自身が属する存在者が超えられる、ということのうちにまさに超越が存する。（GA26, 211/12）

ここで「そのただなかに現存在がありそれに現存在自身が属する存在者」には、現存在が世界の内で出会う存在者だけではなく、身体性を持つ存在者としての現存在自身も含まれる。現存在それ自身のあり方である「超え出る」、「超越する」とは、最終的に、みずからの存在者としてのあり方を超え出ることである。この場合、存在者を超え出るとは、存在者と差異を持つ存在へと超えることになるし、だからこそこの時期に存在者と存在との差異、「存在論差異

（ontologische Differenz）」が根本問題として明確にされたと考えられる。このような差異の自覚は、存在了解と別のものではない。このように存在者を、そして存在者としての自己のあり方をも超える超越を通して、存在者ではない存在の了解が、世界の内での存在者や他者との関わりの基礎となる存在了解が得られることになる。

こうして存在了解が現存在の超越に基づくことの説明がなされる。ところで「時間性はその脱自的―地平的統一において彼方（epekeina）の、すなわち現存在そのものを構成している超越の可能性の根本制約である」（GA24, 436）ことはすでに示されているので、時性としての時間性が存在了解の可能性の制約であることが明らかにされたことになる。このとき、『存在と時間』においては時間性の脱自的性格に基づいて語られた現存在の超越が、世界―内―存在という現象そのものとして捉えられることになる。すなわち世界―内―存在という根本体制を持つ現存在は、みずからの存在にみずからを超えることが属するという仕方で、みずからの存在者性をも超出するという仕方で、諸々の存在者や他の人々と関わっており、その関わりの根底には存在了解が存することになる。こうした世界―内―存在という現象は、「超越が現存在の根本体制をなし、第一次的にその存在に属す〔……〕がゆえに、そしてこの現存在の根源的な存在は世界への超出として超え出るがゆえに、私たちは現存在の超越という根本現象を世界―内―存在という表現で表す」（GA26, 213）と言い表されている。この超越と存在了解との関係は、「超越と自己」の連関でも捉えられている。

（2）超越と自己

『存在と時間』に続く時期の思惟の特徴として、超越が「自己」の問題との連関で思惟されたということが指摘できる。自己は、『存在と時間』においては、まず現存在の「誰」として出された「世人（das Man）」が非本来的なものであり、その非本来性の自覚から、現存在の本来性を追求する過程で問題とされた。この現存在の本来性は先駆的決意性によって可能とされるが、『存在と時間』においてはそのとき本来の自己のあり方が問われるよりもむしろ、本来的なあり方において開示される現存在の存在意味として時間性が主題的に論じられていた。しかし自己の問題は解消されたわけではなく、『存在と時間』に続く時期、超越との連関で論究されることになる。すなわち現存在の自己は、現存在において超越的なものとしての世界と相依共属する事態として見て取られる。そしてこの「超越と自己」の問題はその後、「自由」の問題として引き続き論じられることになる。

まず超越と自己について、『根本諸問題』においてつぎのように言われている。

> 超越とは、**自己を世界から了解すること**である。現存在は現存在として自己自身を超え出ている。その存在体制に超越が属する存在者のみが自己といったものである可能性を持つ。それどころか超越は現存在が自己という性格を持つための前提ですらある。**現存在の自己性は超越に根拠を持つ**。（GA24, 425）

この記述は、存在了解が現存在の超越に基づくことを示すためにさきに引用した箇所に続くものである。そのさいに確認されたように、現存在にはそのもっとも自己的な存在構造に「彼方」といったものが属しており、その存在において自己自身を超え出ている存在者である。すなわち「現存在は現存在として」、つまり現存在は自己自身として「自己自身を超え出ている」という事態になっている。この絶対矛盾的な構造が「自己」という事態であり、超越ということである。したがって「その存在体制に超越が属する存在者」、すなわち世界―内―存在という根本体制を持つ現存在こそが、「自己」といった性格を持ちうることになる。こうして「現存在の自己性は超越に根拠を持つ」ことになるのである。

ところで現存在が自己自身として自己を超え出るとは、自己と世界とが、「現存在そのものの根本規定」として、「世界―内―存在という現存在の根本体制の統一において相依共属する」という事態である。すなわち人間としての現存在、世界―内―存在という根本体制を持つ現存在は、世界という超越的なものに貫かれつつ、世界という超越的な場において、自己を世界から了解するという仕方で存在者としての「自我」というあり方を超え出つつ、超越的な世界と一つになった自己として存在するのである。

またこの自己については別の連関で、「みずからのためにあることとは、私たちが現存在と名づける存在者の存在の本質規定である。私たちがいま簡潔に……のためと名づける体制は、この現存在がそれ自身でありうること、すなわちその存在に自己性が属するということに対する内的可能性を付与する」(GA26, 243)とも言われている。ここで「……のため(das Umwillen)」とは、「〔現存在という〕この存在者にとって、その存在において、ある特殊な仕方でこの存在そのものが関心の的になっている」と定式化される事態であり、『存在と時間』における現存在の根本規定でもある。私たちは、みずからの存在を関心の的にするという仕方で実存している。しかしながら同時に、この……のためは「そこへ向かって現存在が超越するものとして超越するところ」であり、「世界は、そこへ向けて現存在が超越するところのものであり、第一次的に……のためによって規定される」(GA26, 238)と言われるように、世界の根本性格でもある。すなわち現存在は自己自身として存在しつつ、同時に世界に向けて超越しているのであり、自己であるとは、このような超越と一つに成り立つのである。そしてこのように超越的なものと一つになった自己という事柄は、人間の宗教性の問題へとつながる事柄であると考えられる。

三　超越の問題と宗教

以上私たちは現存在という概念に注目しながら、ハイデッガーのいわゆる「前期」の思惟をたどってきた。そこには、「宗教(神)の問題を見据えつつ、どこまでも宗教(神)について主題的に論じない」というハイデッガーの思惟の特徴を認めることができる。そしてこのような形での宗教性を孕む思惟は、その不可解さも手伝って、かえって当時の神学者たちに強い関心をもって迎えられたのであった。

ところで現存在という概念であるが、すでに見たようにそもそもこの概念は、事実的な生は学の方法である客観化によっては捉えられない、という洞察に始まる。事実的な生は周囲世界と切り離せない仕方で周囲世界的に体験されるのであり、この体験に対して形式的告示という仕方での接近方法、この現象学的と呼ばれる接近方法は生の遂行連関を確保する方途であり、これがやがて世界―内―存在としての現存在概念につながっていく。ここで言われる事実的生、生の遂行連関には宗教的生も含まれるが、形式的告示という方法論は、事実的生の宗教性までも明らかにできるものとはされなかった。世界―内―存在としての現存在という概念の登場は、この限界の解消までもめざせるものであったと言うことが可能ではないだろうか。というのも世界―内―存在という概念がはっきりと登場する「時間の概念」以降『存在と時間』およびそれに続く時期の思索において、宗教（神）への問いを正面から立てることは抑制しつつもその問いそのものは伏流水のごとく潜在し続けており、現存在解釈はその問いへの準備という性格を持っていたと理解することが可能だからである。しかし宗教（神）の事柄を問題にするためには、現存在解釈は存在了解一般の解明にまで進まなければならなかったのであろう。

このあたりの問題連関は『始元諸根拠』のなかのつぎの脚注からも読み取れる。

> 超越の問題は時間性への問い、そして自由への問いへと取り戻されなければならない。そしてそこから初めて、本質的に存在論的に異なるものとしての超越に、強い威力を持つもの（Übermächtiges）としての存在、聖性としての存在についての了解がどの程度まで属しているかが示されうる。問題なのは、神的なものを存在者的にその定在において証明することではなく、この存在了解の根源を現存在の超越から、すなわちこのような存在の理念が存在了解一般に属していることを明らかにすることである。（GA26, 211）

ここでは超越に関する思索が、「強い威力を持つものとしての存在」、「聖性としての存在」といった宗教的な存在了解の解明に道を拓くという注目すべき考えが示唆されている。すなわちこれまでは世界—内—存在としての現存在に属する超越、世界が超越的なものであるという意味での超越が問題にされてきたが、この超越の問題はあくまでも「時間性への問い」、「自由への問い」といった現存在の超越の問題として思索されるべきであることが確認されたのち、「本質的に存在論的に異なるもの」であるはずの宗教的な存在了解への言及がなされる。もちろんそのさい超越を安易に宗教性と結びつけ、「神的なものを存在者的にその定在において証明する」といったことを超越の問題と関連づけることをハイデッガーは厳格に否定する。ここでは「注」という形できわめて慎重に、宗教的な存在了解の根元を現存在の超越から明らかにする、宗教的存在理念が存在了解一般に属することを明らかにするという仕方で、ハイデッガーがここでなしている超越の思索が存在の宗教性の解明へとつながる可能性を持つものであることを示唆している——この引用はこのように理解できるであろう。すなわち問われなければならないのは現存在の超越、存在了解を可能にする時性の地平であり、現存在解釈の徹底こそが宗教（神）の事柄を明らかにすることに導くと考えられているのである。

それでは現存在の解釈は、超越の問題を徹底的に追求するという仕方で、宗教（神）の事柄にどのような道筋をつけうるのであろうか。現存在の解釈は、現存在の超越が時間性の脱自的—地平的統一に基づくことを明示するまでに至った。そしてこの超越が自己であるということの可能性であることも示した。したがって現存在の解釈が宗教（神）の事柄に導かれるとすれば、時間性の脱自的統一にこそ宗教性の問いとつながるものが見て取られなければならないであろう。ここで私たちは時間性と宗教性との連関を示唆する概念として、「raptus（拉致）」を取り上げたい(14)。ハイデッガーは『始元諸根拠』において、「根源的で本来的な意味で時間そのものである」とされる時間性のもっとも根源的な脱自態である「予期（Gewärtigen）」を raptus という概念を用いて表し、それについて、「現存在は、彼に対して事実的に将来的なものとして到来する存在者を順番に通り過ぎることによって初めて、徐々に予期する者となるのではない。そうではなくて、この通り過ぎることはただ、時間性の raptus そのものが切り拓いた開けた小径を通って徐々になされるのである」（GA26, 265）と述べる。すなわちここでハイデッガーは、「時間性のraptusそのものが切り拓いた開けた小径」という開けに、時間のもっとも根源的なものを見ているのではないか。ところでこのraptusは、初期ルターにおける神秘的体験を表す重要な概念であり、おそらくハイデッガーは、この概念をルターから学んだのであろうと思われる。金子晴勇によるとraptus（拉致）という概念は、ルターが師シュタウピッツから受け継いだもので、シュタウピッツはraptusの体験をキリストによる義認の内でとらえ、恩恵によってキリストの下に「拉致される」神秘的高揚として捉えていたのであるが、ルターは師のこの考えを引き継ぎつつ、師がraptusの体験を神の愛によるものとしたのに対して、ルターはそれを信仰に帰したのである（15）。例えば『第一回詩編講義』（一五一三―一六年）においてルターは、「信仰の明晰な認識に向かう精神の拉致（raptus mentis in claram cognitionem fidei）」ということを言い、これこそが本来的な「脱自（exstasis）」であるとする。すなわち信仰によるraptusとは、信仰のもたらす高揚であると同時に自己の悲惨さの認識でもあるが、この自己認識はキリストに向かう自己認識でもあり、キリストのもとへ拉し去られるという性格のものである。このように罪人の義認を根本とするルターの神秘的体験は、信仰に基づくものであり、raptusの体験はまさに脱自の体験を意味するのである。

このように理解するとき、ハイデッガーが時間性の脱自的統一という根源的な現象に見ているのは、「時間性のraptusそのものが切り拓いた開けた小径」とでも言うべき究極の開けであり、それはルターにおける、神によって拉致されるといったもっとも根源的な宗教的・神秘的体験であり、『ローマ書講義』（一五一五／一六年）で「内なる暗闇の真っ只中に拉致される（in media tenebras interiores rapitur）」と言われる出来事であると推測できる（16）。この「内なる暗闇」とは神の内であると同時に「心の内奥」であり、ルターによるとこの場所へ至るのは、拉致という「神の側からの働きかけ」および私たちによるこの働きかけの「信仰による受容」という受動的な仕方によるのである。すなわち超越の次元と人間との触れ合いが可能となる究極の場の開けに関しては、神秘主義的表象とその言述とが、その開けを言い表す一つの方途であると考えられる。しかしながらハイデッガーは、この神秘的体験において出会われる究極の開けに対して、形而上学の基礎づけという方法論で接近しようと試みた。この試みが『存在と時間』であり、それに続く時期の思索でもこの性格は基本的に変わらないと考えられる。そしてその思索は、『存在と時間』というまとまった著作の完成には到達しなかった。ハイデッガーは超越の根本制約としての「時間性の脱自的―地平的統一」に関して、『根本諸問題』において、「存在者の了解、存在への企投、存在の了解、時間への企投といったものは、その終極を時間性の脱自的統一の地平に持っている。ここで私たちはこのことをより根源的に基礎づけることはできない」(GA24, 437) と言う。すなわち現存在の解釈は、超越の、そしてそもそも存在了解の可能性の制約としての時間性にまで歩みを進めるとき、「時間性の脱自的―地平的統一」という究極的な根本現象において、もはや基礎づけという方法論ではいかんともしがたい領域へ入った、と考えるべきではないだろうか。もちろんハイデッガーはいわゆる『存在と時間』の挫折以降、いきなり思索を神秘主義的なものに変えたわけではない。しかしながら究極的な事柄を巡って、思索が、そして思索を語る言葉が徐々に変化することは避けえなかったのであろうと思われる。

四　結語――「世界―内―存在」の宗教性

私たちはさしあたって宗教の根源を、超越の次元との触れ合いが可能になる場としての「宗教的次元」に求めようとしている。そしてこれまでの考察から、超越としての世界がその内に属する「世界―内―存在」という体制は、宗教的次元を、人間の宗教性を明らかにする地盤になりうると理解することができるのではないだろうか。すなわち有意味連関としての世界、「……のため」の指示が行き交う世界の内で日常的に生を営む私たちのあり方は根底的に超越的なものであり、この「世界―内―存在」の超越性は宗教的超越へと通じるものである――「世界―内―存在」という構造は、このような私たちの宗教的なあり方をも表す可能性を秘めたものであると言えるのではないだろうか。この超越的な世界は、『存在と時間』などにおいて「無なる世界 (das Nichts der Welt)」と呼ばれるものとの同質性も想定でき、私たちにみずからの宗教的次元が自覚されるとき、世界は無なる世界という様相を呈してくるとも考えられる。このとき、宗教の事柄としては、超越の次元からの「語りかけ」が聴かれ、さらに超越の次元、神からの「拉致」といったことまで起こるであろう。宗教の事柄として私たちの「魂の根底」といったことが問題になるのは、現存在を構成する世界が無という様相を呈するときであると考えられる。さきに私たちが見た「強い威力を持つものとしての存在」、「聖性としての存在」は、このような超越の次元を言い表していると理解することもできよう。

もちろん『存在と時間』およびそれに続く時期の思惟において、「世界―内―存在」という根本構造を持った現存在の分析、解釈という哲学的営みは、人間の宗教性を解明するという意図を持ってなされたわけではない。しかしながらこの営みが人間の宗教性のあり方を明らかにする準備的性格を持つことは否定できない。後に示されるようにさまざまな発言から、ハイデッガーはこの時期も強い宗教的関心を持ち続けていたことは明らかである。人間にとってもっとも根源的な宗教性を明らかにするための準備となる思惟、この準備的性格はその後のハイデッガーの思惟をも特徴づけるものである。ハイデッガーにとって、思惟の性格が、思惟を語る言葉の性格が、宗教の事柄に面して変化していくと言えるのではないだろうか。

注

（1）山田晶は、『存在と時間』巻頭の「存在の問いを怠ることを sanktionieren した」という一節の sanktionieren を「裁可」と訳した上で、「その意味は、単に「存在の問いの怠り」が許容されたというだけではなくて、更にその上に、存在の自明性を信ずることがドグマによって義務づけられ、それ以上存在について問わないことこそは神聖なる権威によって許可された正しい態度であり、それについてあえて問うことは神聖なドグマを無視し、禁を破ることであるとされるようになったという意味がこめられているように思われる。それゆえハイデガーがその禁を破って、あえて存在の意味に対する問いを発したとき、彼はあえてその「叱責」をも辞さないという意気ごみをいだいていたように思われる」という的確な理解を披瀝している。山田晶著『トマス・

アクィナスの《エッセ》研究』（創文社、一九七八年）「あとがき」（五八五／八六頁）参照。

（2）『存在と時間』およびそれに続く数年間の思索は、「超越を巡る思索」という性格を持つと考えられる。この思索は一九二〇年代終盤のものであり、ハイデッガーが一九三〇年の夏学期の講義で、「根本の問いに関してすべてが新たに始まり」、存在と時間の「内的共属性」（innere Zusammengehörigkeit）こそが問うに値することであると言うとき、この思索に一応の区切りがつけられたと筆者は考えている。vgl. *GA37*, §11.

（3）『存在と時間』の脚注において、「回り世界の分析と、そもそも現存在の「事実性の解釈学」とは、一九一九・二〇年の冬学期以来、講義のなかで繰り返し語ってきた」（SZ, 72/GA2, 97）と述べられている。おそらくこの「回り世界の分析」、「現存在の事実性の解釈学」が『存在と時間』の根幹をなすであろうし、一九一九・二〇年の冬学期以来ということが、『存在と時間』の思惟が醸成された時期の目安となるであろう。

（4）ハイデッガーと新カント派との関わりにおいて、ハイデッガーは少なくともE・ラスクからは多くを学んだとされる。大橋容一郎はこの点に関して、「古代哲学をふまえた存在者の存在という問題の基本構想、存在者の分析を通じて存在へと向かうという方法論、実存範疇などに見られるカテゴリー論などはその底流にある二世界論を含んで、ラスクらの問題意識にきわめて接近したものである」と述べている。大橋容一郎「「純粋ロゴス批判」の論理」（『理想』No. 643、理想社、一九八九年）、三四／三五頁参照。また森秀樹は、通常ラスクからハイデッガーへの影響とされる「存在論的差異」や「領域存在論」ではなく、むしろラスクの「事実性の思索」が、「現存在の被投的企投」や「時間性のあり方」としてハイデッガーの存在への問いに引き継がれていくという指摘をおこなっている。森秀樹「新カント派の挫折の意義」（『アルケー』、関西哲学会、二〇〇一年）参照。

（5）この講義は全集第六〇巻『宗教的生の現象学』に収められている。彼は宗教の事柄をつねに見据えつつもそれを講義や論考のテーマにすることはきわめてまれで、彼の講義録のうち、宗教を正面から扱ったものは、おそらくこの第六〇巻ぐらいであろう。この巻には、一九二一年の夏学期講義「アウグスティヌスと新プラトン主義」、および一九一八・一九年の冬学期の講義のために準備されたが講述はされなかった「中世の神秘主義の哲学的基礎」も併せて収録されている。これらの講義については以前から、O・ペゲラーによってその概要が紹介されており、また『存在と時間』に至る思惟行路におけるその重要性も指摘されていた。Vgl. O. Pöggeler, *Der Denkweg Martin Heideggers*, S. 27-45.

（6）ハイデッガーはのちに、人間の自己としての生き方が問題になる時間を「カイロスとしての時間」と呼ぶようになる。例えば、一九二一・二二年の講義において、「すべての〔生の〕生起の様態は、〔生は気遣い（Sorge）の遂行において生起するのだが、そのような〕気遣いの遂行として、その一定の（事実的な）カイロス論的性格（カイロス―時間）、すなわち、時間、自らの時間――事実性の遂行の連関という意味での時間――への特有の関わりを持っている」（GA61, 137）と述べている。

（7）ハイデッガー自身、一九二三年夏学期に『存在と時間』を書き始めたと述べている。Vgl. *GA12*, 90. もっとも、全集一八巻の編者 Mark Michalski によると、ハイデッガーは一九二二年以来アリストテレスに関する著作の公刊を計画しており、そのため一九二四年の夏学期には、計画していたアウグスティヌスに関する講義を取りやめ、「アリストテレス哲学の根本諸概念」というタイトルで講義をおこなったほどであった。このことからも公刊された『存在と時間』は、計画されていたアリストテレス論に対する序論という性格を持つものだと理解すべきかもしれない。Vgl. *GA18*, 405.

（8）ルターとの関わりも、このことの傍証になるのではないだろうか。ハイデッガー自身、二三年の講義の冒頭で「探求における随伴者は若きルターであった」（GA63, 5）という衝撃的な告白をしている。さらに Pöggeler, Otto: 〝Heideggers Luther-Lektüre im Freiburger Theologenkonvikt〟, in: Alfred Denker, Hans-Helmuth Gander und Holger Zaborowski (hrsg.)：*Heidegger-Jahrbuch 1, Heidegger und die Anfänge seines Denkens.* Freiburg/München. 2004. S. 185-196 参照。

（9）「世界―内―存在」という言い方は一九二二年の秋に書かれたと考えられている「アリストテレスについての現象学的解釈」にはまだ見られないが、この論考には、この概念の成立に関する重要な示唆が認められる。すなわち、「事実的な生の動性の根本意味は気遣うこと（Sorgen, curare）である。方向づけられた、気遣いつつ「あるものに向かうこと」のうちには、生の気遣いの何に向かってが、すなわちそのつどの世界が現にある。気遣いの動性は事実的な生のその世界との関わりという性格を持つ」（GA62, 352）と言われ、動的な事実的生である現存在の根本性格としての世界との関わりがはっきりと見て取られている。

（10）フッサールと距離を置くことによって、かえってフッサールの思想が見えてきたという面にも注目しなければならない。マールブルクへ移ったハイデッガーは、自己理解を可能にする地平の広がりとしての世界から人間的現存在の存在を問うようになるが、このとき意識の発生を問題にするようになった一九二〇年代のフッサールが見えていたのではないだろうか。なお Hans-Helmuth Gander は、〝Phänomenologie im Übergang. Zu Heideggers Auseinandersetzung mit Husserl〟と題された論考において、ハイデッガーは、初期フライブルク時代においてすでに、フッサールのなかに、とりわけ『厳密な学としての哲学』のなかに見られる理論的立場の優位に対して、新カント派に対してと同様に批判的であったことを指摘している。vgl. *Heidegger-Jahrbuch 1*, S. 294-306.

(11) 超越に関して九鬼周造は、「In-der-Welt-sein〔世界―内―存在〕としての現存在は情態性と会得即ち被投性と投企の二つの構成契機を持っている。そのことが Transzendenz なのである。Transzendenz とは In-der-Welt-sein のことである」と述べている。適切な理解である。『九鬼周造全集』第一〇巻（岩波書店、一九八二年）、九一頁。

(12)『存在と時間』の序論に、超越に関して注目すべき一節がある。「存在と存在構造とは、いずれの存在者も存在者の可能な存在的規定性をも超えている。存在は端的に *transcendens*（超越、超範疇）である。現存在の存在の超越は、そのうちにもっとも根本的な個体化の可能性と必然性とが存しているかぎり、卓越したものである。transcendens としての存在の開示はいずれも超越論的認識である。現象学的真理（存在の開示性）は *veritas transcendentalis*（超越的真理）である」(SZ, 38/GA2, 51)。ここで言われる transcendens は、コンテクストからはスコラ学で言われる「超範疇」の意味に解されるが、ハイデッガー自身このことが気になったようで、全集版には「transcendens はもちろん、あらゆる形而上学的な鳴り始めにもかかわらず、スコラ学的に、ギリシア的―プラトン的に koinon（共通なもの）ではなく、脱自的なもの―時間性―時性としての超越である。しかし「地平」〔であるのか〕！原存在（Seyn）は原存在者を「熟慮〔超えて思惟〕」した。しかし超越は原存在の真理から〔思惟されるべきである〕、すなわち真起」と注を付している。しかしこの注は明らかに後の立場から付けられたもので、この一節の理解を助けるものとは言えないであろう。この一節は、『存在と時間』のもくろみが中世哲学において覆い隠された真理の掘り起しであることを示しているのであって、超越がテーマとして扱われる六九節に直接結びつくものであるとは考えにくい。

(13) 同様の趣旨でハイデッガーは、全集第九巻『道標』所収「根拠の本質について」の脚注で「この講義〔一九二七年夏学期講義〕の全体は『存在と時間』第一部第三編「時間と存在」に属する」(GA9, 134) と記している。

(14) 片柳栄一は「超越とその行方としての世界」（『国際文化研究』第九号、神戸大学国際文化学部紀要、一九九八年）において、根源的時間性の宗教的連関に関して、「その〔根源的時間性の三つの〕脱自の根本にあるものがこの夏学期の講義〔『始元諸根拠』〕においては、高揚 raptus という言葉で言い表されている。激しい力を秘めた神秘的体験を暗示する言葉を用いて、ハイデガーは根源的時性〔私たちの訳語では根源的時間性〕ということで考えている事柄の激しい動性を示唆している」（二一頁）と述べている。筆者は片柳のこの指摘から大きな教示を得た。

（15）金子晴勇著『ルターとドイツ神秘主義』（創文社、二〇〇〇年）第三章「シュタウピッツとルターの神秘思想」、および金子晴勇・竹原創一訳『キリスト教神秘主義著作集第一一巻　シュタウピッツとルター』（教文館、二〇〇一年）における金子晴勇による解説参照。

（16）金子晴勇、前掲書、第六章参照。

第四章　詩作と宗教

私たちは前章で、さしあたっては世間の内にある人間の「世界―内―存在」というあり方において、その根本体制に属す「超越」を、さらにその宗教性を考察し、宗教性の現れを神からの「拉致」とも言うべき出来事のうちに見て取った。すなわち『存在と時間』というハイデッガーの「前期」の思惟においても「宗教的次元」へのまなざしが確認できたのであるが、宗教的な次元を言語の問題として本格的に追求する思索は一九三〇年代以降のものである。そしてこの思索は、ヘルダーリンへの関心と強く結びついている。

ハイデッガーによる言語の思索は、もちろん「存在への問い」の連関で生じその連関で遂行されるが、その思索がヘルダーリンの詩作と結びつくとき、ハイデッガーが問題とする言語は必然的に宗教的陰影を帯びたものとなる。こうしてハイデッガーの存在への問いは、「宗教的言語」としての詩作の本質に対する探求という性格のものとなって行く。この章で私たちは、一九三〇年代から四〇年代にかけてのハイデッガーのいわゆる「中期」の思索を追求しつつ、詩作と宗教という宗教的言語の根本問題にまで進んで行きたい。

一　詩作への問い――古代ギリシア思想との連関で

私たちはまず、ハイデッガーの思惟において「詩作」が問題となる連関を確認しておきたい。一九二八年の夏学期でマールブルク大学での教授活動に区切りをつけたハイデッガーは、同年冬学期より母校フライブルク大学での講義を再開した。それ以来、敗戦直前の一九四四・四五年冬学期まで足かけ一八年にわたって同大学での教授活動を続けた。そしてその間、三つのセメスターをヘルダーリン講義に充てている。すなわち一九三四・三五年冬学期の「ヘルダーリンの讃歌『ゲルマーニエン』と『ライン』」、一九四一・四二年冬学期の「ヘルダーリンの讃歌『回想』」、一九四二年夏学期の「ヘルダーリンの讃歌『イスター』」である。これは哲学講座の正教授ハイデッガーの講義題目としてはかなり目をひくもので、ハイデッガーの哲学的思惟におけるヘルダーリンの持つ意味の大きさが示されている。

ところでハイデッガーのヘルダーリンへの強い入れ込みは、最初のヘルダーリン講義よりもかなり以前に遡ると思われる。どの時期まで遡ることが可能かは明確にしがたいが、おそらく二〇年代のハイデッガーにおいてすでに、形而上学的思惟を追求しつつも、詩作の言葉が、とりわけヘルダーリンの詩の言葉が思惟の大きな可能性を秘めたものとして、とりわけ宗教（神）の事柄を語る可能性を持つものとして大きな意味を持ち始めたと推測される（1）。

フライブルクへの移動後から最初のヘルダーリン講義までのハイデッガーにとって、とくに思惟の転機となったのは一九二九年という年であり、学期で言うと一九二九・三〇年の冬学期であると考えられる。この学期の講義「形而上学の根本諸概念」においてハイデッガーは、「深遠なる退屈」という根本気分から、世界、単独化そして有限性へ向けた形而上学的な問いを展開するが、この展開は『存在と時間』の基礎概念を前提にしつつも、そこには『存在と時間』の完成をめざすという方向との明確な決別が見て取れる（2）。そして一九三〇年以降ハイデッガーの思惟にとって、「真理（Wahrheit）」が思索の根本の事柄となる。すなわち一九三〇年から数年間にわたってたびたび論究された「真理の本質について」は、これ以降のハイデッガーの思惟を決定づける内容となっている。そしてこの真理の本質への思索は、一九三一年夏学期の「アリストテレス『形而上学』第九巻」、一九三一・三二年冬学期の「真理の本質について――プラトンの洞窟の比喩と『テアイテトス』」、さらに一九三二年夏学期の「西洋哲学の元初（アナクシマンドロスとパルメニデス）」などの講義に見られるように、アリストテレスからソクラテス以前の哲学者たちにまで遡るギリシア哲学解釈の連関においてなされている。そしてこの思索は、三三年春から約一年の学長在任期間を経過して三四年の秋より始まった最初のヘルダーリン講義に強い影響を及ぼしている。古代ギリシア思想との連関でヘルダーリンを解釈する、これがハイデッガーによるヘルダーリン解釈の特徴と言えるだろう。

1．ギリシア哲学への視座

（1）dynamis と energeia を巡って

一九三一年夏学期講義「アリストテレス『形而上学』第九巻」は、ハイデッガーがなしたアリストテレス研究の総決算ともいうべきもので、全集版の諸講義録のなかでも完成度の高いものであり、彼の「著作」と見なすことさえ可能なものである（3）。この講義でハイデッガーは、アリストテレス『形而上学』第九巻の第一章から第三章までを、とりわけ dynamis と energeia に関して、存在とは何かという哲学の根本問題を追求するまなざしにおいて論じている。ここでは例えばアリストテレスとメガラの徒とのあいだの論争、すなわち「dynamis は所有されるときに現実にある」とするアリストテレスに対して、「dynamis は遂行されるときに現実にある」とするメガラの徒との論争が取り上げられている（vgl. GA33. §18—19）。この議論は、「dynamis の眼前存在は所有されることのうちに存する」とするアリストテレスに対して、メガラの徒は「遂行されない dynamis は眼前に存しない」。dynamis の現前性はその遂行を意味するがゆえに、非遂行は不在性と等置されなければならない」と反論し、これに対してアリストテレスが「dynamis の非遂行はかならずしも不在性ではないし、逆に遂行はたんにただ現前性ではない」と応酬するという形で進んでいく（vgl. GA33. 183/4）。ここでハイデッガーは、dynamis の遂行と現前性（現実性）との等置、非遂行と不在性との等置というメガラの徒の主張に対して、アリストテレスの主張に沿う形で、現前性の本質を「十全に、より柔軟に」理解することにより、存在論の根本問題に迫ろうとする。すなわちここでハイデッガーは「学習」という視点を持ち出し、「遂行」という概念を、訓練のうちにあり熟練の域に達しているという意味での「熟練―内―存在（In-der-Übung-sein）」の現前性として捉える。すなわち遂行をこの意味で理解すると、dynamis は執行されなくても、熟練は外化され表出されなくても、熟練のうちにあるという事態には変わりなく、能力は現前していることになるのであって、dynamis の現実性は、可能となるものの現実性にはまったく依存しないことになる。したがって、「執行しないこと〔熟練を外化しないこと〕としての非遂行はそれ自体において熟練―内―存在、したがって或るものの現前性である」（GA33, 185）と言えることになるのである。

この講義における dynamis と energeia の考察は、アリストテレスによって多様なあり方の一つとされた「dynamis と energeia に従って」というあり方の問題として、すなわち存在の問題の連関においてなされる。そしてこのように dynamis は、その非遂行もある現前性を意味しうることからも、「仕事中である（am Werke sein）」という本来の意味での energeia は、dynamis の非遂行をも含み持つのであり、そもそも energeia は dynamis を隠れた仕方ではあってもその根拠としている、という事態が明るみに出される。この事態は、存在の問題に即して考えると、energeia として現れる現前性、存在が、隠れた仕方ではあっても dynamis の非遂行をも含み持つということから、存在には非存在も含まれるというものなのである。

このように一九三一年夏学期講義において、dynamis と energeia の問題に即して、存在に関して、古代ギリシアにおける parousia（現前性）としての存在理解のうちに、非現前、非存在を含むという事態が見て取られた。この方向での洞察はさらに、次学期の講義における、真理の本質に非真理が属することの看取へと続いていくのである。

（2） 真理の本質を巡って

一九三一・三二年の冬学期講義においてハイデッガーは、プラトン解釈を通して、存在の問題が古代ギリシアにおいて真理の問題と一つに思惟されており、さらに「真理の本質への問いは、それ自身において、非―真理の本質への問いと一つである、というのは非―真理は真理の本質に属するからである」（GA34, 127）という重要な事態に注目する。そして彼はこの事態を生じさせたギリシア人の根本経験を、「物や人が自分自身や他者の前で覆蔵的であり続けることや非覆蔵的にあることは、ギリシア人たちによって存在者そのものの生起として経験され、また古代の人々の実存を支配した根本経験に属した」（GA34, 142）というものであるとする。ここでハイデッガーは「覆蔵的であり続けること」を lēthē として、「非覆蔵的にあること」を alētheia として理解しており、真理・非真理とされる非覆蔵性・覆蔵性がギリシア人において存在者そのものの生起として経験されたとしている。さらにこの「覆蔵性・非覆蔵性」の根本経験は、存在＝現前性という存在理解とともに摩耗し衰弱し、非覆蔵性のうちに覆蔵性が含まれるという根本の事態が忘れ去られ、覆蔵性としての非真理が pseudos〔偽〕に、真理は言述の正しさに至ったとハイデッガーは考える。そのことを彼はつぎのように説明する。

古代の存在理解は、存在者の覆蔵性という原初的根本経験が覆蔵性自身をその根源においてそれ独自の深みにおいて展開できた、ということを妨げている。ギリシアの存在理解（存在＝現前性）は、alētheia がその根本意義の威力を喪失することを引き起こし、たんになくなら―ないで―あること、たんに現前的に―あること、たんに現前に―あることへの衰弱が生じる。「覆蔵性／非覆蔵性」の根本経験の衰弱と意義とは同時に、まったく由来を異にする pseudos の意義が alētheia に干渉することを容易にした。その結果、alētheia に含まれていた覆蔵性の意義が新たに抑え込まれた。alētheia、真理が pseudesthai から、歪曲―しないこと、正しく自己を―方向づけること、正しさとして理解される。（GA34, 143）

この事態の洞察は、ハイデッガーにとって大きな意味を持つものであり、何度も繰り返して述べているものである。このような覆蔵性をも取り込む非覆蔵性（＝真理）の豊饒、そして非存在をも含み込む存在の深み――この豊饒と深みとをどのようにして言語化するか、そもそも言語化可能なのかという根本問題を巡って、ハイデッガーの思惟は新たな可能性を探る歩みとなる。この新たな可能性は、プラトン、アリストテレスといった古典期の大哲学者において概念的に体系化される以前のギリシア思想のなかに索められることとなるが、それは概念を用いた哲学的思惟以前のもの、すなわち真理を言語化することそのものにおける格闘であり、「詩作」との親縁性において索《もと》められたのである。

2．ギリシアの思惟と詩作

古典期以前のギリシアの哲学者たち、とりわけヘラクレイトスとパルメニデスの思惟のなかにハイデッガーは、みずからが索めるいわば「存在の真理を護る思惟」の可能性を見いだそうとし、その思惟の可能性をヘルダーリンの詩作との親縁性において見て取っていく。私たちはこのような試みを、最初のヘルダーリン講義に続く一九三五年夏学期の講義「形而上学入門」のなかに見いだすことができる。

この講義は「なぜそもそも存在者があって無があるのではないのか」という形而上学の根本の問いから始められる。この問いにおいて問われているのは、あくまでも存在者が存在する根拠であるが、この問いのなかに「無」が、「無があるのではないのか」という形で付きまとっている。この無はそもそも存在しないということであって、この無について語ることは学にとってはいつも「恐怖」であり「無意味」であることになるが、この無は形而上学の元初が問題にされるかぎりけっして不問に付すことができない事柄であることをこの根本の問いは示している。そしてハイデッガーは、この無について語ることができるのは「哲学者を除いては詩人である」（GA40, 28）と言い、哲学的思惟と詩作とが同じ境位にあると考えている。その理由を彼は、「詩作（意図されているのはただ真正で偉大なものであるが）においては、すべてのたんなる学問に対して、精神の本質的な卓越性が支配している」（GA40, 29）からであると言うが、この「精神の本質的な卓越性」から詩人は語るのであり、この語りにおいてこそ存在者が初めて語り出され語りかけられるとされるのである。そしてこの卓越性をハイデッガーは、古典期以前のギリシアの思想に、とりわけヘラクレイトスとパルメニデスの語りのうちに見いだしている。

ハイデッガーは「パルメニデスとヘラクレイトスの思惟はまだ詩作的である」（GA40, 153）と言う。この詩作的思惟において存在が、人間が語り出されるのであるが、その思惟についてハイデッガーはまず、ヘラクレイトスに関しては、その思惟の根本語であるロゴスのなかに存在の意味を見て取る。logosとは、ハイデッガーによると、「つねにそれ自身のうちで統べる根源的に集めつつ集められてあること」（GA40, 137）であるが、この集めることは、たんに収集したり蓄積したりすることではなく、「互いに離反するもの、互いに対立するものを共属性のうちにもたらし保持すること」（GA40, 142）を意味するとされる。ここで「互いに離反するもの、互いに対立するもの」とは、生命と死のように、さしあたってはもっとも対立するものであり、このように対立するものを「生は同時に死である」という仕方で共属性のうちにもたらすところにlogosが見て取られる。この諸存在者を集めそれらを秩序へともたらし統べるlogosは、立ち現れつつ支配することであるphysisを、つまり「存在」を意味すると解釈される（vgl. GA40, 139）。すなわちlogosとは、つねに集めること、存在者がそれ自身において集められてあること、存在を意味するのであって、ここで重要なことは、ヘラクレイトスが存在の実相として感得したlogosは対立するものの調和ということであり、そこにはその本質において無を含む存在、lēthēを含むalētheiaという真理の相が看取されているということである。そしてハイデッガーは、ヘラクレイトスの諸断片のうちにこのような真相の「詩的」表現を見て取り、ヘラクレイトスを詩人的に思惟する者と見なしたのである。

またパルメニデスについては、〝to gar auto noein estin te kai einai〟というよく知られた断片の独特な解釈を通して、その思惟の核心に迫ろうとしている。この断片をハイデッガーはディールス／クランツと同様に「しかしながら思惟することと存在することとは同一である」と訳した上で、noeinを主観の行為である「思惟」と訳すことを退け、「聴取する（vernehmen）」と訳す。このように「聴取する」と訳すことでハイデッガーは、noeinとeinaiという「対立した」事柄が「共属する」という事態の指摘こそがこの断片におけるパルメニデスの意図だ、ということを示そうとする。ハイデッガーはnoeinを、存在に属するものとして存在と共に生起し、「みずからを示しつつそれ自身において存立するものを、受け容れつつ存立―へと―もたらす」（GA40, 147）ことと理解するが、このときnoeinは主観の働きとしての思考ということではまったくなく、まさに「一つの生起（出来事）」であり、この生起のうちで人間はともに生起しつつ一つの存在者として歴史のうちへと入り込み、みずから存在へと至ることになる。すなわちこの断片において言われているのは、人間の本質が存在そのものと一つに、その本質から規定されるということであり、この規定が「根源的詩作」とも言うべき元初的思惟においてなされているということである。

このようにヘラクレイトスとパルメニデスの思惟は、いまだ概念による「論理的」思惟に至らない、詩作的思惟と呼ぶべきものである。この思惟は、卓越した精神の持ち主にのみ可能な仕方で、人間の本質を、すなわちみずからのうちにその否定を含む「存在」という途方もない深みと共属する人間の本質を言語化しようとする勇敢なる試みだと言うことができるであろう。ハイデッガーはこの三五年の講義の結論部で、「人間はそれ自身において開かれた現場である。この現場のうちに存在者は入り込み作品となる」(GA40, 214)と述べるが、この「それ自身において開かれた現場」として、存在の開示の場所であることをみずから引き受ける卓越した精神において成し遂げられた「作品」、これこそが「詩作」というものであろう。このようにハイデッガーは、ヘラクレイトスやパルメニデスといった古典期以前のギリシアの思索者との親近性において、ヘルダーリンの言葉を読み解こうとしているのである。

ところでハイデッガーは、「〔ヘラクレイトスという〕思惟する者の思惟において神々への近さが統べている」(GA55, 13)と言う。この神々への近さはパルメニデスとも共通するものであり、ハイデッガーがヘルダーリンの詩作のなかに見いだすものはこの神々への近さでもあると考えられる。この点においてもまたハイデッガーは、ヘラクレイトス、パルメニデスといった初期の思惟する者たちの思惟においてヘルダーリンの詩作と同質のものを見て取っているのである。

二　詩作と言葉——ヘルダーリンへの取り組み

ハイデッガーのヘルダーリンに対する「思慕」ともいうべき強い関心は、その思惟行路の始まりからのものであり、その関心はいわゆる形而上学的思惟との決別と相まっていよいよみずからの思惟を規定するほどのものとなっていった。そしてついに一九三四／三五年のヘルダーリン講義において、その関心が公開の場で披瀝されることとなる。これ以降ハイデッガーの哲学的思惟は「詩作」と離れては、とりわけヘルダーリンの詩作と無関係には遂行されえないものとなる。ハイデッガーはヘルダーリンを「詩人の詩人（der Dichter des Dichters）」（GA4, 34）と呼ぶ。その理由は、ヘルダーリンの詩作は「詩作の本質をことさら詩作するという詩人の使命」（GA4, 34）によってなされているからである。ハイデッガーによるとヘルダーリンは、「詩作の本質」そのものを詩作において思惟し表現した詩人なのである。ハイデッガーには、「言語の本質は詩作の本質から理解されなければならない」（GA4, 43）という根本洞察があった。したがってハイデッガーにとってヘルダーリンによる詩作の本質解明は、言語の本質そのものへと至る道を意味したのである。さらにハイデッガーは、みずからの思惟の内奥に潜む「神への問い」をヘルダーリンと共有するものと強く感じていた。そのためハイデッガーは、みずからの思惟を根底において規定する「神への問い」をヘルダーリンの詩作の言葉によって語らせるという仕方で、神について、さらには宗教に関して語る可能性を模索したと言えるだろう。ここにおいてハイデッガーの「神への問い」によって規定される思惟は、ヘルダーリンとの共同歩調において推し進められることになる。

ハイデッガーがヘルダーリンのなかに読み取ったこと、それは一つには言葉に対する、もう一つは宗教の事柄に対する徹底した洞察であったと言うことができる。以下ではおもに『ヘルダーリンの詩の解明』（一九五一年、全集では第四巻）に基づいて、ハイデッガーが看取した「詩作の本質」をまとめてみることにする。

1．詩作と神々

（1）存在の建立としての詩作

ハイデッガーはヘルダーリンの詩作を解釈しつつ詩作を存在の問題の連関で捉え、その本質を追究する。ハイデッガーがヘルダーリンのなかに読み取った詩作の本質は、「言葉による存在の建立」（GA4, 41）ということであった。これは、「存在とあらゆる物の本質とを、建立するという仕方で名づけること」（GA4, 43）と言い換えられる。ハイデッガーによると詩人は、ものを名づけつつ、言葉によってものをあらしめ、ものの本質を規定する。この意味で「建立する（stiften）」とは、本来的な言葉によって存在を自由に贈り与えること、すなわち「自由な贈与（freie Schenkung）」であるが、このような本質的な命名によって人間とものとは確固とした関連のうちに入ることになり、この関連において人間はみずからの根拠において「確固とした基礎づけ（feste Gründung）」を得ることになる（vgl. GA4, 41/2）。詩作はこのように「自由な贈与」と「確固たる基礎づけ」という意味での「建立」であり、名づけるという仕方でものの本質を規定し人間の本質を基礎づけることになる。ところでハイデッガーは、ヘルダーリンの詩作のなかに「存在の建立は神々の目くばせと結びついている」（GA4, 46）という事態を読み取る。すなわち「言葉による存在の建立」である詩作の言葉は、神々の目くばせと結びつき、神々自身が私たちを言葉へともたらすという仕方で与えられるものとされる。このようにハイデッガーが読み取った詩作の本質は、神々との結びつきを度外視して追究することができないものであり、詩作の本質究明において宗教的連関が問題とされることになるのである。

（2）神々の目くばせの人々への贈与としての詩作

ハイデッガーは、存在の建立としての詩作が神々の目くばせの受容という仕方でなされるところに詩作の宗教性を見て取る。すなわち詩作は、神々の目くばせを捕捉し（auffangen）、それに耐え抜き（aushalten）、さらにその目くばせを人々に送り届ける（weiterwinken）という宗教的連関においてなされるものとされる。この営みにおいて出発点となるのは、神々の「目くばせ（Winke）」である。この目くばせは、神々の何らかの特殊な行為というのではなく、神々が存在するということ自体が目くばせであるとされる。そして詩人はこの目くばせを捕捉するのであるが、それはこの目くばせを人々に送り届けるためである。ここで神々の存在は、詩人がその目くばせを受容し人々に送り届けるときに目くばせとして明らかになり、その目くばせは「神々の語り（Sprache der Götter）」として聴かれることになる。このとき詩人は、目くばせとして聴き取った神々の語りを、詩作として、人間の言葉で表現することになる。こうして詩作は、「言葉のうちに包まれた目くばせ」（GA39, 32）という性格を持つものとなるのである。

このように存在の建立としての詩作は、存在の自由な贈与でありながら神々の目くばせと結びつき、神々に拘束されている。しかし同時に詩作は、人々によっても拘束される。というのは神々の目くばせが人々に送り届けられるためには、その伝達は人間と結びついたものでなければならず、人間の言語という制約を受けることになる――「民族〔人々〕の声」の解釈」（GA4, 46）という仕方で――からである。ここで、神々の目くばせが人々に送り届けられる言葉の質が問われなければならない。この言葉は、人間の言語でありながら神々の目くばせを包むものである以上、たんなる日常言語としての人間の言語ではない。ここで私たちは、「詩作とはこの〔神々の〕目くばせをさらに人々に送り届けることであるが、このことは人々の側から見られると、詩作とは人々の現存在をこの目くばせの領域のなかへと移し置くことである」（GA39, 32）というハイデッガーの発言に注目したい。この発言をさらに、「詩作とは神々を根源的に名づけることである。しかし神々自身が私たちを言語へともたらすときにはじめて、詩人の言葉に命名力が付与される」（GA4, 45）という言表を重ね合せるとき、私たちはハイデッガーの考えをつぎのように理解することができるであろう。すなわち神々を名づけ神々の目くばせを言語化しうる詩作の言葉は、詩人という人間の特殊な能力に帰すべきものではなく、「神々自身が私たちを言語（言葉）へともたらす」という仕方で、神々によって私たち人間に恵み与えられた言葉であり、この言葉によって神々の目くばせが送り届けられるとき、私たち人間はこの神々の領域のうちへ移し置かれているのである、と。引用で言われている「人々」とは、詩を通して神々の目くばせが送り届けられる私たちが意味されており、この人々はさしあたってはいわゆる詩人ではない。しかしこれらの人々が神々の目くばせの領域に移し置かれるとき、この人々はもはやたんなる頽落した日常的生を生きているのではなく、「詩人的にこの世に住む」というあり方へと移行することが求められるはずである。この事態はさらに「神々は、神々自身が私たちに語りかけ（ansprechen）、私たちを呼び要める（unter ihren Anspruch stellen）ときにのみ、言葉になることができる。神々を名づける言葉はつねに、そのような呼び要めに対する応答である」（GA4. 40）と説明されているが、ここで神々によって語りかけられ呼び要められている私たち人間は、「目くばせの領域」のなかで、神々の語りかけ（呼び要め）に応えるために、この目くばせを包む言葉を探し求め、あるいは創り出すことになる。そして「神々の目くばせを受容し人々に送り届ける」という詩人の営みは、ある特殊な能力を持った人間が単独で神々の語りを聴きそれを言語によって人々に伝えるといった行為ではなく、むしろ私たち自身が神々の目くばせの領域において神々の語りを聴き、それを互いに伝え合うという営みであると考えられる。すなわち詩人のあり方はまさに、ハイデッガーの言う「言語の本来的生起としての対話」として可能になると考えるべきであろう。すなわち対話とは、私たちを言葉へともたらそうとする神々の側からの働きかけと、この神々の呼び要めに対する人間の応答という人間の側の努力との「呼応」として拓かれてくるものと考えられる。そこでつぎに私たちは、対話としての、さらにそこで可能となる聖なるものの自己開示としての「言葉の本来的生起」について考えてみたい。

2．言葉の本来的生起

（1）言葉の本来的生起としての対話

ハイデッガーは、ヘルダーリンに即しつつ、神々の目くばせを包み人々に送り届ける詩作の言葉を、言語の本来的な生起としての対話の言葉と同質のものと見なすと考えられる。ここで対話とは、私たちの言語が本来的なものとなり、私たちが互いに聞き合い話し合うことができるようになるという事態を意味している。ハイデッガーは、ヘルダーリンの詩の一節「〔……〕私たちが一つの対話となり、互いに聞くことができるようになって以来」（「宥和するものよ……」第三稿）を「言語が本来的に対話として生起して以来、神々は言葉となり世界が現れた」（GA4. 40）という事態として理解する。この理解が意味するのは、言語の本来的生起としての対話と言葉としての神々の現前および世界の現出とが同時に起ったということであり、したがって私たち自身がそれである本来的な対話は、神々やものの本質を名づける詩作と同時に成立する、ということでもある。ここで言語の本来的な生起としての対話と「原言語」としての詩作とは別の事柄ではないと考えられ、言語をそもそも可能にし人間存在がそれに基づく詩作の根源性から、詩作は「根源的な対話」(GA39, 76) と言われる。ところでこの対話としての言語の本来的な生起に関して、「一つの対話があるべきならば、本質的な言葉が一つの同一のもの (das Eine und Selbe) に関わり続けなければならない」(GA4, 39) と言われていることに注目したい。ここで対話が「一つの」対話であるとは、私たちが互いに聞くことができるという意味だとされるが、私たちが互いに聞き合い話し合うという仕方で一つになるためには、言葉が「一つの同一のもの」と関わりを持つ必要があると言うのである。この「一つの同一のもの」はここで、「留まるもの」や「恒常的なもの」の光においてのみ明らかになると言われているが、この「留まるもの」、「恒常的なもの」は、ハイデッガーの「(来るべき) 神」の具体的なイメージとなっているものである (4)。したがってここで言われる「対話」とは、私たちが神々の目くばせの領域において神々の呼び要めに応じる形で可能となる私たちの共同体の可能性、そして共同体という形で神々と関わる可能性を拓くものと考えることができるであろう。そしてこのような共同体における言葉にこそ、宗教的言語の可能性が見いだせるのではないだろうか。

(2) 聖なるものの自己開示による言語生成

ところでこの対話としての言語の本来的生起の持つ宗教的連関は、聖なるものの自己開示による言語生成としてより鮮明に出されることとなる。ハイデッガーは、ヘルダーリンの詩「あたかも祭りの日の……」を解釈した論文 (一九四一年) の最後の部分で、「聖なるものは言葉を贈り、みずからこの言葉のうちに来る。言葉は聖なるものの真起 (Ereignis) である」(GA4, 76) と発言する。ハイデッガーはこの解釈において、「元初における聖なるものの自己開示」という連関で、言葉の生成、および詩作の成立について語っている。すなわち詩人は、「聖なるもの」をその魂のうちにそっと懐き持っているが、詩人は独力でそれを名づけることができるわけではない。すなわち「聖なるもの」が名づけられるためには、「より高次の者（ein Höherer）」、「神のような者（ein Gott）」によって放たれる閃光、じつは「聖なるもの」自身に由来するとされる閃光に撃たれることを必要とする。このとき詩人の魂は打ち慄えているが、それはかつて生起したことの記憶に、より精確にいうと、かつて生起したことの再来への期待に戦慄しているのである。このかつて生起したこととは「聖なるものの自己開示（das Sichöffnen des Heiligen）」である。そしてこのような戦慄が沈黙を打ち破り、詩人のうちで「言葉が生じる（Das Wort wird）」――「聖なるもの」との連関で「詩作」の成立をハイデッガーはこのように説明している（vgl. GA4, 68/9）。そしてこのように成立した詩作、「言葉による作品」によって、「神々と人々との相依共属関係」が成立することになる。すなわち「聖なるもの」が名づけられるためには、これまで見たように、人々は神々の目くばせを必要とし、また神々も人々の言葉を必要とするのであって、この神々と人々との相依共属関係こそが詩作を可能にし、また逆に詩作がこの相依共属関係を、さらにこの関係の根底にある「聖なるもの」を証しすることになる。このように「聖なるもの」によって可能とされる仕方で、神々と人々とが互いに援け合うことを通じて、神々によって言葉が贈られ詩作が成立することになる。この出来事には、かつて生起した聖なるものの自己開示が先行するとされるが、この「かつて」は歴史の元初であり、仏教で「無始以来の罪障」と言われる場合の「無始」に相当するものであろう。そしてこの聖なるものの自己開示を受けた「言葉の生起」、神々の目くばせの領域で起こる「言葉の生起」こそが詩作の言語だと考えられる。ここでこの言葉の生起において、神々の目くばせ、「より高次の者」、「神のような者」によって放たれる閃光が決定的な役割を果たすことに私たちは注目しなければならない。すなわち「聖なるものの自己開示」としての言葉の生起、「聖なるもの」を名づける詩作の成立には、「より高次の者」、「神のような者」といったある「超越的なもの」が決定的な仕方で関わっていると考えられるのである。

3．詩作と言葉

（1）言葉の危険

以上私たちは、「言葉による存在の建立」としての詩作について、神々と人々との相依共属的働きにおいて「聖なるもの」の自己開示を受けて生起する言葉によるものであることを明らかにした。ここで私たちは詩作の言葉に関して、「詩作の本質を完全に把捉する」ために求められる思惟、すなわちヘルダーリン詩の本質解明を導く「言語はあらゆる財宝のうちでもっとも危険なものである」と「詩作はあらゆる営みのうちでもっとも無辜なるものである」という相反する命題を満たす必要性を確認しておきたい（vgl. GA4, 43）。まず第一に言語が「もっとも危険なもの」であり、それゆえに詩作が「もっとも危険な仕事」であることについては、ハイデッガーはヘルダーリンの断片のなかの一節「あらゆる財宝のうちでもっとも危険なものである言語が人間に与えられた〔……〕それは人間が誰であるかを証するためである」を解釈しつつ語っている。それによると言語は、脅威としての存在の領域へ、アポロンのごとき「途方もない明るさ」（GA4, 44）のなかへ人間を移し置くのであり、さらに言語は、報告といったたんなるインフォメーションや内容のないおしゃべりなどへの頽落という仕方で存在を喪失するという危険までも含むとされる（vgl. GA39, 74）。しかしこのヘルダーリンを狂気へと導いたごときもっとも危険なものである言語（言葉）、言語（言葉）による詩作には同時に、「山には谷が属すように」（GA4, 44）、もっとも無辜な、無害な外観が付属している。つまり詩人は、詩作とは無辜なものであり無害であるという外観に護られつつ、もっとも危険なわざを遂行することになる。このとき詩作は戯れのごとく無害なものに見えながら、詩人の語りはじつは実在そのものに触れている。詩人の語りは詩人の自由に委ねられたものでありながら、この自由はけっして恣意的ということではなく、むしろ詩人は神々や人々と結びつく形で存在を建立する。このようにして人間は、詩作を通じてみずからの根底にしっかりと据えられ、みずからの根底に安定した安らぎを、しかも「際限なき安らぎ」（GA4, 44）を得ることになるのであるが、この安らぎはかえって人間を活動的にするものと考えられているのである。

このように詩作は無辜で無害な外観を呈しながら、神々の目くばせを受けて存在を、神々を名づけつつ、この地上に住む人間のあり方を規定することになる。このようなヘルダーリンの言葉に対する徹底した究明を通して、ハイデッガーは人間の本来的なあり方を「詩人的に住むこと」と呼ぶのである。

（2） 詩人的に住むこと

以上の考察から詩作とは、もっとも無辜なるものという外観を装いつつ、もっとも危険なものである言語によって存在そのもののなかへと突入する行為であり、その言葉は、神々によって呼び要められるという仕方で神々の目くばせの領域で恵み贈られるものである。そして人間は、その呼び要めに対する応答という形で神々の目くばせをその言葉に包んで人々に送り届けるのであるが、この詩人の営みは神々の領域における人々の対話という形で遂行されることになる。この言葉は人間の言語でありながら神々の語りかけに対する応答という性格を持つものであり、人間の言語でありながらその言語を超えようとする努力に対する神々の恵贈という意味を持つと考えられる。しかもこの言葉は人間の言語として、神々の目くばせを隠蔽するたんなるインフォメーションへと頽落する危険を含み持つ。詩作は「原言語」として、このような言葉の可能性そのものであり、私たち人間はこのような言葉を贈られた者として、この言葉の性格を引き受け「詩人的に」この地上に住むことになる。

ハイデッガーは、ヘルダーリン晩年の詩の一節「いさおしは多けれど、人間はこの地上で詩人的に住む」を解釈し、まず人間の日々の営みが「いさおし」に満ちたものでありながらこの営みは人間のこの地上における生の本質に触れるものではなく、人間が現にあることの根底に届くものではないことを確認したのちに、「人間的現存在はその根底において「詩人的に」ある」（GA4, 42）とする。そしてこの「詩人的に住む」とは、「神々の現在のうちに立ち、ものの本質の近みに捉えられていることである」（GA4, 42）と説明される。すなわち人間は日々の努力を通じていかに多くの成果を得るとしても、その成果は人間の本質、人間の根底に触れるものではなく、私たち人間がその根底において安定し安らぎを得るためには、「神々」、「ものの本質」に関わることを必須とするのであって、神々の現在のうちでものの本質に襲われるということが不可欠になると言われる。そして「神々の現在のうちで、ものの本質の近みに捉えられる」とき、神々を名づけること、ものの本質を名づけることが可能になるのであって、まさにこの営みこそが「詩作」に他ならないとされる。すなわち私たち人間は、神々やものの本質を名づけつつ、「詩人的に住む」という仕方でこの地上で本来的に生きるのであるが、このときもっとも肝要なことは、神々の語りかけに応える言葉によって互いに聞き合い語り合うということであろう。そのとき私たちの言葉は「対話」という性格のものになる。すなわち詩作は根源的な対話として、神々の目くばせを包む本来的な言葉によって互いに聞き合い語り合うという状況においいて成り立つのであり、このような状況こそが人間の本来的な生、「詩人的に住む」ことであると理解できる（5）。したがってこの「詩人的に住む」ことは、ハイデッガーの思惟における「宗教的次元」の具体的な姿であると考えられるのである。

ハイデッガーがヘルダーリン詩の本質としてヘルダーリンの言葉から読み取った事柄は、以上のようにまとめることができるであろう（6）。ここでハイデッガーが解明するヘルダーリンの言葉——神々の語りかけに対する応答の言葉、神々の目くばせを包む言葉、対話としての言葉——はまさに優れて宗教の言葉、すなわち宗教の事柄を捉え宗教の事柄を言い表す言葉であると言うことができる。確かにハイデッガーはヘルダーリンのなかに、神に関して、さらには宗教について語る可能性を読み取ったと言えるであろう。しかしながらハイデッガーの思惟がいかにヘルダーリンの詩作と強く結びついているとはいえ、ヘルダーリンの言葉はどこまでもヘルダーリン固有のものであり、ハイデッガーがヘルダーリンの言葉をその連関を外して自身の思惟の言葉として用いるためには、思惟と詩作の関わりに対する徹底した思索を必要とした。そこで私たちはハイデッガーのヘルダーリン解釈において見いだされた詩作の言葉、宗教の事柄を表す言葉をハイデッガーの思惟の連関で、さらに真理の連関で掘り下げ、宗教の言葉のあり方を追求していきたい。

三　詩作と宗教──思惟と詩作との関わりを巡って

以上私たちは、ハイデッガーのとりわけ三〇年代の思索に即して、古代ギリシアにおける「存在の真理を護る」思惟の努力、ヘルダーリンの詩作における神々の目くばせを包む言葉の可能性を索める努力を追ってきた。ハイデッガーによるこの努力はまさに、「存在の真理」を語る言葉を索める格闘、「聖なるもの」を言語化する格闘そのものであった。ハイデッガーがヘルダーリンの詩作のうちに見いだした神々の目くばせを包む言葉、聖なるものを名づける言葉は、ハイデッガーが索めてきた存在の真理を護りそれを語る言葉と別物ではない。私たちはこの二つの言葉の関わりを通して、思惟と詩作との関わり、さらには詩作と宗教的真理との関わりについて考えていきたい。

1．存在の声に聴従する思惟

さきに見たようにハイデッガーは、古代ギリシアの哲学的思惟のうちに、覆蔵性をも取り込む非覆蔵性（＝真理）の豊饒や非存在をも含み込む存在の深みを見て取り、この豊饒や深みの言語化可能性という根本問題を巡って、いわゆるソクラテス以前の哲学者たちにおける元初的な思惟のなかにその解決を模索していく。この元初における思惟は、「存在の真理を護る」という性格を持ったものであり、この性格は本来、哲学（形而上学）的思惟に固有のものであったはずである。ハイデッガーはしかしながら、古典期の哲学者たちにおける概念的思考のうちに存在の真理が隠蔽される兆しを見て取る。それと同時にハイデッガーには、元初の思惟における、ヘルダーリンに代表される詩作との親縁性がしだいに明確になってくる。ハイデッガーにとってヘルダーリンの詩作は、みずからが索める「存在の真理を護る思惟」の可能性として出会われた、と言うべきであろう。そのためとりわけ一九三四・三五年の最初のヘルダーリン講義以来、ハイデッガーにとって「思惟と詩作」が、両者の親密性と差異性とが重要なテーマとなるのである。ハイデッガーは『形而上学とは何か』に付した一九四三年の後語のなかでつぎのように言う。

存在の声に聴従する思惟は、存在のために、そこから存在の真理が言語化されるような言葉を探し求める。歴史的人間の言語がそのような言葉から発源するときにはじめて、その言語は正しいものである。その言語が正しいものであるとき、覆蔵された源泉の音声なき声という保証が目くばせを与える。存在の思惟は、言葉を護り、この用心深い護りによってその思惟の使命を全うする。存在の思惟とは、言語使用に対する心遣いである。長く護り抜かれた〔存在の真理に相応しい〕言語の欠如と、その欠如のうちで開かれた領域とを幾重にも及ぶ心遣いをもって（sorgfältig）解明することから、思惟する者の発言は来る。〔思惟する者の発言と〕由来を等しくするのは詩人の命名である。等しいものは異なったものとしてのみ等しいのであり、詩作と思惟とは言葉への細やかな心遣い（Sorgsamkeit des Wortes）という点においてもっとも純粋に等しいのであるがゆえに、詩作と思惟とは同時にその本質においてもっとも遠く分け隔てられている。思惟する者は存在を発語し、詩人は聖なるものを名づける。（GA9, 311/2）

ここでは存在の思惟と詩人の命名との「等しい由来」について語られている。存在の思惟は、「存在の声」に聴き従い、「存在の真理」を言語化する言葉を探し求めるのであるが、この思惟は、存在の真理に相応しい言葉をすぐに見いだすわけではなく、むしろ「言語の欠如」をこそ長く護り抜かねばならないことになる。この言語欠如とその護り抜きを通じて開かれる領域とを、「幾重にも及ぶ心遣い」をもって解明することから、思惟者の発言、存在の発語が来るとされる。この思惟者の言葉から発源する正しい言語に対しては「覆蔵された源泉の音声なき声という保証が目くばせを与える」とされるが、存在の声に聴従する思惟という正しい来歴を保証する「覆蔵された源泉の音声なき声」は「存在の声」と別物ではないであろうし、この源泉の「音声なき声」に聴従するという仕方で、思惟者に存在の真理を言語化する言葉、すなわち根本語が恵まれるということになるであろう。この根本語の恵贈は、「長く護り抜かれた言語の欠如と、その欠如のうちで開かれた領域とを幾重にも及ぶ心遣いをもって解明する」ことによってなされるとされるが、これは言語欠如を人間が護り抜くとき、その欠如のうちで明け開かれる領域、「源泉の音声なき声」がそこから来るであろう領域から根本語が恵まれるという事態を、すなわち存在によって根本語が恵まれるという事態を表現していると理解される。すなわち存在の思惟とは、存在の音声なき声に聴従するという仕方で存在によって根本語が恵まれるまで耐え抜く「行」であり、この言葉を用心深く護ることを、「言葉への細やかな心遣い」をその使命とするものということになる。そしてこの存在の思惟と「由来を等しくする」のが詩人の命名、「聖なるもの」の命名としての詩作である。ここで「由来を等しくする」とは、文脈から、思惟者の発言の由来となる「言語の欠如とその欠如のうちで開かれた領域との解明」を詩作もその由来とするということであり、思惟の由来である「存在の声」を詩作もその由来とするということでなければならないであろう。ここで「存在を発語する」思惟と「聖なるものを名づける」詩作とは、「存在の発語」と「聖なるものの命名」という二つの事柄において「言葉への細やかな心遣い」という点でもっとも純粋に等しいものでありながら、「その本質においてもっとも遠く分け隔てられている」と言われる。ここであるいは存在の発語は哲学的思惟の事柄、聖なるものの命名は宗教的事柄であると考えられるかもしれない。しかし思惟と詩作との隔たりは、「等しいものは異なったものとしてのみ等しい」という事態を根底とするものであり、この隔たりはいわば「両者を結びつける隔たり」とでも言うべき性格のものと考えられる。したがって思惟と詩作との関わりは、「存在の声」を共通の由来としつつ、説明的な言説による定義を拒む事柄なのかもしれない。ここでこの引用に続いて「おそらく感謝と詩作とは、異なった仕方で、元初的な思惟から発源するのであろう。元初的な思惟は、感謝と詩作とを必要とする。しかしながら感謝と詩作とは、それだけで思惟であることはできない」(GA9, 312) と言われているが、「思惟」と「詩作」との関わりに「感謝」といった概念が、しかも詩作に寄り添う形で差し挟まれていることからも、両者の関わりが概念語による規定になじまないことを示唆している。私たちは思惟、詩作、感謝の連関をさらに明らかにするため、これらの引用の少し前に出されたつぎの発言に注目したい。

〔存在者のための存在の真理を護ることに人間本質を惜しみなく与え費やすこととしての〕犠牲において隠れた感謝が真起する（sich ereignen）が、その感謝のみが恩寵を尊重する。存在は恩寵として、人間が存在への連関において存在の見張りを引き受けるように、思惟において人間本質にみずからを委ねた。元初的な思惟は存在の恩恵の反響であるが、その恩恵においては唯一のことが、すなわち存在者があるという唯一のことがみずからを開き、真起せしめられる。この反響は、存在の音声なき声という言葉に対する人間の応答である。思惟という応答は人間の言葉の根源である。この言葉が初めて、言葉を諸々の語へと音声化することとして、言語を成立せしめる。（GA9, 310）

この引用では存在は明確に「恩寵（Huld）」、「恩恵（Gunst）」として捉えられ、人間の原初的な思惟がこの恩寵の「反響（Widerhall）」として把捉されている。この引用ではまず、存在が恩寵として尊重されるのはただ「感謝」によってのみであること、この感謝は人間が存在の真理を護るために自己を惜しみなく与え費やすこととしての犠牲において隠れた仕方で真起するものであることが確認される。この事態は恩寵としての存在からすると、存在が人間にみずからの見張りを引き受けてもらうために、みずからの反響としての思惟という人間本質にみずからを委ねるということである。すなわち存在はその真理を護ろうとする人間によってのみ恩寵として尊重されることになるのであるが、人間は存在のために自己を惜しみなく与えつつ、感謝という仕方で存在を尊重するのであり、このとき人間は存在に委ねられて存在の見張りを引き受けることになる。このように存在を尊重し感謝する人間のあり方がまさにさきに言われた「存在の声に聴従する思惟」であり、この「存在の恩寵の反響」としての思惟において、存在は存在者をあらしめる恩寵として、人間に言葉を与える恩寵として受け取られることとなる。すなわち思惟は、「存在の音声なき声という言葉」という恩寵に対する「応答」としても捉えられているのであって、存在こそが「音声なき声という言葉」という恩寵であり、この言葉に対する人間の応答としての思惟こそが「人間の言葉の根源」とされるのである。人間の言語とはこの根源的な言葉の音声化であるとされるが、この見方からすると人間の言語は、その根源となる言葉において、存在の音声なき声という言葉と連なることになる。この「音声なき声」としての存在の声が人間の言葉の根源となるという連関は、神（々）の語りかけに対する人間の応答が根本言説となって民族の言語を規定する連関として理解することができる。それは例えばホメロスの叙事詩という根本言説がギリシア語の発展を規定したように。そして多くの場合この根本言説は宗教的連関で神（々）の語りかけに対する人間の応答として、ある場合には預言者によって発せられた神（々）の言葉として受け取ることができる――もっともホメロスの根本言説が神々の語りかけに対する応答と見なせるか、という点は疑問が残るとしても。

このように恩恵としての存在の音声なき語りかけは、宗教的連関において神々の語りかけと同質のものであると理解することができよう。このように理解するとき、すなわち存在を明確に恩寵と捉え、その恩寵との関わりにおいて思惟が論じられるとき、聖なるものの命名としての詩作とこの根源的思惟との「分け隔て」は霧消するかのように思える。しかし存在は「恩寵」とされつつも「聖なるもの」へと解消するわけではない――これはハイデッガーがどこまでも譲れなかった一線であると見なせるであろう。

以上のようにヘルダーリンを解釈しつつハイデッガーによって見いだされた詩作の言葉、「神々によって呼び要められるという仕方で神々の目くばせの領域で恵み贈られる」言葉は、「存在の声に聴従する思惟」の連関で、恩寵としての存在によって恵贈された言葉でもあることが明らかにされた。このような根源的思惟において、思惟と詩作との親縁性がより際立って浮き彫りにされることになるが、この親縁性は存在の「真理」、さらには宗教的真理との関わりへと関心を導くことになる。私たちはこの関わりをふたたびハイデッガーのヘルダーリン論のうちに見いだす。すなわちハイデッガーは、ヘルダーリンの詩「あたかも祭りの日の……」を解釈するさい、同じく「自然」と訳される二つの語、元初における思惟の根本語 physis とヘルダーリン詩の根本語の一つ Natur とのうちに覆蔵的な関わりを見て取っている。つぎに私たちはこの二つの語の関係に基づいて、思惟と詩作との関わりが「真理」の本質追究へと導かれる様子を考察してみたい。

2．思惟と詩作の覆蔵的連関

ハイデッガーは、ヘルダーリンの詩「あたかも祭りの日の……」を解釈した論文において、「この physis という言葉は、西洋的思惟の元初における思惟する者たちの根本語である」（GA4, 56）という非常に重要な発言をする。私たちはさきに、「存在の声に聴従する思惟」が「存在のために、そこから存在の真理が言語化されるような言葉」を探し求め、その「言葉」は、「歴史的人間の言語が発源する」もとになる根本語であるというハイデッガーの発言を考察したが、この「形而上学とは何か・後語」において考えられている根本語に対応するものとして、ヘルダーリン詩の連関では physis が取り上げられていると考えたい。そもそも physis とは「出現すること（Hervorgehen）」、「立ち現れること（Aufgehen）」という意味であり、いずれにしても存在を表す言葉であるとされる。ところでこの physis に関して、「ギリシア人たちは、まず最初に自然の出来事に即して physis が何かを経験したのではなく、逆に存在の詩作的―思惟的経験に基づいて、彼らが physis と名づけなければならなかったものが何であるかが彼らに開示された」（GA40, 17）と言われるように、physis は存在の詩作的―思惟的経験、根源的言語経験に基づくものであるとハイデッガーは考えている。

ところでヘルダーリンは同じく「自然」を表す言葉として Natur を使う。ハイデッガーは、このヘルダーリンの詩における Natur の本質を「聖なるもの」のうちに見て取る（GA4, 59）が、この Natur と physis との関係について、「ヘルダーリンの言葉 ≫die Natur≪ は、この〔「あたかも祭りの日の……」という〕詩において、physis という元初における根本語に覆蔵された真理に従って自然の本質を詩作している。しかしながらヘルダーリンは、physis という元初における根本語が担う力——それは今日でもまだほとんど考量されていない——を知らなかった。〔……〕ヘルダーリ

ンは ≫die Natur≪ という言葉によって、かつて physis と名づけられたあの事柄と覆蔵的連関を持つある別のことを詩作している」(GA4, 57. 傍点筆者) と述べる。ここで確認しておきたいことは、ヘルダーリンは Natur という言葉によって自然の本質を、すなわち聖なるものであるという自然の本質を、physis という言葉に覆蔵された真理に従って、すなわち元初的な存在の真理に従って詩作しているのであるが、ヘルダーリンは physis という言葉の真の内実に気づいていないため、ヘルダーリンが Natur という言葉によって詩作している事柄は physis とは別物だ、とハイデッガーが見なしているということである。もちろんここで Natur によって詩作されている事柄は、physis という語に覆蔵された真理に基づいているため、「ある別のこと」と言っても「かつて physis と名づけられたあの事柄と覆蔵的連関を持つある別のこと」ということになる。ここで元初において physis と名づけられた事柄、すなわち根本的な存在経験と、Natur によって詩作されている事柄、すなわち自然の本質である聖なるものとのあいだの「覆蔵的連関」こそが問題の要となる。この存在と聖なるものとの覆蔵的連関は、さきの「思惟する者は存在を発語し、詩人は聖なるものを名づける」という定義における思惟と詩作との「もっとも純粋に等しいのであるがゆえに、その本質においてもっとも遠く分け隔てられている」という関係と別物ではなく、この関係の根底に覆蔵的に存するものと考えられる。ところでこの「覆蔵的連関」の「覆蔵性」であるが、引用文の文脈では、この「覆蔵された」という語は、さしあたっては、ヘルダーリンが physis という語が担う力を知らなかったために「ヘルダーリンには隠されていた」と理解すべきものであろう。しかしながらこの覆蔵的連関はこの文脈において、physis という言葉に蔵《かく》された真理によって生み出された連関であり、この真理はさきに確認されたように「元初的な存在の真理」であることから、元初的な存在の真理の持つ「覆蔵性」と、この覆蔵的連関の「覆蔵性」とは、「同質のもの」と見なせるのではないであろうか。すなわちこの「覆蔵的連関」、根本的な存在経験と自然の本質である聖なるものの経験との連関、総じて思惟と詩作との連関は、「(真理に属する) 覆蔵的なものと関わる連関」と理解することが可能ではないだろうか。このように考えるとき、非覆蔵性としての alētheia に本質的に属する lēthē (覆蔵性) こそが宗教的真理をも統べているという事態が見えうるようになる(7)。

ところでハイデッガーは、『形而上学とは何か』に後語を付したのと同じ時期の講義『ヘラクレイトス』において、「みずからを覆蔵すること」を思惟の事柄としたがゆえに「暗い人」と呼ばれたヘラクレイトスを解釈しつつ、「元初的な思惟と、その思惟において思惟されるべきものとの連関は、この思惟されるべきものから元初的に規定される。〔……〕この思惟されるべきものはその本質において自己覆蔵であり、しかもその意味で『暗いもの』であるがゆえに、そしてこのゆえにのみ、このように経験された『暗いもの』に適応する本質的な〔第二版に従う〕思惟は、それ自身必然的に暗いものである」(GA55, 31/2)と述べている。すなわちハイデッガーによると、ヘラクレイトスをはじめとする元初的な思惟は、「自己を覆蔵するもの」、あるいは「その本質に自己覆蔵が属するもの」を思惟しつつ、その思惟そのものが「自己覆蔵」によって規定されている、といったものなのである。したがって元初的な思惟ならびにその思惟の言葉は、「自己覆蔵を護る」といった性格のものであることになる。ここで「自己を覆蔵するもの」は「その本質に自己覆蔵が属するもの」とも言い換えられているが、この表現で意味されているのは、その本質に lēthē が属する alētheia ということになるであろう。ハイデッガーはまた同じ時期の講義『パルメニデス』において、この「開蔵しつつ(entbergend)覆蔵する(Verbergen)」という真理の本質との関わりで、思惟と詩作の問題を掘り下げて思索しているが、そこにおいて「真理(alētheia)」に関してつぎのように言う。

> 言葉の本質が alētheia に基づくところで――ギリシア人たちのもとで――のみ、そしてこのように基づけられた言葉が卓越した語りとしてあらゆる詩作と思惟とを担っているところで――ギリシア人たちのもとで――のみ、詩作と思惟とが覆蔵されたものへの元初的連関を基づけているところで――ギリシア人たちのもとで――のみ、ただ彼らのもとでのみ mythos というギリシア語の名前を持つもの、すなわち神話が存在する。(GA54, 89)

この引用に関しては「神話」の連関において第七章でふたたび取り上げることになるが、ここでハイデッガーは、元初的な言葉である mythos は、詩作と思惟とが alētheia に基づいた言葉によって担われているところに、さらにこの詩作と思惟とが覆蔵されたものへの元初的連関を基づけているところに存在すると言うのである。ここでまず「alētheia に基づく言葉」であるが、それは「開蔵しつつ覆蔵する」という真理の本質に呼応した、とりわけ lēthē を護る元初的な言葉ということになる。そしてこのような言葉によって担われた詩作と思惟とによって基づけられる「覆蔵されたものへの元初的連関」とは、さきに「元初的な思惟と、その思惟において思惟されるべきもの〔自己覆蔵〕との連関」と言われていたものでもあり、まさに真理を巡る alētheia と lēthē との連関ということになるであろう。すなわち元初における詩作と思惟は、lēthē を護る元初的な言葉によってなされ、lēthē によって規定された lēthē との連関を基づけるものということになる。この言葉は、蔵《かく》されたものを護るという仕方で alētheia を、そして存在を言い表す言葉ということになる。そして「覆蔵されているものを明け開く〔開蔵する〕発言であり、そこにおいて、それに対して存在が現出する」（GA54, 170）と定義される mythos もまた、alētheia に本質的に属する lēthē を明らかにする元初的な言葉なのであり、それは lēthē において覆いがなされ a-lētheia としてその覆いを剥がされつつも蔵《かく》され続けている〈秘蔵されたもの〉を明らかにする元初的な言葉だと考えられるであろう。ここで私たちが「秘蔵されたもの」と言うとき、「覆蔵されたもの」が「覆蔵された」という蔵《かく》された形で護り保持されていること、すなわち verborgen（覆蔵）されたものが verborgen されたものとして bergen（秘蔵）されていること（Geborgenes）を意味している（8）。私たちはこれまでの考察から、この〈秘蔵されたもの〉においてこそ、宗教的真理の、宗教の深みが見えうるようになるのである。

3．詩作と宗教

私たちはこれまで元初的な思惟における言葉のあり方に手がかりを求めつつ、詩作およびその言葉の本質を追究した。ハイデッガーは元初的な思惟を問題にするさい、「詩作的―思惟的」あるいは「詩作と思惟」と並べて表記することが多いが、このことは詩作と思惟を「元初的な言葉」によって担われたものとして一つのものと考えていることを示している。この元初的な言葉は、lēthē において〈秘蔵されたもの〉を明け開きつつ、同時に〈秘蔵されたもの〉として護り保持する言葉である、と考えてよいだろう。そうだとするとこのような言葉によって語られる「存在」、「真理（alētheia）」といった事柄も、この根本語によって明らかにされつつ、しかも同時に「言われていないこと（das Ungesagte）」（9）に留まる。さらに元初における詩作や思惟も、このような言葉によって規定されることとなる。すなわち詩作と思惟は、元初において言われていないことを言う努力という性格を持つものであった。しかし「すでにプラトン以来、西洋の思惟はその元初から離れ去り、ある別の、のちに固定化される本質へ、すなわち形而上学へと移行した」（GA55, 31）という発言をハイデッガーはさまざまな機会に繰り返すのであるが、この考えからすると、元初における詩作と思惟のうち、思惟はもはや〈秘蔵されたもの〉を護り保持するものではなくなり、詩作のみが〈秘蔵されたもの〉を〈秘蔵されたもの〉として護るものであり続けた、ということになりそうである。もっともハイデッガーにとって事態はそう単純なものではなく、彼は思惟と詩作との親縁性を見据えつつ、思惟に対して〈秘蔵されたもの〉を保護し存在や真理を護る言葉の可能性を、すなわち思惟の元初性を取り戻すことを試みている――私たちはこのように考えてよいのではないだろうか。

いずれにしても私たちは思惟と詩作との関わりに関して、ハイデッガーがヘルダーリン解釈を通して追求した詩作の本質が、ハイデッガーにとって根本の事柄である根源的思惟と別物でないことを明らかにしてきた。そして思惟と詩作との覆蔵的連関が、真理の本質をなす覆蔵性に通じるものであることが見て取られたことにより、思惟と詩作との親密性の根拠としての真理の本質が見いだされたのであった。そしてこの両者にとっての真理性とは、神話との関わりで語られていることからも、宗教的真理とでも呼ぶべきものと言えると思われる。すなわち「その本質に〈秘蔵されたもの〉が属すること」、「〈秘蔵されたもの〉を〈秘蔵されたもの〉として護り保持すること」とは、宗教の本質そのものであると言うべきではないだろうか。宗教は、これまでに見てきたように、神々からの、至高なる者からの語りかけをその本質的な要素とすると考えられるが、この語りかけは人間の言語を超えたもの、さしあたって「謎」という性格を持つものであり、この謎には〈秘蔵されたもの〉が属すと考えられる。そして宗教を成り立たせるこの至高者の語りかけの謎的性格は、まさに宗教を支えるものでもあると言える。すなわち宗教にとって〈秘蔵されたもの〉はその本質可能性に属するものではあるが、この〈秘蔵されたもの〉は神の顕現などとして顕らかにされる（啓示される）ことによって、宗教教団成立の基礎となる。しかしながらこの〈秘蔵されたもの〉は顕らかにされつつも、〈秘蔵されたもの〉が〈秘蔵されたもの〉として護られ秘蔵性に留まることなしには、宗教を宗教として存続させる原動力としての秘密（サクラメント）ではありえない。そして多くの宗教において――「神秘主義」あるいは「密教」という言い方もあるように――真に核心となる〈秘蔵されたもの〉は言われない（書かれない）ままに保たれた。私たちのこれまでの考察から、この〈秘蔵されたもの〉の言語化可能性こそ「詩作」の意義ということになるであろう。すなわち詩作としての〈秘蔵されたもの〉の言語化は、〈秘蔵されたもの〉として蔵《かく》されているものを明け開く営みであるが、それと同時に詩作の言葉は、〈秘蔵されたもの〉を〈秘蔵されたもの〉として護ることによって、秘蔵性の護持を要件とする宗教の存続を可能にするものであると考えられるのである。もちろんこの詩作は存在の恩寵の音声なき言葉に対する応答としての思惟との親密性のうちにあるものとしてではあるが。

四　結語――宗教的言語の可能性

私たちは古代ギリシアにおける元初的思惟のうちに、さらにこの元初的思惟と深く関わるヘルダーリンにおいてハイデッガーが見いだした「詩作の根本構造」のうちに思惟と詩作との根本の関わりを、さらに宗教と言語との根本のあり方を見て取った。私たちはハイデッガーの思索に基づいて、詩人の営みを、「存在の真理」を護りそれを言語化する努力、「聖なるもの」を言語化する格闘のうちに見てきた。そして私たちはヘルダーリンの言う「詩人的に住む」というあり方のうちに、宗教的次元の具体的な姿を見いだしたのであった。

ハイデッガーは、元初における思索者たちとの親近性において、ヘルダーリンの言葉を読み解こうとした。ハイデッガーがヘルダーリンの詩作のうちに見いだした、神々の目くばせを包む言葉、聖なるものを名づける言葉は、元初的な詩作や思惟における〈秘蔵されたもの〉を〈秘蔵されたもの〉として護り保持する言葉と別物ではない。ハイデッガーがヘルダーリンのうちに見いだした言葉は、ハイデッガーが索めてきた存在の真理を護りそれを語る言葉だったのであり、この言葉は、私たちが求めている宗教的真理の言語化に道を拓くものである。ところでヘルダーリンの神々の目くばせを包む言葉、聖なるものを名づける言葉は、神々が私たちを言葉へともたらすという仕方で私たちに与えられたものである。そのさい、その命名の由来はあくまでも「神々」の側にあり、詩作の宗教性は、神々の目くばせの受容というところにあった。このような「神々の語りかけに応える言葉」としての詩作の言葉が、宗教的真理を言語化する可能性を持つものであり、ハイデッガーはヘルダーリンの詩作――そこにおいて「聖なるもの」が名づけられ語り出されている――のなかに、宗教的言語の可能性を見たと考えられる。神々の語りかけに応える言葉としての詩作、この〈秘蔵されたもの〉を護りつつ言語化する宗教的言語が成立する場こそが「宗教的次元」と呼ぶべき場所であると言えるであろう。宗教的言語の成立、総じて言葉の生起は「聖なるものの自己開示」と言われていた出来事であるが、この出来事は「神々が私たちを言葉へともたらす」という仕方での「神々の恩恵」、あるいは「存在の恩寵」という事柄でもある。すなわち宗教的次元ということで言えば、宗教的次元には何らかの仕方での至高者の側からの働きかけ、「語りかけ」が不可欠なものである、言い換えると宗教的次元には超越の次元がその要素として属している、と言えるであろう。しかしながらヘルダーリンを通してハイデッガーに迫ってきたこの超越の次元は、これまでキリスト教で「神」と呼ばれてきたものと同一視することはできない――ヘルダーリンから学ぶ形でハイデッガーにとって真理を、〈秘蔵されたもの〉を言い表す可能性が開かれつつ、「言語」の問題は、「宗教と言語」の問題はより深刻なものとなっていったと言えるであろう（10）。私たちはつぎの第五章および第六章で、ハイデッガーにとっての言語および宗教と言語の問題を考えていきたい。

注

（1）ハイデッガーは一九二五年四月一二日にH・アーレントへ宛てた手紙の中で、「ぼくは多くの時をヘルダーリンとともに生きている」と記している。ウルズラ・ルッツ編、大島かおり・木田元共訳『アーレント＝ハイデガー往復書簡』（みすず書房、二〇〇三年）一二頁。

（2）O・ペゲラーは一九二九年に現象学そのものの危機が訪れたと考えている。Vgl. 〝Die Krise des phänomenologischen Philosophiebegriffs (1929)〟, in: Christoph Jamme und Otto Pöggeler (hrsg.): *Phänomenologie im Widerstreit--Zum 50. Todestag Edmund Husserls.* Frankfurt a. M. 1989. さらにペゲラーは、一九二九・三〇年の冬学期講義が「それ以前の諸々の試みの総括であると同時に、新たな諸々の道の始まりでもある」と述べている。Pöggeler, Otto: 〝Heideggers logische Untersuchungen〟, in: *Heidegger in seiner Zeit.* München, 1999, S. 33.

（3）この巻の編集者 Heinrich Hüni によれば、「草稿の編集は、ハイデッガー自身によって書かれた講義の基本方針に沿っておこなわれた。とりわけ草稿のテキストの全体は、完全な、本にできるような原稿にしてあった」（GA33, 225）ということである。

（4）すでに第二章で見たように、ハイデッガーは小品「野の道」のなかで「同じものの呼びかけ」として、「単純なものは、留まるもの、偉大なものの謎を守蔵している。単純なものは、突如として〔媒介されることなく〕、人間のもとに立ち寄る。しかしそれには長い成熟を必要とする。〔……〕〔世界の〕遥かさの言葉によって〔語られつつ〕語られないものにおいて、読むことと生きることの古き巨匠エックハルトが言うように、神ははじめて神である」（GA13, 89）と言う。ここで言われている「単純なるもの」、「留まるもの」、「偉大なもの」こそが、ハイデッガーが稀にしか語らない「（来るべき）神」の具体的なイメージであると考えられる。

（5）このように神々の目くばせの領域において成り立つ人間の本来的なあり方は、のちに「天」「大地」「神々」「（人間という）死すべき者たち」という四者からなる「方域（das Geviert）」として術語化されている。

（6）もちろんこのようなハイデッガーによるヘルダーリンの理解に異を唱えることは十分可能であろうし、そもそもこの理解が妥当性を持つかを吟味することは、ハイデッガー解釈にとってさえ省略を許される事柄ではないであろう。しかしながら本書ではハイデッガーのヘルダーリン理解を、「ハイデッガーによるヘルダーリンの解釈」というよりもむしろ「ハイデッガー自身の思惟」と見なすがゆえに、理解の妥当性の吟味は他日を期することとした。

（7）そもそも lēthē = Verborgenheit は、山（Berg）のなかに鉱石が埋蔵されているように、蔵《かく》された（geborgen）形で蓄えられていることを表すが、その蓄えられていること Geborgenheit に ver- が付された Verborgenheit とは、まさにその蓄えられ蔵《かく》されたものに覆い（ver-）がされていることを意味する。しかしながらこの覆いは、そもそも蔵《かく》されていることに属しているはずの覆いであり、Geborgenheit は蔵《かく》されているということにおいてじつは Verborgenheit と別物ではない、という事態になっている。したがって a-lētheia = Un-verborgenheit として lēthē の覆いが剥されたとしても、alētheia の内実は Verborgenheit と別物ではなく、むしろ alētheia とは lēthē = Verborgenheit と a-lētheia = Un-verborgenheit がともに Geborgenheit であるという事態、換言すれば Verborgenheit と Un-verborgenheit との相即そのものであると言えるのではないだろうか。このような事態を受けて私たちは、lēthē, a-lētheia がともに含む bergen されたもの（Geborgenes）を「秘蔵されたもの」と呼びたいと思う。

（8）覆蔵性 Verborgenheit が、そして同時に非覆蔵性 Unverborgenheit もが、秘蔵されたもの Geborgenes を蔵《かく》された形で保持しているという事態に筆者が気づかされたのは、「開蔵はただ、覆蔵されないという意味で開蔵されたものを生じさせるだけではない。開蔵（*Ent*bergen）は同時に開蔵（Ent*bergen*）である、それはあたかも点火（Entflammen）が〔「除去」を意味する前つづり〝ent-〟によって形成された動詞であるにもかかわらず〕炎（Flamme）の除去ではなく、炎をその本質へともたらすことであるように。開蔵は同時に、覆蔵されないものを現前の非覆蔵性のうちへと秘蔵すること（Bergung）「のため」にある、すなわち覆蔵されないものを存在のうちへと秘蔵すること「のため」にある」（GA54, 198）という一節においてである。

（9）ハイデッガーは、一九四三年夏学期の講義「西洋的思惟の元初、ヘラクレイトス」において、「alētheia は元初においていまだに名づけられておらず、いまだにけっして名づけられておらず、しかも言われていないこと（das Ungesagte）」に留まっているが、まさにそのゆえに alētheia は、「元初において言われたこと（das anfänglich Gesagte、第二版に従う）のうちで、そこから元初的な思惟が語るもの」（GA55, 174）であると言い、このことは「alētheia 固有の本質」であると考えている。さらにこのことは、「真なるものは言われていないことであるが、この言われていないことはただ、厳密かつ適切に言われたことのうちで、言われていないことそのものに留まる」（GA55, 180）とも言い表されている。すなわち元初的な思惟は、alētheia と名づけられた事柄を alētheia という語によって語ることを基礎としているが、自己を覆蔵しつつ開蔵する alētheia の内実は、名づけられず言われていないことである。むしろ思惟が何かを語るとは、根源的な語を語りつつ、その語の言われることのない内実にその語りが基づくということでなければならない、ということであろう。このことをハイデッガーはまた、「本質的に思惟するとは、この言われていないことを、言われたことを考え抜くことによって聴き取り、言われていないことのうちで私たちに対して沈黙していることと了解し合う（Einvernehmen）に至ることである」（GA55, 180）とも表現している。

（10）ペゲラーはハイデッガーの思惟における宗教の問題に言及して、「ハイデッガーはラテン語によるものをすべて排除して、宗教（Religion）という言葉を拒否する。そしてさらに宗教を一面的に儀礼や芸術との関係からのみ考察し、道徳的なものからは見ていない。この点をさておくとすれば、『ハイデッガーはヘルダーリンから、世界の宗教的次元を明らかにすることを試みた』と言ってよいであろう」という重要な指摘をおこなっている。Pöggeler, Otto: 〝Zeit und Sein bei Heidegger〟. in: *Heidegger in seiner Zeit*. S. 57.

第五章　言語への問い

ハイデッガーの思惟の道において、「言語への問い」は決定的な意味を持つ。ハイデッガーがその道の途上で問いを向けたさまざまな事柄のなかで、「言語への問い」と結びつかないものはない。宗教における言葉は、人間の言語でありながら人間を超える次元と関わるものであり、このような言語の可能性として私たちは前章で、ハイデッガーがヘルダーリンの詩のなかに見いだした「詩作の言葉」を考察したのであった。ハイデッガーはその後期の思惟において、言語そのものを徹底して問題にすることから人間存在の根源的言語性、人間と世界との関わりの根源的言語性を思索し抜き、この思索を通して人間の宗教性を深く掘り下げている。私たちは本章で、人間の、そして人間と世界との根源的言語性に対するハイデッガーの思索を通じて、私たちにとってのテーマである「宗教と言語」の問題へと迫っていきたい。そこでまず、ハイデッガーも問題としたW・v・フンボルトの言語思想をまず考察し、その連関においてハイデッガーの言語思索をともに考えていきたい。そのさい私たちの考察は『言語への途上』という晩年の論文集に、とりわけこの論文集の最終論文「言語への道」に集中して向けられる。私たちはこの論文がフンボルトへの言及から始められていることに注目したいと思う。

一　人間と言語

1．人間存在の言語性

言語が人間存在の本質に根ざし、人間存在が言語的に性格づけられたものであるということは、「人間はただ言語によってのみ人間である」（IV. 15）（1）、「言語は人間性の深みから湧き出る」（VII. 16）（2）といったW・v・フンボルト（Humboldt, Wilhelm von, 1767-1835）の発言を待たずとも疑う余地のない事柄である。人間のおこないは、それが一見言語を媒介としない活動であっても、真に言語と何ら関わりを持たないものがあるだろうかと問われたならば、私たちは躊躇せざるをえない。「人間は話す〔言語を用いる〕」。私たちは目覚めているときにも夢を見ているときにも話す。私たちはつねに話す。いかなる単語を口から発することもなく、ただ聞いたり読んだりしているときにも話しているのであり、さらに聞いたり読んだりすることすらなく仕事に没頭していたり暇をもてあましているときにも、話しているのである。私たちは絶え間なく何らかの仕方で話している。私たちは、話すことが私たちにとって自然であるがゆえに話す」（GA12, 9）というハイデッガーの指摘を、私たちは真摯に受け止めなければならないであろう。人間のおこないは、自覚するとしないとに関わらず、言語と分かち難く結びついているのである。

言語の問題はヨーロッパの哲学において、真理と概念との関わりという観点から長く論じられてきた。生動性をもつ真理と固定化する概念との関係は、古くて新しい問題である。人間の哲学的思惟は厳密に規定された真理を希求し、その厳密な規定性要求を哲学のエレメントである言語に託した。そしてこの要求を担った言語による概念的固定化、さらにこの言語の機能と不可分に結びついた「学問化」によって、ヨーロッパの学問・科学が華々しく発展したことは衆人の認めるところである。しかしこの概念的固定化、それによる学問的吟味を通して「ありのままの生き生きとした真理がその生命を奪われる」という危険に曝されてきたこともまた事実である。哲学史家として名高いH・グロックナー（Glockner, Hermann, 1896-1979）は、真理をその流動性のままに語るヘラクレイトスの素朴さに対して、ヨーロッパ哲学の持つ学問的傾向の始まりとしてのパルメニデスの思索のなかに概念的固定化による真理の硬直化を見て取る。グロックナーはその著『ヨーロッパの哲学』において、「〔概念的固定化・学問的吟味による〕認識の木の実を食べた者は、直観のパラダイスを去らなければならない。しかるにその木は〔直観の〕パラダイスに生育している」（3）と語る。この発言においてグロックナーは、直観をその場とする生き生きとした真理が、その直観から生い立ったはずの認識の木の実によって、概念化―学問化を通した生動性喪失という危機に直面することになったヨーロッパ哲学のジレンマを見つめているのである。

これに対してインドや東アジアにおける哲学思想、いわゆる「東洋」（4）の哲学的思惟においては、「究極の真理は言語によっては捉えられない」という考えが根本にある。仏教の始まりにおける「ブッダの沈黙」、禅仏教における「不立文字」などがその例証として挙げられよう。またよく知られた『老子』の一節「道の道とす可きは常の道に非ず、名の名とす可きは常の名に非ず。名無し、天地の始めには、名有り、万物の母には」では、究極の真理、究極の実在が言語による把握を拒絶するものであること、それにもかかわらず名として言語によって万物が展開することが見事に表現されている。すなわち「人間の言葉では名づけようのない混沌としたエトヴァス」、一切万物がそこから生まれ、一切万物がそこへと帰り行く「究極根源の実在」が「道」という言葉で名づけられるとき、それはもはや究極的な「玄の又た玄」ではなくなり、形をもち名をもつ、差別と対立によって特徴づけられる現象世界のものとなってしまう。つまり絶対的な真理としての「道」はまさに「無名」なのであって、真理が言語でもって言い表された途端に、それはもはや絶対の真理ではなくなってしまうと言われているのである（5）。

このように世界の言語文化の歩みにおいて、とりわけ宗教的真理と言語との関わりが問題となる場合、究極の真理が言語による把握を拒むものであることはおおむね認められつつも、あえて言語による把握にこだわりその把握の「正る方向とに大きく分かれると言えるであろう。もちろんこの二つの方向のあいだには、さまざまなヴァリエーションが存在する。すなわち真理と言語の問題、総じて言語、言葉に対する人間の取り組みはけっして一様ではない。さらに「異文化間における相互理解の可能性」としての言語の問題は、英語という言語が世界の共通語として機能し、コンピューターネットワークという言語記号の伝達網が世界を覆う現在において単純化と同時に複雑化してきてもいる(6)。二〇世紀後半、哲学において「言語論的転回」が叫ばれ、哲学的営みが「言語」に集中した感があった。そして言語そのものへと向けられた多くの議論は、それが構造主義に拠るものであれ、分析哲学の立場に立つものであれ、それらの議論はハイデッガーの言語論と無縁になされることはなかったと言っても過言ではない。ハイデッガーにとっての根本問題は「存在」であるが、この存在の問題が言語への問いに結びつき、とりわけ彼の後期の思惟においては「言語」こそが思惟の核心となった。私たちはハイデッガーの言語に対する問いを詳しく考察することになるが、その前にハイデッガーもその言語論において強く意識したW・v・フンボルトの言語思想を概観しておきたい。

2．言語に対するフンボルトの思惟

ヴィルヘルム・フォン・フンボルト、一八世紀末から一九世紀にかけて活躍したドイツ精神史上特筆すべきこの人物を一つの称号で言い尽くすことはできない。フンボルトには、言語学者・政治家・教育思想家・歴史理論家・哲学者といった肩書きが付きまとう。言語学者としては、レオ・ヴァイスゲルバー（Weisgerber, Leo, 1899-1985）などといった人たちにその仕事が引き継がれ、近代言語学の創始者の一人として独自の位置を占めている。また政治家としては、プロイセン全権大使としてのウィーン会議における活躍が、彼の偉大さを如実に物語っている。さらに教育思想家としては、たんに「人間の育成（Bildung）」という理論を展開したのみならず、ベルリン大学創設という実践面でも多大な寄与をおこなった。また彼の歴史理論は偉大な歴史学者ランケ（Ranke, Leopold von, 1795-1886）へと引き継がれている。そして最後に挙げた哲学者であるが、フンボルトの出発点にカント哲学への傾倒があるとはいえ、彼を哲学者と呼ぶことには抵抗があるかもしれない。しかし彼の学問研究、実践的活動の原点に、つねに「究極的なもの」を見つめるまなざしがあることは疑いを容れない。この意味でフンボルトは言語哲学者、政治哲学者、教育哲学者、歴史哲学者とでも呼ばれるべきであろう。このようにルネサンス人とでも名づけるべき豊かな教養に裏打ちされた言語への関心のゆえに、彼の言語研究は、ディルタイ、ハイデッガー、ガーダマーと続く哲学としての解釈学の議論に深い影響を与えることになったと考えられる。

このように多方面にわたる優れた業績は、フンボルトの活動がその根底において崇高な理念に支えられたものであったがゆえに可能になったと言える。彼はある手紙のなかでつぎのように述べている。「私はこの上なく豊かだ、というのは私が獲得するもので実り豊かでないようなものはこの世に存在しないから。しかし同時に非常に貧しい、というのは到達することができないものに対する憧れがいつも私を満たしているから。私は一度も宗教者であったことはない、しかし敬虔な信者とまったく変わらない。というのは私はけっして所有したり把握したりすることができない無限なるものにつねに引き付けられているから、そして心から好んで根本において永遠に一つの理念において生きているから」(7)。フンボルトは、「到達することができないもの」、「けっして所有したり把握したりすることができない無限なるもの」に憧れつつ、つねにより高いものをめざして倦まず弛まず前進し続けた。フンボルトが追求した理念、それをE・シュプランガー(Spranger, Eduard, 1882-1963)は「人間尊重の理念(Humanitätsidee)」(8)と表現するが、「無限なるもの」へとひたすら向上する人間、「育成」され「完成」をめざす人間の崇高なあり方こそが、フンボルトにとっての理念であり理想であった。このような理想を彼は古代ギリシアのうちに見いだす。そもそも彼の考える人間の「育成・完成」は古代ギリシアに範を求めるものである。そしてそれは彼の学問研究、とりわけ言語研究が、ゲッティンゲン大学古典学教授ハイネ(Heyne, Christian Gottlob, 1729-1812)のもとでのギリシア古典研究に始まったことと深く関係している。フンボルトは言語を「人間性の深みから湧き出てくるもの」(VII, 16)、そして言語研究を「人間性の最後の深みへと導くもの」（III, 296）と捉え、この「人間性の深み」に関わる言語としてとくに「詩」に注目する。詩は宗教と強く結びつくものであり、詩こそが、「もっとも崇高なものおよびもっとも精神的なものを人間本性と同化」（VII, 657）しようとするものだとフンボルトは見なすのであるが、このような真の意味での詩を彼は古代ギリシアに見いだしているのである。

ところでこのような「人間性の深み」と結びついた「言語」に対する強い関心の由来を、彼の学問的関心だけからは説明することはできない。泉井久之助（1905-1983）によると、フンボルトが言語の研究と考察に大きい重要性を覚えたのは、人間性の研究、とりわけ人間性の育成・完成という観点から自己省察をおこなうさい、自己の鏡として「人」や「町」、「国民」を立ち入って理解するためには「言語こそもっとも重要な鍵」だと感じたからである（9）。ここで「人を見、町を見、国民性を見る」という仕方でなされた彼の研究方法は、外交官、政治家としての彼の活動と深く関わっている。すなわちフンボルトは、外交官、政治家としていくつもの言語を国際政治の場で使いこなすことを要求されたのであり、この実践を通して人間本性と言語との深い結びつきへと洞察を深めていったと思われる。さらに実践の場では必要とされない多くの言語への精通は、人間本性と言語との結びつきに関する彼の思考をより豊かなものにしたのみならず、言語の「比較研究」という彼独自の方法の確立にも結びついた。彼は若い頃より、ギリシア語、ラテン語の古典に親しんでいたし、弟アレクサンダー（Humboldt, Alexander von, 1769-1859）からはアメリカ大陸の諸言語についての情報を得ることができた。さらに晩年にはサンスクリット語、カヴィ語といったアジアの諸言語の研究にまで進んで行った。驚くべきことに彼は日本語についてさえ、かなりの知識を持っていたのである。そしてこれらの言語とその言語を用いる民族の性格を比較検討しつつ、フンボルトは民族の特性はその言語にもっとも明確に現れていると確信するようになった。彼は「民族」と「言語」との深い結びつきに関して、「言語はいわば民族の精神の外的現象であり、民族の言語は民族の精神であり、民族の精神は民族の言語である。この両者はいくら同一視してもしすぎることはない」（VII, 42）と述べる。ここでフンボルトは、言語を民族の精神が外に現れたものと捉え、民族の精神と同一視すべきだと考える。この精神が「民族の精神」とされるのは、民族意識の高揚という当時の時代状況も反映しているのであろう。もっともフンボルトにとって「精神」あるいは「精神の力」は彼の言語論の鍵語となるものであるが、この語は本来ドイツ観念論の哲学の核心となる根本語であり、フンボルトの言語論の根底には当時のロマン派の思想や観念論の哲学が存していた。フンボルトは、言語と民族の精神との結びつきを強調しつつも、言語は「民族固有の作品」あるいは「民族の創造物」ではないとし、「言語は、人間の活動性の産物ではなく、精神がやむなく流出したもの（eine unwillkührliche Emanation）である」（VII. 17）と言う。ここでフンボルトは、新プラトン派哲学の根本語「流出」を使って、言語は人間の活動によって創り出されたものではなく、人間性の深みから湧き出たものであるとし、言語と民族の精神との結びつきの究明しがたい奥深さにも思いを致している。彼の言語論の根本テーゼ「あらゆる言語にはそれ特有の世界観が存している」（VII. 60）、あるいは「人間はただ言語によってのみ人間である」（IV. 15）はこのような仕方で出されてきたものである。

ところでフンボルトはこのような言語の働きを、「媒介」（Vermitteln）という概念で表している。まず人間と世界を媒介するものとしての言語に関しては、「主観的な活動は思考において客観を形成する。というのはいかなる種類の表象もすでに目の前にある対象をたんに受動的に眺めたものであるとは見なせないからである。諸感官の活動は精神の内的活動と総合的に結びつかなければならず、そして表象はこのような結びつきからみずからを解放し、主観的な力に対抗して客観になり、そして客観として新たに認取されて主観へと還帰する。しかしこのような動きのためには言語が不可欠である」（VII. 55）と述べ、言語を「世界と人間との関わりを可能にするもの」と捉えている。すなわち主観において「諸感官の活動」と「精神の内的活動」との結びつきによって外的世界の表象が形成されるが、この表象は「客観」として認取されて再び主観のうちに取り込まれる。このような認識成立の過程において、外的世界の表象は「精神の内的活動」による言語化を被っており、この言語化された客観が主観内に取り込まれて認識が成立することになる。このように人間と世界との関わりは、精神の内的活動によって、言語活動を通して可能になるとされる。

つぎに人間と人間とを媒介するものとしての言語に関しては、フンボルトは人間の相互理解の可能性としての「対話」を考えているのみならず、「自己理解」を可能ならしめるものとしての「対話」にも注目している。フンボルトは言う、「人間が自己自身を理解するのはただ、彼が自分の語った言葉が理解されうるものだということを他人において確認した場合にのみである」（VII. 55）。こうしてフンボルトは、世界と人間との関わり、また人間と人間との関わり、さらに自己理解さえも「言語」によって成り立つと考えているのである。

以上のことからフンボルトが考える言語は、人間性の深みに由来し人間性の深みそのものであって、総じて人間と世界との関わりを可能にするものであると言える。このフンボルトの言語思想には、「人間存在の根源的言語性」、「人間と世界との関わりの根源的言語性」に対する透徹した洞察が見て取れる。しかしフンボルトの言語論のなかには、このような洞察に留まらず、言語の注目すべきあり方を示す言説も見いだされる。フンボルトは「思想と言葉との相互依存ということから、もろもろの言語は本来、すでに認識された真理を描写する手段ではなく、はるかにそれ以上であって、これまで認識されなかった真理を発見する手段である、ということが明確になってくる」（IV. 27）と述べる。ここで言語が本来「すでに認識された真理を描写する手段」ではなく、「これまで認識されなかった真理を発見する手段である」と言われるとき、言語が何らかの言語以外の仕方で認取された真理をただ表現するだけの手段であるということが否定され、そもそも真理は言語を通じて言語とともに認取されるものだということが意味されている。そして二つの言説のあいだに挿入されている「はるかにそれ以上」という一句を重く受け止めるとき、「言語がこれまで認識されなかった真理を発見する」とはたんに言語による真理認識ということにとどまらず、言語が真理を「創り出す」といったことまで意味するのではないかという期待を抱かせる。もっともこの「真理を発見する」という表現は、やはりフンボルトにとってもかなりラディカルで誤解を招くものとの自覚があったようで、アカデミー版に付された脚注で、「発見する」という語の後にダッシュが引かれ、「言語の影響は、人間が思考し、感じ、決定し、成し遂げるあらゆることに広がっているのであって」と付け加えられている。さらにこの「真理を発見する」と述べたのに続いて「諸言語の差異性は、音や記号の差異性ではなく、世界観そのものの差異性である」（IV. 27）と言われていることからも、フンボルトは「言語が真理を発見する」というラディカルな表現によって、言語は人間が世界と関わるさいの根本的なものの見方だというみずからの主張を再確認していることは間違いないとしても、はたしてそれだけであろうか。すなわちここで言われている「真理」とは、「対象と認識との一致」といったことではなく、ハイデッガーが言うような「存在の真理」といった意味で理解すべきものであるとすれば、フンボルトは多少の「ためらい」を感じつつも、言語が人間の思考を形成していくのみならず、言語自身が能動的に真理を語り真理を「創造する」とでもいうべき言語の特性に気づき、この特性をなんとかして表現しようとしていたのではないかと推測することが可能なのではないだろうか(10)。そしてこの推測が成り立つ根拠として、言語によって創られる「一つの真なる世界」というフンボルトの思想を提出することができるのではないだろうか。彼はつぎのように言う。

> 言語はたんに相互理解のために交換される道具であるばかりでなく、精神が自己の力の内的活動を通して精神自身と対象との中間に定立しなければならない一つの真なる世界でもある、という感情が心のなかに真に目覚めるとき、言語は正しい道を歩んでいるのであって、言語のなかにますます多くのものが見出され、盛り込まれるのである。（VII. 176）

ここでフンボルトは、言語が「相互理解のための道具」であることを認めつつも、言語の本質をむしろ、「精神が自身と対象との中間に定立する一つの真なる世界」であることのうちに見ている。この精神によって定立された世界は、精神自身と対象との「中間」に位置するもの、すなわち主観からも客観からも独立したものでありうること、さらにそれが一つの「真なる」世界であることに注目されなければならない。このような独自の真なる言語世界(11)――言語によって創り出される世界――の存在が見て取られることによって、「人間と世界との関わりの根源的言語性」という思想から一歩進めて、言語によって創り出される世界こそ「真」と名づけるべき独自の領域であるという洞察がなされたと見なすことが可能になる。そしてこの洞察は現代から見て、とりわけ言語哲学、解釈学の議論に直接つながる射程を持つものであると考えられる(12)。

もっともこの「一つの真なる世界」に関して、精神が自己の内的活動を通して「定立する」(setzen)という表現がなされていることは、この発言が、近世主観性の哲学の枠組みにおいてなされたものであると見なすこともできるであろう。そしてハイデッガーもこの引用部分をみずからの論文のなかで扱い、この点を批判する。そこで私たちも、フンボルトの言語論に導かれながら、ハイデッガーの言語論へと歩みを進めたい。

3. フンボルトの言語論からハイデッガーへ

ハイデッガーは『言語への途上』(一九五九年)という晩年の論文集において、みずからの思惟の営みが畢竟、言語の本質を経験しようとするものであったと明言している。そしてこの論文集の最後にくる論文「言語への道」において、詩人の言葉のなかに言語の本質を見いだそうとするハイデッガーとしては異例とも言える高い評価をフンボルトの言語論に与えている。この論文におけるハイデッガーのフンボルトへの言及は、フンボルトの最晩年の著作『人間の言語構造の相違性と人類の精神的発展に及ぼすその影響について』(一八三六年)、いわゆる『カヴィ語研究序説』に限られる。この著作に対してハイデッガーは、「古代ギリシアに始まり多様な道を通って続けられた言語についての考察は、ヴィルヘルム・フォン・フンボルトの言語省察において、そして最後にはジャワ島のカヴィ語についての著作に付けられた大部の序論においてその頂点に達する。〔……〕以後この序論は、賛成されるにせよ反対されるにせよ、評価されるにせよ無視されるにせよ、今日に至るまでそれに続く言語学と言語哲学の全体を規定している。ここで試みられる連続講演のいずれの聴者も、驚嘆すべき、〔全体を〕見通すことの困難な、その根本諸概念は明確でなく揺れ動くものの、あらゆる箇所が刺激的なヴィルヘルム・フォン・フンボルトの論考を熟考し心に留めておくべきであろう。このことによって私たち全員に、言語を見抜く共通の視野が開かれるであろう」(GA12. 234/5)と述べる。そしてハイデッガーはこの評価に続いて、フンボルトの著作のなかでよく知られたつぎの三つの箇所を引用して検討する（GA12, 235-237）(13)。

（Ⅰ）言語は、その実際の本質において捉えられると、恒常的にいかなる瞬間においても移ろいゆくものである。文字による言語の保持でさえいつもただ不完全でミイラのような保存であり、そのさい〔その言葉を〕生き生きと口に出して知覚できるものにすることが必要となる。言語そのものは作品（エルゴン）ではなく、活動（エネルゲイア）である。それゆえ言語の真の定義は生成に即したものしかありえない。すなわち言語は、分節音声を思想の表現たりうるものにするための、永遠に繰り返される精神の働きである。この定義は直接に厳密に捉えると、その都度の発話の定義であるが、真にして本質的な意味ではまた、いわばこの発話の全体だけが言語であると見なされることもできる。

（VII, 45/46）

（Ⅱ）言語は、死んだ所産物のごときものではなく、はるかにそれ以上のものであって、むしろ産出活動のようなものと見なされなくてはならない。さらに、対象を表示するという言語の働き、あるいは理解を媒介するという言語の働きを度外視して、今度はより細心の注意を払って、内的精神活動と密接に結びついた言語の根源へ、そして内的精神活動と言語との相互影響へ立ち帰らなければならない。（VII, 44）

（Ⅲ）言語はたんに相互理解のために交換される道具であるばかりでなく、精神が自己の力の内的活動を通して精神自身と対象との中間に定立しなければならない一つの真なる世界でもある、という感情が心のなかに真に目覚めるとき、言語は正しい道を歩んでいるのであって、言語のなかにますます多くのものが見出され、盛り込まれるのである。

（VII, 176）

これらの引用は、フンボルトの言語思想を理解するうえで鍵となる箇所からのものであり、この意味でもハイデッガーのフンボルト理解は妥当性を欠くものではない。まず（Ⅰ）に関してハイデッガーは、言語に本質的なものを「発話」のうちに見いだし、言語の本質を「文節音声を思想の表現たりうるものにする精神の働き」のうちに見て取るというフンボルトの基本姿勢を確認する。しかしこの「精神の働き」とは言語活動に限定されるものではなく、そのため精神の働きと捉えられた言語活動はそれ固有のものから経験されているとは言えないとハイデッガーは見なす。すなわちハイデッガーは、言語を精神から捉えるという仕方では、彼がめざす「言語を言語から経験する」ことにはならないと判断するのである。ところが（Ⅱ）では、この却下されたかに見えた「精神の働き」をふたたび取り上げ、言語の根源と結びつくものとフンボルトが見なす「内的精神活動」に、そして内的精神活動と言語との相互影響に注目する。この内的精神活動はフンボルトによって「内的言語形式」と言い換えられるが、このフンボルト言語学にとっての重要語「内的言語形式」に近づく方途として、ハイデッガーによって「思想の表現としての発話は、私たちがそれを内的な精神活動から熟考するとき、何か？」が問われ、この問いに対する解答の可能性として（Ⅲ）が出されることになるのである。

このような論考のプロセスから、私たちが先に取り上げた（Ⅲ）の引用はハイデッガーもフンボルト言語論における重要な言説としていることが確認できる。しかしながらハイデッガーは、このフンボルトの論述のなかに見られる「精神が自己の力の内的活動を通して〔……〕定立しなければならない」という表現において、近世の観念論で精神の働きが「定立」という用語で捉えられている点に注目する。定立という精神の働きは、主観―客観という図式において主観である精神が客観との結合をめざす活動であり、そのような活動によって精神は「世界」を創り出すことになるとハイデッガーは理解する。そしてこのような理解から彼にとってフンボルトの言語論は「人間の歴史的―精神的発展の全体をその総体性において、同時に個別性において歴史的に叙述する営み」となる。したがってハイデッガーによるとフンボルトの言語論は人間へと向けられたもので、言語を言語として経験しようとするものではなく、言語を「言語を通して人間の主観性のうちで創り上げられた世界観の一つの様式であり形式」であると捉え、「言語を通って他のこと、すなわち人類の精神的発展を究明し叙述すること」へと導くものだ、という評価になるのである（vgl. GA12, 235-38）。

ハイデッガーのフンボルト理解は正確さを欠くものではない。彼が言うように、フンボルトの『カヴィ語研究序説』は全体として論のまとまりを欠くものであり、そこに登場する基本的な概念に動揺が見られることも事実である。しかしながらフンボルトの言語研究がめざしたものが、ハイデッガーが言うような「言語を通って他のこと、すなわち人類の精神的発展を究明し叙述すること」であると言えるかどうかは疑問として残る。私たちがこれまでに考察したように、フンボルト言語論の基本となる「人間存在の根源的言語性」、「人間と世界との関わりの根源的言語性」、「言語によって創り出される真なる世界」といった思想は、言語を人間の精神活動の一つとするだけに止まらず、人間存在と世界を根源的に規定するものとして、この意味でまさに「言語を言語として」究明しようとするものではないのか、という反論をハイデッガーに向けることもできるのではないだろうか。これについては、ハイデッガー自身の言語究明を考察した後に、もう一度問うてみたい。私たちは次節でハイデッガーによる言語の本質究明を詳しく見ていくことになるが、その前に、ハイデッガーがフンボルトの言語論に対して、「言語が言語として現成する仕方、すなわち言語が言語であり続ける仕方、換言すると、言語をそれ自身の固有なものへもたらすもののなかで言語が纏められている仕方、このような仕方としての言語の〈真の〉あり方をすでに示し終わっているわけではない」（GA12, 238）との評価を示し、このフンボルト言語論の不徹底さを克服しようとしてみずからの思惟を展開していることを確認しておきたい。

二　ハイデッガーにおける言語への問い

ここで私たちは、フンボルトの言語論に触発される形で始まる「言語への道」におけるハイデッガーの思惟を詳細にたどるのであるが、それに先立ちまず、「言語への道」が書かれたハイデッガーの後期の思惟を概観しておきたい。

1．後期の思惟

私たちは前章において、一九三〇年代および四〇年代前半のハイデッガーの思惟を、古代ギリシアの元初的思惟とヘルダーリンの詩作との関わりに焦点を当てて追求した。この時期の、「思惟と詩作」を思索の事柄とするハイデッガーの思惟は、詩作の言葉のなかにみずからの思惟の可能性を模索する「中期の思惟」として扱うことができるであろう。それに対して中期の思惟の努力を受けて、一人の思惟する者として詩作し、一人の詩作する者として思惟しつつ、詩作の言葉も用いてヨーロッパの哲学や現代世界の根本問題の解明を試みる一九四〇年代半ば以降の思惟を、「後期の思惟」と見なしたいと思う（14）。この後期の思惟は、これまでのように大学の講義という形で展開されることは少なく、さまざまな思想家たちとの対話、思索的対決を通して育まれたものである。そしてこの思惟においては、究極的な事柄は「詩作の言葉」によって表現されることになる。

後期の思惟の出発点となる仕事としては、一九四六年の『ヒューマニズムについての書簡』（以下『書簡』と略記）ならびに一九四九年のブレーメンでの連続講演とを挙げるべきであろう（15）。ハイデッガーはドイツの第二次世界大戦敗戦後、フランスの軍事政府やフライブルク大学における浄化委員会に「処分」を委ねられたが、一九四六年の年末に、退官教授（名誉教授）としてではなく、大学での講義や行事参加が許されない元教授の身分での退職と決められた（16）。『書簡』はこうした厳しい状況のなか、一九四六年一一月一〇日付けのジャン・ボーフレの書簡に対する返答として書かれたものである。他方、年末にブレーメンでの連続講演がなされた一九四九年は、五月にドイツ連邦共和国基本法が公布され、九月にはアデナウアー首相が選出されるなどドイツ（西ドイツ）の復興が本格化するなか、ハイデッガーにとっても復権のきざしが見え始めた時期であった。いずれにしてもハイデッガーの後期の思惟は、ドイツ（西ドイツ）が置かれた政治的状況と密接に結びつく形で始まったと言えるだろう。

ところでまず『書簡』であるが、この書はことさら政治的連関で読まれるべきものではなく（17）、ハイデッガーの思惟行路における新たな出発への決意を込めて書かれたものと理解すべきであろう。ここでハイデッガーは、『存在と時間』の主要な思想に反省を加え、鍵となる用語の再検討をおこなう。例えば「世界―内―存在」という現存在の根本規定に対し『書簡』では、まず「世界」を「存在の開性」、「存在の明け開け」と捉えたのちに、人間は自己の被投的な本質に基づいて存在そのものによって存在の開けのうちへと投げられており、そのような仕方で人間が「脱―存する者（der Ek-sistierende）」として存在の開けのうちに立つという事態であると規定している（vgl. GA9. 350）。『存在と時間』において人間的現存在の開示性が「被投的企投」というあり方を持つとされ、この「投」の主体は解明できないと考えられていたのに対し、ここでは明確に「投げる者は存在そのもの」とされている（vgl. GA9. 337）。ここからも見て取れるように、『書簡』では、『存在と時間』の時期には語られることがなかった「存在そのもの」が語り出されることになるが、それに伴って「存在そのもの」を言い表す可能性が「形而上学の言葉」ではないこともはっきりと意識されることとなった（vgl. GA9. 328）。もちろん、「形而上学の言葉ではない」ということが単純に詩作の言葉を意味することにはならないのであるが。

さらに一九四九年から翌年にかけて「あるもののうちへの観入」という大きな題でなされた連続講演では、「物」、「聚―立」、「危険」、「転回」というテーマに分節して論究が展開された。この連続講演でハイデッガーは、彼の時代の技術の本質を「聚―立（Ge-stell）」という独自の造語を用いて解明する一方、世界の本来のあり方を、大地と天空、神的な者たちと死すべき者たちという四者による「方域（das Geviert）」、あるいは四者の「映し出す―働き（das Spiegel-Spiel）」という詩的表象によって表現する。「聚―立」とは「立てること（stellen）の聚《あつ》まり」という意味で、物を「物」として護るのではなく、物を「用に―立てる（be-stellen）」、「駆り―立てる（nach-stellen）」といった仕方で私たちの都合のよいように利用し、さらにこの利用しているということ自体を隠蔽し「塞ぎ立てる（ver-stellen）」といった私たちの物に対する態度を表現している。このように物が「物」として護られないという事態は、四方域という世界の本来のあり方が拒絶されていることである。そしてハイデッガーの時代を超えてまさに現代の技術もまた、このような「聚―立」という性格を脱していないと言える。すなわち現代の技術は「聚―立」として、物が「物」として護られず世界の本来のあり方が拒絶されているという意味で「危険」であると言える。そしてこの現代技術の危険という性格は、まさに存在の、より正確に言うと「原存在（Seyn）」の危険性格に由来するとされる。ハイデッガーは、「原存在は、自身において、みずから、それだけで端的に危険そのものである。それ固有の本質を、その本質の忘却を駆り立てることとして、原存在は原存在として危険である」（GA79, 54）と言う。すなわち「聚―立」とは、ただ技術の本質をこのように表現したというだけのことではなく、現代を技術の時代、物が「物」として護られない時代にしているのはまさに「存在」そのものに「聚―立」というあり方の根元があるからだ、と暴くものである。さらにハイデッガーは、この原存在そのものの性格は古代ギリシアにおけるPhysisとThesisとの元初的関わりに、すなわち「原存在の歴運（Seynsgeschick）の始まりにおけるPhysisの本質のうちに覆蔵された『Thesis』」（GA79, 66）に由来すると考える。この「自然」を意味するPhysisと「人間によって立てること」を意味するThesisに関して、「存在」は古代ギリシアにおいてPhysisとして、「それ自身からみずからを明け開けたち現れること、たち現れつつ現前するものを覆蔵性から非覆蔵性へともたらすこと」（GA79, 64）として経験されたが、この覆蔵性から非覆蔵性へと「こちらに―もたらす（Her-vor-bringen）」、「こちらに―立てる」（Her-stellen）というところに「立てる＝Thesis」という性格をハイデッガーは見て取る。そしてこのPhysisとThesisと関わりは近世になって、例えばカントの「絶対的定立」という用語においてはじめて言語化されたというのが彼の洞察である。この考えにはハイデッガーの後期の思惟を特徴づける「存在史的思惟」がはっきりと見て取れるのである（18）。

このように世界のあり方をどこまでも存在の根本動向から明らかにしようとするハイデッガーの後期の思惟――もちろんハイデッガーにとっては、「存在がみずからの本質を得るのは世界が世界することからである」（GA79, 49）と言うように、存在と世界との相依共属こそが肝要なのであるが――において、言葉にとっても語ることにとっても、「存在」との関わり、むしろ存在の「語りかけ〔要求〕（Anspruch）」こそが決定的な意味を持つことになる。ハイデッガーはつぎのように言う。

〔存在に関して思惟する者によって〕言われたことは、思惟する者を通して語る語りかけ〔要求〕――原存在そのものはこのような語りかけ〔要求〕として本質現成するのであるが――の反響であり、その語りかけ〔要求〕のうちで〈それ〉〔原存在〕はみずからを言葉へともたらす。（GA79, 66）

この事態こそが後期ハイデッガーの言語論の基調となる。そこで私たちは後期ハイデッガーの言語論にとって重要な意味を持つ論文集『言語への途上』、とりわけそのなかの「言語への道」の解釈へと歩みを進めていきたい。

2．言語そのものの語り――「言語への道」第一、二節におけるハイデッガーの言語論

『言語への途上』は一九五〇年代に書かれた六本の論文を集めたものである。その第六論文である「言語への道」は一九五九年一月になされた講演の原稿に基づく。この論考は先に示されたようにフンボルト言語論への言及から始まっているが、その言語論に触れるに先立ってハイデッガーは、二人の思想家の著作から短い引用をなし、そこから重要な示唆を引き出す。まずノヴァーリスの「まさに言語の固有性は、言語がただみずからにのみ心を遣うということであるが、このことを知る人はいない」という発言が引かれ、言語は伝達手段であるよりもむしろみずからに対してこそ関心を向けているという言語の固有性に注目がなされ、この言語の「独白」とも言うべき固有性に即した言語への接近方法が問われることになる（vgl. GA12, 229）。つぎにアリストテレスの『命題論（解釈について）』の冒頭部分が引かれるが、ハイデッガーは sēmeia（徴し）、symbola（象徴）、homoiōmata（類似物）といったこの論考の鍵概念に注目し、これらの概念が「示すこと」、「現しめること」を意味すると指摘する。ところでこの示す、現しめるという

ことは、alētheia が lēthē を含むように、ものごとを明らかにすると同時に覆い隠しもするのであるが、ギリシア精神の高揚期からヘレニズム期へと移行するにともない、このような二面を含意するはずであった「示すこと」が、たんに表示するだけの「記号」へと変化し、さらにこの記号が支配的になったとハイデッガーは主張する。この主張によって、「示すこと」という言語の真の意義が古代ギリシアにおける精神的高揚の終焉とともに忘れられていった、という見方が提示されているのである（vgl. GA12, 232-234）。

さてこのような重要な指摘、それに続くフンボルト言語論への言及、さらにその言語論が「言語の〔真の〕あり方をすでに示し終わっているわけではない」という評価を受けて、ハイデッガーは独自の言語論を展開することになる。そこでまずハイデッガーは、「言語を言語として熟慮する」仕方として、「言語を言語として経験する」ことを要求する。「言語を言語として」経験するとは、「言語を言語として言語へともたらす」という定式でも言い表される事柄であるが、言語を言語として経験するためには、言語を、「さしあたっては私たちの言語である」、「さしあたっては私たちが語る」というさしあたってのあり方においてではなく、言語をその本来のあり方において、すなわち言語そのものが私たちに語りかけ要求するその要求に従って、つまり「言語そのものが語るということ」において言語を経験することが必要だとされる。ここにおいて「言語そのものの語り」が肝要な事柄となる。

ところでハイデッガーは、同じ著作の他の論考で、「言語に関して一つの経験をする」というフレーズを取り上げている。ここでまず「何かに関して一つの経験をする」とは、「私たちの身の上に何かが起こり、それが私たちに出会われ、私たちに襲いかかり、私たちを転倒させ、私たちをすっかり変えてしまうこと」だとし、「言語に関して一つの経験をなす」とは、「私たちが言語の語りかけ〔要求〕に耳を傾けそれに順応することによって、その語りかけ〔要求〕に私たちをことさらに関わらせること」（GA12, 149）だと述べる。すなわち「何かに関して経験をなす」ということにおいて、主体はつねに「何か」の方であり、「私たち」はその「何か」に出会われ、襲いかかられ、転倒させられ、みずからをすっかり変えられてしまうことになる。といってもこの場合、私たちは完全に受け身だというわけではなく、私たちは自我の発動を抑制し、この「何か」にみずからを順応させるというたいへんな「修行」を強いられることになる。したがって「言語に関して経験をする」ということについても、あくまでもその経験は言語の働きによって引き起こされるのであり、私たちは「言語の語りかけ〔要求〕」に対して、私たちの方から耳を傾け、順応し、みずからを関わらせることになる。このように、「言語を〔言語として〕経験する」と言うとき、もちろん「言語そのものの語り」が肝要な事柄なのであるが、この語りを私たちが「聴きうる」ということがあってはじめて「言語に関して経験をする」ということが可能になるのであり、ここで言語の語りかけに応じる私たちのあり方こそが問われることになる。もちろん私たちが言語の語りかけに応じるあり方は、「聴く」ということである。

ところでハイデッガーは、「聴く（hören）」ということに関して、「私たちが言を聴くのは、私たちが言のうちにいるべき（gehören）だからである」という注目すべき発言をする。この一見言葉遊びとも受け取れる表現でハイデッガーが何を言おうとしているのかを明確にするために、この発言がなされた文脈を引用しておきたい。

> 話すことが、言語に聴き入ることとして、みずからをして言を言わしめる〔〈みずからに〉言を言ってもらう〕のであるが、そのときこの「〔言わ〕しめる」、「〔言って〕もらう」ということはただ、私たち固有の本質が言のなかへと放ち入れられているかぎりで生―じるのである。私たちが言を聴くのは、私たちが言のうちにいるべきだからである。ただ言に属している者たちに対してだけ、言は言語に聴き入ることを、そして話すことを授け与える（gewähren）。言のうちでこのような授与が持続する（währen）。この授与が私たちを話す能力〔言語能力〕へと至らしめる。言語を現成させるものは、このように授与する言のうちに存する。（GA12, 244）

ハイデッガーはここで、さしあたって「言（die Sage）」と名づけられた言語の本質と私たちとの相互の関わりに注目している。それによると、私たちが言語を用いて話すということは、「話すことはみずからをして言を言わしめる〔〈みずからに）言を言ってもらう」（das Sprechen läßt sich die Sage sagen）」という仕方でなされるというのである。ここで〝das Sprechen läßt sich die Sage sagen〟という表現において、再帰代名詞〝sich〟を四格と解するか三格とするかで、「話すことはみずからをして言を言わしめる」、「話すことは（みずからに）言を言ってもらう」という二通りの解釈が可能となると思われる。そのうち「話すことはみずからをして言を言わしめる」とは、「話すことはみずから言を言う」のとは異なり、そもそも「話す」とは「言語を言う」ことでもあるので、「言語を言うことは言語を言うことみずからをして言を言わしめる」とでも表現される事態である。この事態はまさに「言語が語る」という事態だと理解できる。そうだとするとこの事態は「話すことは（みずからに）言を言ってもらう」という事態とも重なることになる。すなわちこの場合、いずれの解釈を取るとしても〝das Sprechen läßt sich die Sage sagen〟は「話すということは言語が語る（die Sprache spricht）という仕方でなされる」という内容を、つまり「言語の語り」という事態を表していると理解できる。そしてこのような話すという事態の前提は、私たちが言のなかへと放ち入れられているということだとされる。すなわち私たちが言のなかに放ち入れられ言に属するものとなっているがゆえに、言語活動の根源としての「言」が、言語を聴くこと、言語を話すことを私たちに授け与えるというのである。したがって言語の根源としての「言」とは、そもそも私たちの言語能力の源であり、言語と私たちとの関わりは、あくまでもこの「授与する言」に私たちが入れ込まれているという事実にその始まりが存することになる。

このように私たちが、人間の行為であり、言語を用いて何かを「示す」ことだと理解している「話す」ということは、「言語に聴き入る」ことを前提とし、「話すことはみずからをして言を言わしめる」という事態、「話すことは（みずからに）言を言ってもらう」という事態、すなわち私たちが言の語りを聴くという事態だと理解できる。この事態は、私たちを主語にして、「私たちは私たちをして言語の言を言わしめる〔（私たちに）言語の言を言ってもらう〕（wir lassen uns ihre Sage sagen）」（GA12, 243）とも言い換えられているが、この表現においても同様に、私たちが話すという行為はじつは「私たちが言語の語りを聴く」という事態だと理解される。いずれにしても「話す」ということは、「言語に聴き入ること」、言語の、そして言の語りを傾聴することと一つになっていると考えられるのである。

　繰り返しになるが私たちは、「言語を話すだけでなく、言語から〔言語をもとにして〕話す」（GA12, 243）。私たちは話しつつ、すでに言語の語りに聴き入ってしまっている（19）。すなわち私たちは、言語を用いて話しつつ、言語を話しつつ、この発話は言語の語りを聴くという仕方で、しかも言語によって語られるという仕方でなされているのである。もちろんこの「言語の語り」とは、非常に根源的な事態であり、この言語の語りに耳を傾けつつなされる私たちの発話は、「話すことがみずからをして言を言わしめる〔みずからに言を言ってもらう〕」、「私たちが私たちをして言を言わしめる〔私たちに言を言ってもらう〕」といった表現によってはじめて言語化が可能となるような、「授与する言」にその始まりが存する出来事であると言うことができるであろう。

3．真起と言語――「言語への道」第三節

「言語への道」は序および三つの節に分けられており、私たちはこれまで、そのうちの第二節までを考察してきた。そこでは言語の本質が「言」として解明されたが、第三節ではまず、これまでになされた解明、言語の本質に対する熟慮によって「言語への道」が踏破されたわけではまったくなく、むしろその道の手前にまで行き着いたにすぎないことが確認される。そこで「言語へと至る道」、「話すことへと至る道」ということが問題にされるのであるが、そもそも「道」とは「到達せしめる」の意であって、私たちを話すことへと至らせる言の働きは、まさに「言（語）の道」ということになる。つまり「言語への道」は、「言語そのものにおいて」現成しつつ私たちを話すことへと至らしめるものであり、言語固有のものはこの道のうちに秘蔵されていることになるのであって、言語そのものが「道」という性格を持つことになるのである（vgl. GA12, 245）。

　ところでこの私たちを話すことへと至らせる「道」としての言はまた、存在するもの、現前するものをその存在、現前へと至らせ、現前しないものをその非現前へと到達せしめる「自由なる開け（das Freie der Lichtung）」、すべての

現れを聚め秩序を与える「聚摂（Versammlung）」（GA12, 246）であるとされる。この「自由なる開け」、「聚摂」と名づけられるもっとも根源的な在所、「言という示すことにおいて動かすもの」をハイデッガーは「固有化（Eignen）」あるいは「真起すること（Ereignen）」という語で呼ぶ。ここで後期ハイデッガーの根本語「真起（Ereignis）」は Eignen との関連で登場することになる。ハイデッガーはゲーテ『ファウスト』における使用例を挙げ[20]、「適応する」といった意味で使われる sich eignen と sich zeigen（示される）との意味連関を明らかにしている。すなわち「出来事」、「出来事の生起」を意味する Ereignis, sich ereignen には、「〔隠されていたものが〕現れる〔見えうるようになる〕」という意味が含まれているという指摘がなされている。そしてこの関連で、真起に言及がなされるさいに、Ereignis の由来となる語である Eräugen が出されているのである。

この「真起」という根本語に対する洞察を受けて、真起との関わりにおいて言語の本質究明がなされることになる。すなわち言語の本質としての「言」が「真起することのもっとも固有なあり方」、「そのうちで真起が語るあり方」であり、しかもこの「あり方」とは、「詠じつつ言うこととして、melos であり旋律である」とされるのである。そこで私たちはまず、真起と人間、真起と言語との、まさに言い表しがたい関わりのハイデッガーによる言語化（もちろんこの言説は翻訳不可能であるのだが）を聞いてみよう。

> 真起は人間本質を見て—取ること（Er-äugen）において死すべき者たちを真起せしめるが、それは、言においていたるところから人間に対して覆蔵されたものへ向けてみずからを語るもの、そのようなものへと真起が死すべき者たちを委ねる（vereignen）ことによってである。聴く者としての人間を言へ委ねることの特徴は、その委託は人間本質をそれ固有のものへと解き放つのであるが、それはただ話す者、すなわち言う者としての人間が言に、しかも人間に固有のものから言に応じるためだ、ということである。このことが言葉の音声化ということである。〔……〕死すべき者たちの委託は人間本質を〔用いられるという意味での〕用（Brauch）のうちへと解き放つが、その用から人間は、音声なき言を言語の音声化

へともたらすために用いられる。（GA12, 249）

この引用では、人間本質と言語との根源的な関わりが、Ereignis、Brauch といった後期ハイデッガーの根本語を用いて叙述されている。Ereignis とは、〈sein〉という事柄を形而上学的でない仕方で表す可能性としてハイデッガーが見いだし、慎重に熟慮を重ねて術語化した言葉である。この言葉は動詞 ereignen を名詞化したものであるが、ereignen が表す内実は把握困難なものであり、前綴りだけを替えた vereignen、übereignen、enteignen といった語の援用をうけてかろうじて表現されるといったものであると思われる。したがって vereignen、übereignen、enteignen などの語はそれぞれ別の事柄を表しているのではなく、〈ereignen〉という言葉が言い表そうとする事柄を、それぞれの角度から表現しようと試みる語であると理解される（21）。

そこでこの引用についてであるが、まず第一文では「言においていたるところから人間に対して覆蔵されたものへ向けてみずからを語るもの」へと真起が死すべき者たちを委ねることによって、「真起は人間本質を見て取るということにおいて死すべき者たちを真起せしめる」と言われている。すなわち真起とは、人間本質を見て取るという仕方で、死すべき者としての人間を真に生起せしめるのであるが、それは真起が人間という死すべき者たちを「言においていたるところから人間に対して覆蔵されたものへ向けてみずからを語るもの」へと委譲し委託することを通してなされるというのである。ここで「言においていたるところから人間に対して覆蔵されたものへ向けてみずからを語るものへと委ねること」が以下で「人間を言へ委ねること」と言い換えられていることに注意したい。すなわちハイデッガーにおいてほとんど定義されずに、それにもかかわらず言語の本質を考えるさいに決定的に重要な言葉として使われる「言」に対して、「言においていたるところから人間に対して覆蔵されたものへ向けてみずからを語るもの」という一つの明確な規定が与えられていると理解できる。そこでまず言が「人間に対してみずからを語る」ことを確認したうえで、この語りが「覆蔵されたものへ向けて語る」（傍点筆者）ことに注目したい。すなわち人間にみずからを語る言の語りは、つねに人間を「覆蔵されたもの」に向ける、つねに人間に「覆蔵されたもの」を示すという仕方でなされることになる。しかしながらこのように語るものへと人間を委譲することが真起の出来事であることから、その語りは人間に「覆蔵されたもの」を示しつつも、そのように語るものへと委ねる真起は人間に「非─覆蔵性」としての真理を示すことになるはずである。そもそも覆蔵性と非─覆蔵性との相即として「真理」は、真起と脱真起（Enteignis）との相即としての「真起」という事態に重なり合うのであり、言の語りは言語─真理─人間という連関の根源において捉えられているのである（22）。言の語りのこの根源的な事態は、「人間と言との呼応」と言い表され、この事態のために人間が本来のものへと解き放たれるとされている。ハイデッガーは同書の他の論考のなかで、「言語は静寂の鳴り響き（das Geläut der Stille）として語る」（GA12, 27）と述べているが、この発言と重ね合わせるとき、「覆蔵されたもの」、覆いを被せられた〈秘蔵されたもの〉へと人間のまなざしを向ける言の語りは、静寂の鳴り響きがそこから来る「隠れ」からの、〈秘蔵されたもの〉からの呼びかけであると理解することができる。このような仕方で人間に対して〈秘蔵されたもの〉から〈秘蔵されたもの〉へと呼びかけるこの言語の語りの「秘蔵性」こそが、ハイデッガーが言語の本質として見いだしたものの相貌ではないだろうか（23）。そしてこの「言」に人間を委ねることこそ、「真起」固有の働きだとされているのである。

ところで真起と言との関係は、「真起のうちに存する言は〔……〕真起せしめることのもっとも固有な方法である。〔……〕言はそのうちで真起が語る方法である」（GA12, 255）と規定されているように、言とは真起の語りそのものである。したがって「真起が人間を言に委ねる」とは、真起が人間をみずからの語りに委ねるという事態であると理解される。このとき人間は、言語の語りを音声化するために「用いられる者」となる。したがってこの事態は、「人間は音声なき言を言語の音声化へともたらすために用いられる」と言われていることである。このように人間は、（真起に）用いられる者として、沈黙の語りとしての言を音声化し話す。すなわち「人間が語るのはただ、彼が言語に応答するかぎりでのことである。言語が語る」（GA12, 30）ことになるのである。

このような言語理解は、言語をその根源、元初において把捉しようとするものであり、ここにおいて「真起」が決定的に重要な意味を持つ。この「真起」の意味については、次章でさらに考察がなされるであろう。そしてこの根源的な言語理解に相応しい言語使用こそが、「詩作」ということになるであろう。ハイデッガーにとって、「言は、そのうちで真起が語るあり方」であり、しかもこの「あり方」とは、「melos、すなわち詠じつつ言う旋律である」（GA12, 255）とされるのである。そしてこの melos こそ、詩作として宗教的言語の可能性を与えるものであろうし、言語は宗教的真理を語るために「詩作」へと移り行かなければならないであろう。この「言語の変化」は、私たちと言語との関わりに触れることであり、「真起」によって規定されるものである。こうして私たちは、真起と結びついた言語の最内奥の本質を解明することを通して、宗教へと導かれることになる。

三　結語――フンボルトとハイデッガー

「言語への道」は再びフンボルトからの引用で終わる。この引用は、言語の本質が「言語の変化」に基づくことが示される箇所のものであり、このフンボルトの思想に対しハイデッガーは高い評価を与える。ここでのフンボルトからの引用は、この論考の始めに出されていたものほどには知られた箇所からのものではないが、「内的言語形式」というフンボルト言語論における重要なテーマが論じられる場所からのものである。フンボルトからの引用とはつぎの二箇所である（GA12, 256/7）。

（Ⅳ）既存の音声形式を言語の内的諸目的に応用することは〔……〕言語形成の中間時期においては可能であると考えられる。どのような民族でも、内的に覚醒し外的状況が恵まれれば、その民族に伝わった言語に別の形式を付与することがありうる、そしてその付与が多大なものであるためにその言語がまったく別の新しいものになりうるのであ

る。（VII, 80）

（Ⅴ）言語の音声を変化させることなくいわんや形式や法則を変化させずに、時の経過によって、理念の発展や高まる思考力さらには深まる感受能力を通じて、言語がかつては持っていなかったものがしばしば言語のうちに導入される。そのとき同じ器に別の意味が盛られ、同じ標識に別のものが与えられ、同じ結合法則に従いながら程度の異なる理念の歩みが示される。これこそが民族の持つ文芸の不断の成果であり、文芸のなかでもとりわけ詩作と哲学との不断の成果である。（VII, 93）

まず（Ⅳ）の引用において言語の変化について言及がなされ、その原因として「別の形式」の付与が挙げられているが、ハイデッガーは全集版でこの「別の形式」に注を付け、「「内的言語形式」、言語形成する思考」と記している。内的言語形式とは、ハイデッガーが言うように「言語形成する思考」であり、外的な音声形式に対して内的な精神あるいは精神の働きを意味すると考えられる。この内的な精神の成熟により、外的な音声形式に変化がもたらされると考えられている。さらに（Ⅴ）は「内的言語形式」というタイトルが付された箇所からの引用であるが、内的な豊かさの充実、すなわち「理念の発展」、「高まる思考力」や「深まる感受能力」を通じて、言語がその音声形式を変えることなく別の意味を表すことがあるとされる。そしてこの言語の豊饒化、完成へと導く要因として文芸（Literatur）が、とりわけ詩作（Dichtung）と哲学とが挙げられている。フンボルトによると詩作と哲学とが言語を豊かにし完成させるのは、それらが「最内奥の人間そのもの」（VII, 93）に触れるからなのであり、このような仕方で外的な音声形式と内的な思考（精神）とは「本来、思考が音声に魂を吹き込む（die Seele einhauchen）ものとすれば、他方また音声はその本性に基づいて思考に対して感激を与える原理（ein begeisterndes Prinzip）を与え返す」（VII, 95）という仕方で相互に影響を与え合うことになる。ハイデッガーの「言語への道」はこの引用をもって終結するわけだが、ハイデッガーがこのようなフンボルトの思想を是認したのかどうかは明確ではない。しかしながら本章の始めに出された（Ⅰ）から（Ⅲ）の引用とは異なり、（Ⅳ）と（Ⅴ）の思想に対してハイデッガーには少なくとも否定的なスタンスは見られない。それどころかハイデッガーが（Ⅳ）と（Ⅴ）の引用の直前に、「私たちは、言語の本質へと入り込み〔その本質を見抜く〕ヴィルヘルム・フォン・フンボルトの深く暗いまなざしに、驚嘆の念を禁じ得ない」（GA12, 256）と述べていることからも、ハイデッガーはフンボルトの言う音声と思考との相互影響による言語の発展という思想に対して、「言語を言語として」究明しようとするみずからの行き方にとって承認しうるものと見なしているように思われるのである。

これまでの私たちの考察から、ハイデッガーは「真起の語り」としての「言」のうちに言語の根源を見いだしたと考えられる。言との呼応によって人間がみずから固有のものとなる、このことがハイデッガー言語論を貫く根本思想であると言えるが、このハイデッガーの根本思想はフンボルトの言う「人間存在の根源的言語性」、「人間と世界との関わりの根源的言語性」と無縁のものだろうか。少なくともハイデッガーはそうは見ていないと思われる。むしろハイデッガーが見いだした人間本質と言との呼応、言の語りという言語の根源的事態、この事態の解明によって初めて、フンボルトの言う「人間存在の根源的言語性」、すなわち彼が「言語の本質へと入り込みその本質を見抜く深く暗いまなざし」でもって見ようとしていたものが明らかにされるとは考えられないだろうか。フンボルトからの引用でもって問題を提起し、続いてハイデッガー独自の言語の見方を披瀝し、そしてフンボルトからの引用でもって終わる――「言語への道」におけるこの論考の進め方が、このように考える可能性を示唆しているとは言えないであろうか。

このように考えるとき、フンボルトの言う「人間性の深みから湧き出てくる言語」、「民族の精神としての民族の言語」、総じて「人間存在の根源的言語性」、「人間と世界との関わりの根源的言語性」というフンボルト言語論の根本思想は、真起の語りとしての言と人間との呼応というハイデッガー言語論の根本思想と相即するものと解釈することができるのではないだろうか。すなわち人間みずからの精神の働きとして言語活動の根底に真起の語りとしての言の語り、〈秘蔵されたもの〉から〈秘蔵されたもの〉へと呼びかける言の語りに委ねられ呼応するという根源的事態が認められるからこそ、人間存在そして人間と世界との関わりは根源的に言語によって貫かれているのであり、言語の語りは人間の主観からも対象世界からも独立した一つの真なる世界を形成すると言えるだろう。そしてこのようなフンボルト解釈の可能性を示さんがためにこそ、フンボルトから出発してフンボルトに還るという仕方でハイデッガーは自身の言語論の核心を披瀝したと見なせるのではないだろうか。言語とは〈秘蔵されたもの〉から〈秘蔵されたもの〉へと呼びかける言の語り、言の「独白」でしかない。しかし人間は存在の思惟を通してこの言の語りに耳を傾け言の語りに呼応するという仕方でみずから語るものとなる。しかしこの語りはどこまでも「言に用いられる」という仕方でなされる――このような言語の根源的事態を披瀝するハイデッガーの目には、言語の本質へと入り込みその本質を見抜こうとするフンボルトのまなざしが届いていたのではないだろうか。

注

（1）W・v・フンボルトからの引用は、アカデミー版フンボルト著作集（*Wilhelm von Humboldts Gesammelte Schriften*, herausgegeben von der Königlich Preussischen Akademie der Wissenschaften, Berlin, 1906-1936）に拠り、巻数はローマ数字で、ページ数は算用数字で、本文中の引用に直接付して示した。

（2）アカデミー版フンボルト著作集の第Ⅶ巻には、言語論に関するフンボルトの主著とも言うべき『人間の言語構造の相違性とその人類の精神的発展に及ぼす影響について』（Über dieVerschiedenheit des menschlichen Sprachbaues und ihren Einfluß auf die geistige Entwicklung des Menschengeschlechts）が収録されている。これはフンボルトの最晩年の著作『ジャワ島におけるカヴィ語について』に付された「序説」である。この「序説」はフンボルトの弟アレキサンダー・フォン・フンボルトの監督のもとに、弟子のブッシュマンが遺稿を整理し、一八三六年に出版された。

（3）Glockner, Hermann: *Die europäische Philosophie von den Anfängen bis zur Gegenwart*. Stuttgart. 1980. S. 26.（1. Aufl. 1958）.

（4）東洋の思想は複雑多岐にわたっており、「東洋哲学」という名であたかもそのようなまとまった思想があるかの如く扱うことには慎重でなければならない。井筒俊彦はその著『意識と本質』（岩波書店、一九八三年）に「東洋哲学の共時的構造化のために」というサブタイトルを付している。この書において井筒は東洋哲学の構築をめざしているようにも見えるが、井筒が構想する東洋哲学にはイスラームの思想が大きな役割を果たしていることに注目しなければならない（おそらく井筒はユダヤ思想も東洋哲学として捉えているであろう）。すなわち井筒の言う「東洋哲学」は西洋哲学と対極にあるものではないことに十分注意する必要がある。

（5）ここでは福永光司の解釈に従った。福永光司著『老子』（朝日選書一〇〇九、朝日新聞社、一九九七年）、二九頁以下参照。

（6）G・スタイナーは『バベルの後に』において、異文化間理解の可能性を「翻訳」の問題と捉え、その理論を追求する。亀山健吉訳『バベルの後に』（法政大学出版局、上：一九九九年、下：二〇〇九年）参照。

（7）Brief An Johanna Montherby, den 24. April 1813; in: Rudolf Freese (hrsg.), *Wilhelm von Humboldt: Sein Leben und Wirken, dargestellt in Briefen, Tagebüchern und Dokumenten seiner Zeit*, Darmstadt. 1986, S. 556.

（8）Vgl. Spranger, Eduard: *Wilhelm von Humboldt und die Humanitätsidee*, Berlin. 1909.

（9）泉井久之助著『言語研究とフンボルト』、弘文堂、一九七六年、二八頁参照。

（10）J・トラバントは、フンボルトの思索が言語へと集中していくのは、それが彼の思索の出発点となった哲学的設問の核心――その核心にあるものは「認識の可能性の制約は言語である」という考えである――へと突き進むものだからであり、しかもこの考えのポイントはこの言語がさまざまな言語であることだとし、フンボルトの「思想と言葉との相互依存ということから、もろもろの言語は本来、すでに認識された真理を描写する手段ではなく、はるかにそれ以上であって、これまで認識されなかった真理を発見する手段である、ということが明確になってくる。諸言語の差異性は、音や記号の差異性ではなく、世界観そのものの差異性である」（IV・27）という発言を引用している。Jürgen Trabant: *Traditionen Humboldts*, Frankfurt a. M., 1990, S. 47.

（11）ところでここで言われる「真なる世界」とは、あるいは物語の世界であり、あるいはまた神話の世界であると考えられる。W・F・オットーは『テオファニア』（Theophania）のなかで、フンボルトの師ハイネの「人間の精神が世界の現実の力強い形態に接して生じた驚きは、ただ比喩によってしか表現できなかったのであるが、これこそが人間の精神の原言語（Ursprache）なのである」という考えを紹介し、この「原言語」という考えによって、「初めて神話的表象が真理だと認められた」と述べている（Otto, Walter F. *Theophania*. Frankfurt a. M. 1979. 1. Aufl. 1975. S. 6）。このオットーの考えからも、神話の世界を「真なる世界」と理解することは十分正当なものであることが窺われる。さらに私たちが客観的であると信じる科学的世界観も言語によって創られた世界である、ということをL・ヴァイスゲルバーは「内的言語形式の問題とドイツ語に対するその意義について」のなかで示している。（福本喜之助・寺川央編訳『現代ドイツ意味論の源流』、大修館、一九七五年、八六頁参照）

（12）フンボルトの言語論と解釈学との関わりに関しては、拙論「W・v・フンボルトの言語論と解釈学」（『宗教哲学研究』第一二号、一九九五年、京都宗教哲学会編）において考察をおこなった。

（13）ハイデッガーのフンボルトからの引用はヴァスムート版に拠っている。ここではヴァスムート版から引用した（傍点を付した部分のイタリックはアカデミー版ではなされていない）。ただし巻数とページ数はアカデミー版のものである。

（14）O・ペゲラーは一九四〇年代の始めにハイデッガーの思惟の転換点を見ている。ペゲラーはその転換を「目くばせ」から「痕跡」へと特徴づける。ペゲラーによると、神々の言葉を目くばせと見ていたハイデッガーは、神々の離れ去りにおいても私たちはまだ神々の語りを聴くことができたのであるが、アナクシマンドロスやリルケの言葉、さらには老子の翻訳を試みた四〇年代のハイデッガーには、離れ去った神々は大地における痕跡として見いだされるようになるのである。Vgl. Pöggeler, Otto: “Heideggers logische Untersuchungen”, in: *Heidegger in seiner Zeit*. S. 36f.

（15）後期の思惟の出発となる仕事という意味では、ハイデッガーが一九四六年に中国人とともにおこなった『老子』翻訳の試みを無視するわけにはいかないであろう。ペゲラーはさまざまな論考において、このことの重要性を指摘している。Vgl. Pöggeler, Otto: “West-östliches Gespräch: Heidegger und Lao Tse”, in: *Neue Wege mit Heidegger*. Freiburg/ München. 1992.

（16）一九四六年一月一九日にフライブルク大学評議会は、ハイデッガーに対して、「講義の権利を放棄した上での退官、一定期間後にこの件を新たに取り上げることの拒否、今後大学の公式行事への参加自粛をハイデッガーに伝えるよう学長に要請する」という処分を議決したが、軍事政府は最終的に同年の一二月二八日に、ハイデッガーの退官（名誉教授）を認めず、教育活動と大学行事への参加の禁止という厳しい決定を下した。第二次世界大戦後にハイデッガーが置かれた状況に関して、以下の文献を参照した。Vgl. H. Ott. *Martin Heidegger. Unterwegs zu seiner Biographie*, Frankfurt. a. M. /New York. 1988. Walter Biemel und Hans Saner（hrsg.）: *Martin Heidegger/Karl Jaspers Briefwechsel 1920-1963*, Frankfurt. a. M. /München/Zürich, 1990.

（17）『書簡』のなかには、サルトルへの言及があったりボーフレの質問をそのままフランス語で表記したりと確かにフランスの読者を意識したきらいはあるが、このことを取り立てて「ハイデッガーとナチズム」の連関で理解しようとする態度には共感できない。

(18) ハイデッガーは技術の本質究明を言語の問題と連関させて「伝承された言語と技術的な言語」というテーマで一九六二年に講演をおこなっている。この講演でハイデッガーはフンボルトから本書での（Ⅲ）の引用を挙げて言語を論じたり、また技術の問題に関連してサイバネティックスに言及したりと、かなり意欲的な姿勢が見られる。この講演では情報と化した言語＝技術的言語への危惧が貫かれている。「現代技術の無制約な支配とともに高まるのは、最大限可能な情報の拡がりに適応した技術的言語の威力であり――そういった技術的言語の要求であり機能である。この言語は形式化された伝達と記号付与の体系のなかで機能しているので、技術的言語は言語本来のものに対するもっとも厳しくもっとも脅威となる攻撃である。言語本来のものとは、現前するもの、不現前なもの、もっとも広い意味での現実性を示し現出させることとしての言うことである。〔……〕技術的言語の言語本来のものに対する攻撃は同時に人間の本来的本質に対する脅威である」（*S.* 25）と述べられている。ただ技術的言語への危惧という連関ではフンボルト言語論の無力さは否めず、フンボルトに対しては「ヴィルヘルム・フォン・フンボルトによる世界観としての言語解釈はたしかに実り豊かな見識をもたらしはしたが、言語固有のものは何か、言語を語るということそのものは何かを規定しないままにしている。〔……〕ヴィルヘルム・フォン・フンボルトは言語を表現と特徴づけるにとどまっている」（*S.* 23）と評価するにとどめている。Vgl. Martin Heidegger（hrsg. v. Hermann Heidegger）: *Überlieferte Sprache und technische Sprache*, St. Gallen, 1989. 邦訳、「伝承された言語と技術的な言語」（マルティン・ハイデッガー著・関口浩訳『技術への問い』所収、平凡社、二〇一三年）。

(19) ハイデッガーは「言語に関する対話から」という論考において、言語の本質を表示しうる言葉として、die Sage という語を持ち出してきたさい、この語は、「言うこと（das Sagen）」、「そこで言われたこと（sein Gesagtes）」、「言われる―べきこと（das zu-Sagende）」を意味すると述べていた。すなわち私たちは言語を話しつつ、この発話がすでに言われた言語によって規定されている、という事態がここでハイデッガーによって見られているのである。Vgl. *GA12*, 137.

(20) ここでハイデッガーはゲーテの文章から二カ所引用している。まず『ファウスト』からは〝Von Aberglauben früh und spat umgarnt:/ Es eignet sich, es zeigt sich an, es warnt.〟という一節が取り出されている。この一節を大山定一は「明けても暮れても、迷信の糸につきまとわれて、怪しい影が見えたり、兆《きざし》があらわれたり、警告が出たりする」（大山定一訳『ファウスト』、

『ゲーテ全集』第二巻、人文書院、一九六〇年、三四一頁）と訳しているが、ここでハイデッガーは sich eignen の「怪しい〔幽霊のような〕ものが現れる」という古い用法の例を示していると思われる。もっともハイデッガーは引き続いて「一八二八年の新年にカール・アウグスト大公に宛てて」からの引用も提出し、同じゲーテにおいて sich eignen が「適合している（調和している）」という今日の意味でも使われていることを指摘している（vgl. GA12, 247f.）。この sich eignen の「極端に錯綜した意味」に関して『言語への途上』のフランス語への翻訳者フェディエは、「適合したものがどのようにして見えうるようになるかが理解される場合にのみ」『ファウスト』に見られる用法が了解可能になると述べ、ここに示された sich eignen の二つの意味が互いに密接に関連しあったものであることを指摘している（Traduit de l'allemand par Jean Beaufret, Wolfgang Brokmeier et François Fédier: *Martin Heidegger, Acheminement vers la parole*, Gallimard, 1976. p. 247 脚注参照）。

（21）Ereignis と vereignen、enteignen との連関は、一九四九年のブレーメン講演「物」のなかで「大地と天空、神的な者たちと死すべき者たちという四者の方域」という関連で、「自由な開けへと結びつける〔大地と天空、神的な者たちと死すべき者たちとの互いの〕映し出しは、Vereignung という折りたたむような仕方での支えから、四者のいずれも互いに信じて任せあう働きである。四者のいずれも、別々にされた特別な自己にこだわるわけではない。むしろ四者の各々は四者の Vereignung の内部で一つの固有なものへと enteignen されている。この enteignen する Vereignen が四者の映働（das Spiegel-Spiel）である」（GA79, 18）と述べられ、この「四者の映働」が「〔固有性へと〕真起せしめつつ映し出すこと（das ereignende Spiegeln）」と表現されている。ここでは vereignen は任せあいつつ自己のものとすること、enteignen はその自己化を打ち消す働きが意味されていると思われる。

（22）このような根源的な事態に関連して、数年後（一九六二年）におこなわれたゼミナールのプロトコールには、つぎのような記述が見られる。「したがって思惟が真起へと転入することによってはじめて、真起に固有な覆蔵というあり方が到来する。真起はそれ自身において脱真起である。覆蔵という意味を持つ古代ギリシアの lēthē が真起に適った仕方でこの脱真起という語のうちへ受け入れられているのである」（GA14, 50）。

（23）言語に対するこのような理解は、否定神学との関わりを想起させるであろう。茂牧人はハイデッガーの言語論と否定神学との関わりを主題的に論じており、筆者も多くのご教示をいただいた。茂牧人著『ハイデガーと神学』（知泉書館、二〇一一年）、とくに第四章「言語論と痛みとしての否定神学」参照。

第六章　宗教への問い

私たちはこれまで、ハイデッガーの言語への問いがいかに宗教的次元の事柄と関わるものであるかを立ち入って考察してきた。宗教は、言語と深く結びつく形で成立、展開しており、すぐれて言語的現象であると言うことができる。しかしながら宗教の事柄は、「超越」といった次元からの語りかけによって始まり、しかもこの語りは人間の言語を超えたものであるので、宗教は同時に超言語的であるとも言える。したがって宗教における言葉は、人間の言語でありながら人間の言語を超えたものであり、このような言葉の可能性をハイデッガーはヘルダーリンの詩のなかに見いだしていく。前章で考察したようにハイデッガーはとりわけその後期の思惟において、言語の本質、人間と言語との関わりを徹底して思索し抜き、この言語の思索は人間の宗教性への問いへと通じるものである。私たちはこの章で、言語的存在としての人間の本質を、人間の本質としての宗教性を、そして宗教と言語の関わりを考えていきたい。この言語思索の解明を通して、ハイデッガーの宗教への問いを考察してみたい。

一　ハイデッガーにおける宗教への問い

O・ペゲラーは、「ハイデッガーの思惟の道には、その始まり以来、神への問いが存している」(1)と言う。確かにハイデッガーの思惟の道に「神への問い」が深く溶け込んでいることは、疑いを容れないであろう。ハイデッガーの神への問いは、さしあたってはキリスト教の神を問うものでありながら、その問いは宗教の根源への問い、宗教的次元そのものへの問いといった性格のものであり、もはやキリスト教ならざるものにまで至る射程を持つ。したがってハイデッガーの思惟に関するK・レーヴィット（Löwith, Karl, 1897-1973）の「ハイデッガーの哲学的思惟の力は、ある宗教的モチーフと結びついている」（2）という発言は、正鵠を射たものである。この意味で、シュライアーマッハーを「キリスト教的宗教性の一つの新しい形態を告知する者」と評したディルタイに倣い（3）、ハイデッガーを「新しい宗教性の告知者」と呼ぶことも可能であるかもしれない。もっともここで告知される「新しい宗教性」は、どこまでも「問い」のうちに留まるものではあるのだが。

1．ルターからパウロへ、そしてアウグスティヌスへ

ハイデッガーは初期フライブルク時代最後の講義『存在論』の冒頭で、当時のハイデッガーにとってもっとも大きな影響力を持ったアリストテレス、キェルケゴール、フッサールと並んで、「探求における随伴者は若きルターであった」（GA63, 5）と述べ、私たちを驚かせた。この驚きの原因は、この講義録が公刊された一九八八年には、少なくとも初期フライブルク時代のハイデッガーはカトリック思想に親近感を抱いていたであろうと推測されていたからであるが、ハイデッガーのルターへの傾倒を肯定的に捉える師フッサールの書簡（4）、さらにはフライブルク大学の神学寮のなかで神学生ハイデッガーがルターを読み耽っていたというペゲラー報告（5）などから、今日、ハイデッガーのルターへの傾倒は周知の事柄となっている。

ところでハイデッガーのルターへの傾倒の内実を示す資料として私たちは、R・ブルトマンの演習に参加していた一九二四年二月にハイデッガーがおこなった二回の研究発表に関するプロトコールを手にしている（6）。このプロトコールによると、「ルターにおける罪の問題」と題されたこの発表においてハイデッガーはまず、「罪」の問題は宗教的考察の対象という仕方で扱われるべきものではなく、神学の問題として論じられるべきであるとした上で、「さてルターは、まさに罪からという神学的問いの特殊な根本方向を持っていた。したがって私たちの問いは、人間の

神への関係が神学的問題として解明されるとき、罪とは何の謂いか？ということになる」（7）という主旨を述べる。すなわちハイデッガーによると、ルターにおいて神学は「まず罪を問う」という根本的な方向を持っていたのであり、この問いは神の前に置かれた人間のあり方、人間と神との関係への問いとして遂行されるべきものである。ここでは人間の原初におけるあり方（原義）、堕罪、堕罪後の神と人間との関係などが問題となる。そして二回目の発表では、堕罪後も人間と神との自然な関係は失われないというスコラの考えに対し、「ルターはそれに反対し、経験を引き合いに出す。〔経験によると〕人間の本性は腐敗している。人間それ自体の存在そのものは罪である。罪とは信仰の反対以外の何物でもないが、ここで信仰とは、神の前に立っている（立てられている）ことである。したがって罪とは〔……〕人間本来の核心である。ルターにおいて罪は実存概念である」（8）という主旨を述べる。すなわちルターにとって神と人間との関係という神学の根本問題は、「神とみずからの関わりの問題」として、さらには「みずからの存在（実存）そのものの問題」として捉えられるべきものであり、そこから「人間の本性は腐敗している」、すなわち「人間存在そのものは罪」ということになる。ここでハイデッガーは「罪」を人間の道徳的性質というレベルで捉えるのではなく、「人間存在のあり様」として理解し、神の前にありながら神に背くみずからのあり方をこそ罪として自覚する。すなわちまさにこの罪は「人間本来の核心」であり、「自己存在の核心」である。このようにハイデッガーはルターにおける罪を人間存在の、自己存在の核心として捉え、人間存在を神からの背き（aversio dei）、不信仰（incredulitas）において見つめようとするのである。

　この研究発表のなかには、ルターと同じく罪をみずからの実存においてその根本問題としたパウロ、アウグスティヌスへと向かうハイデッガーのまなざしが認められる。このまなざしはすでに、ハイデッガーが神学寮においてルターに耽った日々からおよそ一〇年を経た一九二〇年から二一年にかけて、フライブルク大学の講義におけるパウロやアウグスティヌスへの論究として人々の知るところとなっていたのである。この講義におけるパウロへのまなざしは、「テサロニケの信徒への手紙」の解釈に顕著に表れている。ハイデッガーは、テサロニケの信徒への手紙を解釈しつつ（9）、主の再臨（parousia）の「何時」への問いを、みずからのあり方そのものへの問いとして受け取り直す。ハイデッガーは、「〔主の再臨の〕「何時」への問いは、私の態度へと連れ戻す。parousia が私の生においてどのようにあるかという問いは、生の遂行そのものへと遡って示す」（GA60. 104）と述べる。すなわちここで問題にされる「何時」は、「私の態度」、「生の遂行そのもの」が問題となる「何時」であり、「事実的生経験」の根底に存する事柄であって、「神の永遠性」、「終末」といったキリスト教の根本問題はそこから問われるべきだと考えられているのである。しかしながらこういった根本問題は、ギリシア哲学のキリスト教への浸入によって根本から問われることがなくなった――ルターのアリストテレスへの「敵意」はこのことに由来するとハイデッガーは考えている（vgl. GA60. 97. 104）。いずれにしてもこの「何時」は、そこにおいてキリスト教の宗教性が、さらにはキリストそのものが生きている「とき」であり、客観的に確定可能な時間ではけっしてない。まさに「何時」のこの不確かさこそが、みずからの生、その生の遂行へと引き戻される契機となるのであり、ここにおいてみずからの存在そのものが問われることになるのである。

さらにアウグスティヌスへのまなざしは、「労苦（molestia）」という生の事実性へと向けられる。ハイデッガーは、アウグスティヌス『告白』のなかの「まことに、地上における人間の生は、間断のない試練ではないでしょうか（Numquid non temptatio est vita humana super terram sine ullo interstitio?）」、「苦痛や困難を〔……〕あなたはたえよと命ぜられます〔……〕（molestias et difficultates〔……〕Telerari jubes〔……〕）」（Confessiones, X 28）（10）といった箇所に、とりわけ〝molestia〟という語句に注目する（vgl. GA60. 206）。ハイデッガーは molestia を生に対する「労苦」と理解し、この molestia の本来の意味を「生を貶めることができる」という点に見いだす。そしてこの貶める可能性は、「生きれば生きるほど」、「生がそれ自身に至れば至るほど」増大するとハイデッガーは考えている（GA60. 242）。すなわち生はそれが遂行されるとき、そこには生が貶められ凋落する可能性も大きくなっていくが、しかしながら同時にそのような仕方で生は生そのものになっていくのである。ハイデッガーはまた molestia を「憂慮」とも理解し、この憂慮を「みずからの存在そのものに関する憂慮」（GA60. 245）と捉えるが、この場合も molestia において「凋落」の可能性と、「自己自身へ至る」可能性という二つの可能性が見られているのである。そして生の事実性をmolestiaのうちに見るハイデッガーの視線は、このみずからの存在をこそ関心の的とし問題としているのである。この連関でハイデッガーは、「私は私自身にとって謎となった（Quaestio mihi factus sum）」というアウグスティヌスの一節に注目することになる。

ところでハイデッガーは、アウグスティヌス『告白』の解釈において、人間の事実性としての労苦、憂慮を見つめ、みずからの存在そのものを関心の的としつつ、『告白』における最大のテーマの一つである神の「恩寵」についてはほとんど触れていない、ということには注意が払われてよい。もっともだからといって、ハイデッガーが恩寵の問題に関心がないということではないであろう。神の恩寵は、どこまでも問いと化し徹底的に問い抜かれた自己においてのみ受け取られるもの――ハイデッガーがこのように確信していたと考えるべきではないだろうか。

2．ブルトマンとの交わり――『現象学と神学』

私たちはすでにブルトマンの演習におけるハイデッガーの発表に触れたが、ハイデッガーと神学者R・ブルトマン（Bultmann. Rudolf. 1884-1976）との交わりは両者の思惟にとって重い意味を持った。ハイデッガーとブルトマンとの親交は、一九二三年秋、ハイデッガーのマールブルク大学教授就任とともに始まる。二人は大学で定期的に読書会をおこない、またハイデッガーはブルトマンの演習に参加したりもした。両者の親密な交わりを記念する論考として、ブルトマンの「新約聖書における啓示の概念」（11）およびハイデッガーの「現象学と神学」（12）が挙げられる。これらの論考は併せて公刊することが一時両者によって検討されたようであるが、結局その計画は実現に至らなかった（13）。この二つの論考においてともに「信仰」が鍵概念となるが、二つの信仰概念には著しい親縁性が見いだされる。まず「新約聖書における啓示の概念」においてはブルトマンは、「啓示」ということで、磔刑ののちに甦ったイエスの出来事と理解しているが、この出来事は私たちの外部で私たちと無関係に経過したものではなく、私たち自身の「今」において成就されるのであり、この出来事は人間に「語りかける」。そしてこの語りかけに対する応答こそが「信仰」であるとされる。ところで人間は自己の限界に直面するとき、みずからを「謎」として捉えることになるが、この謎に対する答えはこの語りかけによってしか与えられない。すなわち人間はこの語りかけによって自己自身に対して目を開かれ、みずからを理解するようになる。「したがって信仰者はそのつどの彼の今を、罪のある過去に由来するもの、それゆえに神の裁きのもとにあるものと理解するが、他方で言葉において彼に出会われる恩寵を通してこの過去から解き放たれたものとして理解する。〔……〕このような信仰は行為であるが、この行為において信仰者は自己自身を、神から贈られた自由において把捉する」(14)と言われる。すなわち信仰する者は、罪ある過去を担いつつも、「〔啓示の〕言葉において彼に出会われる〔神の〕恩寵を通して」贈られた自由において自己を理解する者となる。つまり信仰とは、啓示という語りかけ、語りかけの言葉が聴かれることによってのみ成り立つ応答であり、またこの言葉が信仰において聴かれるときにのみ啓示は現在することになる。このように信仰は啓示されるイエスの出来事にともに与《あずか》るという仕方で、この神の出来事のうちで自己を知るという仕方で、みずからを理解することと一つのものであり、人間はこのような仕方で神の恩寵を受け取ることになる。

同様にハイデッガーにおいてもまた、「信仰」とは磔刑のキリスト〔十字架〕と関わる人間の実存のあり方であるが、このあり方は人間の側から自発的に生じるものではなく、信仰されるキリストからもたらされるものである。そして磔刑のキリストという啓示の出来事は、「信仰にみずからを引き渡し、このことによって信仰心そのものにおいて生起するのであるが、この出来事はただ信仰に対してのみみずからを顕かにする。〔……〕啓示の自己化としての信仰そのものが、キリストの出来事をともに構成しているのであり、すなわち事実的現存在を特殊な歴運としての彼のキリスト教性において規定している実存様態である」(GA9, 53/4)と言われる。すなわち信仰はキリストによって引き起こされ、「啓示の自己化」という性格を持つのであるが、そもそも磔刑のキリストという啓示の出来事は「信仰にみずからを引き渡し、信仰心そのものにおいて生起する」とされる。つまり「啓示の出来事」とは信仰に先立って信仰と独立に存在するのではなく、信仰と不可分に結びつく形で生起すると考えられているのである。

このように二つの論考における信仰概念の親密性からは、両者の密接な思想交流がはっきりと見て取れる。ハイデッガーにとって啓示の出来事は、「信仰心そのものにおいて生起する」という仕方で、啓示と信仰との相互依存において成立すると考えられているが、ブルトマンにおいても「啓示は私たちに直接関わる、私たち自身において遂行される出来事でなければならない」(15)という発言が見られ、両者には啓示と信仰という事柄に関して同じものを見据えるまなざしが存すると言えるであろう。しかしながら両者のまなざしが拠って立つ地盤には、はっきりとした差異も認められる。すなわちブルトマンにとって神学の営みは、「神の言葉に従う」という仕方で、どこまでもイエスに留まりつつ遂行されるべきものである。他方ハイデッガーにとっては、神学が歴史性をその本質とするキリスト教の全体をその対象（Positum）としながら同時にその全体性のなかに構成分として属している、というキリスト教と神学との結びつきが認識されつつも、神学的根本諸概念の「修正策（Korrektiv）」であるべき哲学（存在論）こそが、みずから実存を賭ける根本の営みなのである（vgl. GA9, 64/5）。したがってハイデッガーは、神学を問題にするさいにはその学問性を哲学的に問わざるをえないのであって、彼の思惟のテーマは「現象学と神学」であり「哲学と信仰」なのである(16)。この両者の立ち位置の違いは、二人の思惟のまなざしが同方向を向くがゆえにかえって、決定的な地盤の違いとして意識されてくるものである。そしてこの違いによって、ハイデッガーのフライブルクへの移動後、二人の交流は回顧を中心としたものとなり、もはや互いの思想に発展をもたらすものではなくなっていくのであった。

それではハイデッガーにとって、ブルトマンとの交わりはどのような意味を持ったのであろうか。ブルトマンとの親密な思想交流がなされた期間は、『存在と時間』が執筆されその完成が模索された時期と重なる。かつては神学を志しプロテスタント神学にも親しみを感じていたハイデッガーにとって、神学者ブルトマンとの本格的な神学議論は非常に刺激的なものであり、この議論が『存在と時間』の思惟に与えた影響力は計り知れない。一例を挙げれば、ブルトマンは「キリスト論の問いに寄せて」というこの時期の論考のなかで、E・ヒルシュとの連関で「信仰は〔神の〕言葉に聴従することとして、〔……〕決断の自由な行為である」(17)と述べ、また「新約聖書における啓示の

ハイデッガーの言語論を支える一つの要因であると指摘することは、無理のない解釈であると思われる。十分可能であると思われる。さらに「〔神の〕言葉に聴従すること」としての信仰理解は、これまで私たちが考察した本来性へ向かうさいの良心を持とうと意志する「決意性（Entschlossenheit）」につながるものであると理解することは（Entscheidung）」あるいは「決心（Entschluß）」という概念は、『存在と時間』において非本来的な平均的日常性から概念」においても「信仰の決心」という言い方がされているが、信仰という人間の本来のあり方に向かうこの「決断

3．東アジアの思想との連関

これまで見てきたようにハイデッガーは、ルターへの傾倒、ブルトマンとの親交などからも知られるように、キリスト教的宗教性へと、それを問いとする形で深く没入していった。そしてこのキリスト教的宗教性への問いは、さらに「宗教性」そのものへの問いとして深化していくことになる。もっともハイデッガーはキリスト教以外の宗教、例えばイスラームや仏教を主題的に扱うといったことはおこなっておらず、その点はヤスパースとは一線を画している(18)。しかしハイデッガーによる宗教性そのものに対する問いは、彼の思惟をその根底において支えるものであったことは確かである。

ハイデッガーが、仏教、禅仏教、老子、さらには京都学派の哲学までも含んだ東アジアの宗教・哲学思想に強い関心を持っていたことは、さまざまな人たちの証言から明らかになっている。ハイデッガーはアジアからの留学生、とりわけ中国、日本といった東アジアからの哲学者・宗教家たちとの交わりを通してみずからの思惟を深めていったことは間違いない。例えばハイデッガーは一九六〇年代前半、哲学・宗教を研究するタイの仏教僧マーハ・マーニ（Maha Mani）の訪問を受け、二時間以上に及ぶ対談をおこなっている(19)。この対談の内容は、後日かたちを変えてテレビ放映されることになったのであるが(20)、この対話において東アジアの宗教思想、とりわけ仏教に対するハイデッガーの憧憬とともに問題意識が明確な形で表明されている。ここで憧憬とは、科学技術の持つ問題を孕む西洋の学問、科

学技術の出自としての哲学、そしてそれらの根底において思考の自由な展開を妨げている主観―客観分裂といったハイデッガーが見いだす西洋哲学の問題性に対し、このような問題性を免れた東アジアの仏教に対する強い憧れのことである。ハイデッガーは、「瞑想とは「心を集中すること（sich sammeln）」だ。人間は意志を緊張させることなく心を集中させればさせるほど、それだけ自己自身から解―放（ent-werden）される。「自我」は消滅する。最後にはただ一つのもの、無だけが残る。しかしこの無は「何もない」ことではなく、まさにまったく別のもの、すなわち充溢である。この充溢を言葉にすることは誰もできない。それは無と一切、充溢とでもいう事態だ」という仏教のエッセンスをまとめたようなマーハ・マーニの発言に対して、「それこそが私が生涯に渡って言い続けてきたことだ」（21）という最高度の賛意を示している。しかしながら同時にハイデッガーは、現代におけるもっとも深刻な問題の一つである科学技術に対する関心の欠如のゆえに、マーハ・マーニに対して、さらには東洋の仏教思想一般に対して警戒を緩めない。ハイデッガーにとって哲学的思惟は、科学技術の出自ということからしても西洋の歴史と不可分に結びついたものであり、ヨーロッパ哲学にとっての「新たな思惟」の可能性を西洋の歴史に属さない東洋の仏教思想のうちに見いだすということに関して彼はどこまでも慎重であり懐疑的でさえある(22)。東洋思想に対するこのような態度は、ペゲラーが重視するハイデッガーによる老子翻訳の試みにおいても一貫して変わらないものである（23）。

ハイデッガーがマーハ・マーニに対して抱いたこのような問題意識は、ハイデッガーのもとで学んだ多くの日本人たち、とりわけ京都学派と言われる人たちに対しては少し異なっていた。そのうちの一人、辻村公一（一九二二―二〇一〇）は一九六九年九月二六日、故郷メスキルヒで開かれたハイデッガーの八〇歳誕生日祝賀会において、「マルティン・ハイデッガーの思惟と日本の哲学」という題で講演をおこなった。ハイデッガー自身を目の前にしておこなったこの講演において辻村は、京都大学における独自の哲学の形成を担った人たちが、ハイデッガーの思惟を理解し自己化しようとする努力のなかで思索を深めていったことを踏まえた上で、禅仏教の影響を受けた日本の哲学とハイデッガーの思惟との関連を掘り下げている。辻村はまず、禅仏教にも通じる「自然（しぜん・じねん）」を基礎にした日本人の伝統的な生き方を示しつつ、明治以降の欧米化によってそれまでの伝統とのあいだで自己分裂に陥った日本人のあり方を解明したのち、そのような自己分裂を「根源的統一」にもたらすことこそが日本哲学の課題であろうという自説を披瀝する。そして辻村はハイデッガー独特の思惟様式、例えば『思惟とは何のことか』の冒頭部分で示された見方を引用しつつ(24)、ハイデッガーの思惟と禅仏教との親近性を明るみに出すが、このように西洋思想でありながら東洋的思惟との共通性を持つハイデッガーとの出会いは、私たち日本人に「みずからの精神的伝統の、忘れられた地盤」へと引き戻す可能性をもたらすと考えている(25)。ハイデッガーに直接師事した辻村は、まさに後期ハイデッガーの問題意識の中心が科学技術の問題にあることを熟知しており、そのことも含めてハイデッガーの思惟が日本の哲学的思索にとって不可欠なものであることを痛感しているのである。

また辻村の師でもある西谷啓治(一九〇〇—一九九〇)は「ハイデッガーの二つの講演についての考察」において、ハイデッガーが一九六〇年代前半に故郷メスキルヒでおこなった「故郷の夕べに寄せて」、「アブラハム・ア・サンタ・クララのこと」という二つの講演に対して前書きを付ける形で、自身のハイデッガーに対する思いを披瀝している(26)。西谷によると、科学技術の発達によって急速に一つになろうとする現代の世界において、人々の間の相互理解、しかも内面にまで立ち入った相互理解のためには、心の最内奥の核心である宗教的信仰の次元における相互理解が不可欠であるが、宗教的信仰は言葉や概念にもたらされた教義や教義学による閉じた体系であるがゆえに、この信仰と教義の次元を突破した新しい次元においてのみ宗教間の真の出会いが可能であるとされる。そしてこの新しい次元とは、根底的な「自己」と呼ばれる場であり、この場に到達することができるのは、現実世界のただ中に「一切を脱ぎ捨てて(candid)」身をさらすことによってのみであると考えられている。このように一切を脱ぎ捨てて現実世界に身をさらすとは、仏教がその基本とする「出家」と関連する行為であるが、これはハイデッガーが言う「故郷なきあり方(Heimatlosigkeit)」に通じるものである。すなわちハイデッガーは「故郷の夕べに寄せて」のなかで、「故郷なきあり方」のうちに潜む故郷への衝動、すなわち「郷愁」を通じた「私たちの現存在の核心において私たちを担い支えるもの」である故郷を取り戻す可能性について語るが、この取り戻しによって開かれる「私たちの現存在の核心」こそが、まさに西谷にとって新しい次元、根底的な「自己」の場、すなわち東西の宗教の真の出会いが可能となる場なのである。さらに「アブラハム・ア・サンタ・クララのこと」においてハイデッガーは、禅仏教の言葉かと見紛うようなアブラハム・ア・サンタ・クララの発言を紹介しこの発言を積極的に評価するが、このようなハイデッガーの姿勢のなかに西谷は、キリスト教と禅仏教との出会いの可能性をはっきりと見て取っている。もっともこの論考で示されたような西谷の考えをハイデッガーは、西谷本人および京都からやってきた禅仏教に基盤を持つ哲学者たちとの交わりから知っていた可能性があり、ことによると講演「アブラハム・ア・サンタ・クララのこと」は禅仏教の考えを念頭に置いてなされたものであったかもしれないのだが。

しかしそれにもかかわらず西谷のこの論考のなかでは、ハイデッガーと西谷との差異を見いだすこともできる。すなわち少なくともこの論考に示された西谷においては、科学技術は「一つの世界」を出現せしむる主役ではあっても、真剣に取り組むべき歴史的現実の根本動向とは見なされておらず、科学技術を生み出したヨーロッパの歴史をみずからのものとして担おうとする姿勢は見られない。そこには、「和魂洋才」としてヨーロッパの科学技術によって心までは「侵されて」いないとする東洋人としての矜恃が見て取れる。ハイデッガーにさらに強い影響を受けた辻村の場合は、時代的な要請もあり科学技術に対する取り組みはより真剣なものが感じられるが、それでもハイデッガーの真理論のうちに大乗仏教（禅仏教）の持つ徹底性の欠如を指摘する場面もあり（27）、このような姿勢はハイデッガーをはじめとする欧米の思想家たちから見ると、科学技術の問題に関して京都学派の哲学者たちは禅仏教というい わば「逃げ場」を持っているかのように映るのではないだろうか。ハイデッガーの東洋の思想に対する非常に慎重な姿勢からは、そのような危惧すら読み取れる。マーハ・マーニの時代のタイとは異なり、科学技術の進んだ日本で思索する京都学派の哲学者たちに、科学技術に対する真剣なまなざしが欠けるとはハイデッガーは考えていないと思われる。しかしハイデッガーにとってヨーロッパの歴史そのものに潜む危機である科学技術の問題は、その危機を耐え抜くという仕方によってしか、そしてその危機そのもののなかでヘルダーリンの言う「しかし危険のあるところ、そこには救いもまた育つ」ことに期待を寄せる――それがたとえ「一種の終末論かユートピア」(28)と見られようとも――という仕方によってしか、その解決の糸口を見いだすことができないような深刻さを持つ。ハイデッガーは、京都学派の人たちの哲学する姿勢に共感を覚えこの人たちから学ぼうとしつつも、この深刻さを共有できないという点では、この人たちとの立ち位置の違いがどこまでも脳裏を去らなかったのではないだろうか。

それにもかかわらず、東アジアの宗教・哲学思想に対する強い関心は、宗教性そのものを問いとするハイデッガーにとって大きな意味を持ったと思われる。チベット仏教の専門家でもあるF・ミダール（Midal, Fabrice, 1967―）は、西洋人にとって「別の思惟」である仏教へ近づく方途としてのハイデッガーの思惟を高く評価している。仏教は、「心の覚醒」をもとに人間存在の意味、人間存在と現象界との関わりを問う深遠な思惟であるが、宗教観においてキリスト教と異なり、ヨーロッパ人にとって「奇妙な」宗教でさえある。このような仏教への接近可能性をハイデッガーのうちに見いだす理由は、ハイデッガーの思惟自体、ギリシア的元初とは始まりを異にする、もはや形而上学的ではない思惟を模索しているからである。ハイデッガーが日本人に受け入れられたのも、人間の主観性から出発せず西洋の優位そのものを問題視するハイデッガーの思惟が、仏教的思惟の深い影響を受け続けた日本人には比較的容易に理解可能であったからである。この同じ理由によって日本人は、ハイデッガーの無に関する熟慮がたんなるニヒリズムではないことを理解できた――ミダールはこのように考えている(29)。すなわちミダールは、ハイデッガーを通して「その根底において人間存在そのものと人間存在と現象全体との関わりを問う思惟」である仏教思想と関わる可能性が、さらにハイデッガーと仏教的思惟との対話によって「形而上学を記憶していると同時に、ギリシアにおける始まりとはまったく違う仕方で始まる思惟」(30)の可能性が西洋に開けると考えるのである。事実、ハイデッガーによるキリスト教的宗教性への問い、この問いがさらに「宗教性」そのものへの問いへと深化していくとき、東アジアの宗教・哲学思想は大きな助けとなったのであり、ハイデッガーが捉える宗教性は仏教思想をも含む拡がりを持つこととなった。ハイデッガーによる宗教性そのものへの問いは、ある意味で「宗教多元主義」の試み以上にグローバルな視点を持ちうるかもしれない(31)。ではこの宗教性そのものへの問いはハイデッガーの思惟自体においてはどのようなものであったのだろうか。このことを追求することがつぎの私たちの課題となる。そこでまず、一九三六年から三八年のあいだに書き置かれた『哲学への寄与』を考察することになるが、この期間は、西谷啓治がハイデッガーの講義を直接聴いた期間(一九三七年秋から一九三九年の春まで)とかなり重なることは、何らかの意味を持つことかもしれない。

二　宗教の可能性を索めて――新しい宗教性を告げるハイデッガー

前節ではルターやパウロ、またアウグスティヌスからの学び、さらにブルトマンとの交流、そして最後に東洋思想との関わりに即して、ハイデッガーの思惟における神への問い、さらには宗教性そのものへの問いのあり方を考察した。ここではさらに、ハイデッガーによって問われ思惟された宗教性そのものを追求したい。

1．宗教性を巡る模索――『哲学への寄与』

『哲学への寄与』(以下『寄与』と略記)は膨大な覚え書き集成であり、その評価は分かれるものの、副題である「真起について(Vom Ereignis)」が示すように、後期ハイデッガーの最重要概念である「真起」を巡る思惟の断片が集められた、彼の思惟行路におけるきわめて注目すべき「著作」であることは疑いを容れない(32)。さらにこの「真起」のみならず、後期の思惟を演出する鍵概念たちがこの断片集における思惟の格闘から生み出されている。とりわけ私たちの連関で重要な「最後の神」という言葉もここで生まれ、ほぼここでのみ主題的に論じられて、彼の神への問いに一つの答えが示されたのである。

よく知られているように、『寄与』の輪郭は、ここで言われているのは〔すなわち真起については〕、最初の元初と別の元初との相互の「働き合い」のうちで問われ思惟されており、この問いと思惟とは、存在の離れ去り（Seinsverlassenheit）という窮地における原存在（Seyn）の「鳴り始め」からなされており、それは原存在のうちへと「跳躍」して「最後の神」の「将来的な者たち」を準備することとしての、原存在の真理の「根拠づけ」のためになされるのである。（GA65, 7）

という一節にまとめられている。ここで「」で括った六つの語は、それぞれ章の表題となっており、まさにこの一節で『寄与』の全体像が大まかに示されていることになる。

そこでこの一節をもとにして『寄与』の全体像をまとめてみると、まず「〔真起については〕、最初の元初と別の元初との相互の「働き合い」のうちで問われ思惟される」と言われているように、形而上学の始まりとしての「最初の元初」と、存在史的思惟の始まる「別の元初」との「働き合い」のうちで真起が問われ思惟されると考えられている。ここで注意されなければならないのは、最初の元初と別の元初とは仲介がありえないほどまったく異なったものであり、しかしそうであるがゆえにかえって両者のあいだでのパスの交換、働き合いが重要となり、両者の働き合いのうちでこそ存在の現成としての真起が問われ思惟されるとしていることである。つぎに、「存在の離れ去りという窮地における原存在の「鳴り始め」から」真起が問われ思惟されるのであるが、原存在が「鳴り始める」、原存在がみずからをその真理において示し始めるのは、「存在の離れ去りという窮地において」である。すなわち存在が存在者を見捨て、存在者が明らかになることによって存在（原存在）が隠れるという仕方で存在が忘却されていくのであるが、原存在の現成としての真起が問われ思惟されるための存在（原存在）の鳴り始めは、存在が離れ去るという存在の拒絶が窮地として体験されることによってなのである。そして最後にこの問いと思惟とは、「原存在のうちへと「跳躍」して「最後の神」の「将来的な者たち」を準備することとしての、原存在の真理の「根拠づけ」のためになされる」のである。

このフレーズでは、まずこの問いと思惟とが「原存在のうちへの跳躍」、「原存在の真理の根拠づけ」のためになされるというのであるが、「原存在のうちへの跳躍」とは思惟という仕方による原存在のうちへの入り込みであり、そのことによってみずからが存在へ帰属しているということが経験されるのであり、「原存在の真理の根拠づけ」とは存在の真理が開示される場である現—存在の根拠づけであることから、これらは人間が存在への帰属性というみずからのあり方を存在の真理が開示される場である現—存在として引き受けることを意味する。そしてこの引き受けのために真起への問いと思惟とがなされると言うのであるが、この引き受けがまた「最後の神の将来的な者たちの準備」となると言うのである。

このように真起への問いと思惟は、最初の元初と別の元初との相互の働き合いのうちで、存在の離れ去りという窮地における原存在の鳴り始めから、最後の神の将来的な者たちを準備することになる存在の真理の根拠づけとしての原存在のうちへの跳躍のためになされる、というのである。この真起への問いと思惟との連関で「最後の神」が出されてくるのであるが、そもそも「将来的な者たち」とは、真理の本質を、現—存在を根拠づける者たちであって、「控えめ（Verhaltenheit）」という根本気分によって、さらに最後の神によって規定される者たちである。そして最後の神は、このように現—存在を根拠づける者たちを必要とする（vgl. GA65, 395-401）。したがって「最後の神の将来的な者たち」とは、最後の神によって必要とされる人たちの意味であることは、さしあたって確認される。

ところで私たちはつぎの発言に注目したい。

〔最後の〕神は原存在の真理の根拠づけを待っており、したがって人間が現—存在のうちに跳躍し入ることを待っている、ということを知る人はいかに少ないことか。（GA65, 417）

ここで言われる「〔最後の〕神に関して知る少ない人たち」とは、「将来的な者たち」であると見なして問題ないであろう。この引用で注目したいことは、神が人間のおこなう「原存在の真理の根拠づけ」、「現―存在のうちに跳躍し入ること」を待つのであって、原存在の真理を根拠づけ現―存在のうちに跳躍し入るのは人間だ、ということである。すなわち神は、このような人たちに期待をし、このような人たちを必要とする。もちろんこのことからただちに、ここで示される神概念が神の絶対性・超越性を否定するものである、と言うことは軽率であろう。ユダヤ―キリスト教の、あるいはイスラームの絶対神・超越神といえども、人間に期待し人間を必要とする神でないとは言えないからである。しかしながらこの引用で示される神観念において、決定的な鍵を握るのは人間の側であって、神ではない。神はあくまでも「期待して待つ」のであって、人間のあり方、人間の行為に将来の決定が委ねられているとも見なせるのである。ところが他方、人間は控えめという根本気分によって気分づけられ、最後の神によって規定される者たちであって、神によって必要とされる者たちである。この観念においては、神は主導的な立場に立つと言えるであろう。

ところでハイデッガーは、このような神観念を披瀝するに先立ち、最後の神は「これまでに存在した〔神々〕とは、とりわけキリスト教の神とはまったく別のもの」（GA65, 403）であると述べている。これは私たちを驚愕させる言説である。ハイデッガーは、「これまでに存在した神々」と言うとき、古代バビロニアの神々、古代エジプトの神々、ギリシア神話の神々、インドの神々、ケルトの神々、そしてユダヤ教の神、キリスト教の神、イスラームの神……を想い浮かべたのであろうか。ひょっとしたら、日本の八百万の神々にも思いを致したかもしれない。そしてこれらのこれまでに存在した神々とは「まったく別のもの」として、最後の神を思惟している。さらにハイデッガーは「とりわけキリスト教の神とは」まったく別のものであると念を押してまでいるのである。いったいこの「これまでに存在した〔神々〕とは、とりわけキリスト教の神とはまったく別のもの」という言説でハイデッガーは何を言いたいのであろうか。そもそも「まったく別のもの（der ganz Andere）」でありながら、それでもまだ「神」なのであろうか。

そこで「これまでに存在した神々」について考えてみると、神と呼ばれる存在〔者〕は、不死である、秀でた神力を持つなどという特徴によって人間とは次元を異にする、より高いものであって、この存在〔者〕に対して私たちは畏怖の念、尊崇の念を持ち、信仰心を抱くことになる。「神との合一」をめざす神秘主義においても、神への尊崇がその根底にあることは変わらないであろう。そしてハイデッガーがとくに取り出している「キリスト教の神」について、パウロのつぎの発言はその性格を適切に表した言説の一つであると言えるだろう。

しかし今や、律法なしに、〔しかも〕律法と預言者たちとによって証しされて、神の義が明白にされてしまっている。〔すなわち〕イエス・キリストへの信仰をとおしての、〔そして〕信じるすべての者たちへの、神の義である。実際、〔そこでは〕差別は〔まったく〕ない。すべての者が罪を犯したからであり、〔そのゆえに〕神の栄光〔を受けるの〕に不十分だからである。〔むしろ〕彼らは神の恵みにより、キリスト・イエスにおける贖いをとおして、無償で義とされているのである。（「ローマ人への手紙」、3・21-24、〔　〕内は訳者）(33)

イエスによる贖いの業を通して示された神の恵み、イエスこそが救済者キリストであるというこの恵みを信じることによってのみ私たちに救いの可能性が与えられるというパウロの教えこそ、キリスト教の核心であると思われる。ルターの「信仰義認」の思想もこのパウロの教えを引き継ぐものであると言える。このように考えるとき、「これまでに存在した〔神々〕とは、とりわけキリスト教の神とはまったく別のもの」とは、崇拝し信仰するという仕方で私たちが関わる神〔々〕とはまったく別物、ということになるであろう。それではいったい、どのような仕方で私たちは最後の神を関わるのであろうか。

そこで私たちは一つの理解可能性として、ハイデッガーの神観念に「真起」が大きく関わっているという点に注目したい。ハイデッガーはつぎのように述べる。

真起は、人間を神に献げる（zueignen）ことによって、神を人間に譲り渡す（übereignen）。この譲渡し献げることが真起であり、この真起のうちで原存在の真理が現—存在として基礎づけられ（人間は、現—存在と〔本来の現存在からの〕離れ—存在とのどちらかという決断へと動かされ、移り行く）、歴史は原存在から別の元初を受け取る。ところで自己覆蔵の開性としての原存在の真理は同時に、神々の遠さと近さに関する決断へと、そしてそのようにして最後の神の立ち寄りの準備へと連れ行くのである。（GA65. 26/7）

ここで示された「神観」をパウロのものと比べるとき、二人の考えの違いは歴然としている。この引用でまず、「真起が人間を神に献げ、神を人間に譲り渡す」とされるが、この「真起が献げる」、「真起が譲り渡す」と訳される〝das Ereignis eignet zu〟〝das Ereignis übereignet〟という言表は、主語である das Ereignis という実体が、zueignen、übereignen という作用をなすということではなく、〝eignen〟という語の同語反復という仕方で、〝das Ereignis ereignet〟を基本的言説とする〝ereignen〟（真理が生起する）という事態を表現していると理解したい。すなわちこの言表において表されているのは、「真起において人間が神に献げられ、神が人間に譲り渡される」という事態であって、そうであるがゆえに、「この譲渡し献げることが真起である」という言表が可能になったのであろう。ここで言われる「人間が神に献げられ、神が人間に譲り渡される」という人間と神との相互委譲は、「神が人間を憐れみ恵みを与える」という神のあり方とは決定的に異なるものであり、これまでの一神教の歴史においてはほとんど例を見ない神観であると言えるだろう(34)。そしてこの相互委譲としての真起において「原存在の真理が現—存在として基礎づけられる」とされるが、この事態を人間に即して言うと、人間は真理が開かれる（現—存在という）現場としてあるのか、それともこの本来のあり方から離れるのかという決断へと押し迫られるということであろうし、このような仕方で人間本質が移り行くことになると考えられる。そしてこの人間本質の移り行きは、別の元初への歴史の移り行きでもあるとされる。このように真理が開かれる現場としてのあり方を引き受けるという仕方で、人間は神々に対するあるいは神に対する態度の決断を迫られ、最後の神の立ち寄りを準備することになると考えられているのである。

ところでこの「人間が神に献げられ、神が人間に譲り渡される」という相互委譲はまた、「神は人間に力において勝り、人間は神を凌駕する」（GA65, 415）と表現されている事態とも結びつく。そもそも従来の神観では、神は何らかの仕方で人間に対して優位に立っていたし、人間に対する神の優位性は（死すべき者に対する不死性のように）人間の側からは乗り越えることが不可能なものであった。したがってこのような神観からは、「神は人間に力において勝る」のは当然であるが、「人間は神を凌駕する」といったことは不可能なはずである。それではいったいこの表現はどのように理解すべきであろうか。この理解のため前後の文脈を確認しておくと、この表現に先立って「神は原存在を必要とし、人間は現―存在として原存在への帰属性を根拠づけているはず」であり、このとき、「〔最後の神の立ち寄りというこの歴史的〕瞬間にとって」、原存在は神に必要とされると同時に人間が原存在に帰属するという形で「もっとも親密なあいだ（das innigste Zwischen）」であって、この意味では無と等しいものであると言われている。すなわち神の立ち寄りという歴史的瞬間にとって、神に必要とされ人間が帰属する「もっとも親密なあいだ」としての原存在を仲介として（そしてこの意味で「無」を仲介とするとも言えるのだが）、神と人間とは相互に関わるとされる。そしてこの言説を受けて、「神は人間に力において勝り、人間は神を凌駕する」と言われているのであるが、さらにこの発言に続いて、「〔この神と人間との関わりは〕あたかも直接的なもののようでありながら、両者はただ真起――原存在の真理そのものは真起としてある――においてのみある」と付け加えられているのである。すなわち神と人間は、存在あるいは無という「もっとも親密なあいだ」に媒介される形で「神は人間に力において勝り、人間は神を凌駕する」のであり、さらに神と人間とのこのような関わりは、真起においてのみ成立するとされているのである。要するに「神は人間に力において勝り、人間は神を凌駕する」という関係は、神と人間のと直接の関わりではなく、あくまでも存在や無に媒介されてのものであり、この関わりは真起を基礎とすることによってはじめて成り立つものである。そしてこの関わりに「最後の神の立ち寄り」が大きく関与するとされる。つまり神と人間は、存在（原存在）や無という仲介を通して、存在の真理の生起を基礎として相互に（委譲的に）関わるのであって、そこでは「神は人間に力において勝る」のみならず、「人間は神を凌駕する」といったことまで容認されるのである。

ここでもう一度さきの「人間が神に献げられ、神が人間に譲り渡される」という相互委譲を振り返ってみると、この相互委譲は真起においてなされ真起そのものであった。おそらく神と人間との原存在（無）を介し真起を基礎とした「神は人間に力において勝り、人間は神を凌駕する」という事態も、この相互委譲と別物ではないであろう。おそらく神と人間との関係は真起という、〝das Ereignis ereignet〟という真理の根本生起、あるいは歴史の別の元初という歴史の根本転換において成り立つものであって、そこでは神が人間に委譲されるとも言えるし逆も言える、あるいは神が人間を凌駕するとも言えるし逆も言える、という事態になっているのであろう。この場合神と人間との関係は、真起という根本生起に比してあたかも二次的なもののようである。ここでは、パウロの思想に見られたような神による人間の根本救済は期待できそうもない。したがってハイデッガーのこのような言表に見られる神は「超越の次元」という概念によっては捉えきれないもの、「超越の次元」による人間の根本救済という従来の宗教概念とは異質なものであり、この意味で「これまでに存在した（神々）とはまったく別のもの」という言表も許されるであろう。このハイデッガーの考える神においては、あくまでも真理の生起こそが第一義なのである。しかしながらこの神はその立ち寄りに歴史の根本転換の可能性が見られるとき、超越性がまったく認められないとも言えないように思われる。

このような神観念においては、人間を救済する神、三位一体の神といった神の性格が重要な意味を持つキリスト教とは異なり、「真理が生起しその生起に人間が与る」ということこそが第一義となる。このとき、この神概念の枢要となる「真理の生起」の真理の性格が問題となるであろう。この真理の生起、すなわち「真起」は〝das Ereignis ereignet〟というトートロジカルな言表によってかろうじて言い表される事態であり、前章で私たちはこの真起の語りとしての言語の語りの「秘蔵性」に注目したのであった。また私たちは第三章で真理ということを「非―覆蔵性」としての真理、すなわち lēthē=Verborgenheit と a-lētheia=Un-verborgenheit との Geborgenes（秘蔵されたもの）を巡る相即としても考察した。そしてこれまでの考察から「真起」としての真理、「非―覆蔵性」としての真理がともに〈秘蔵されたもの〉を最内奥とする密接に関連した事態であると言うことができるであろう。しかしながらこの「真理」に関して鍵を握る〈秘蔵されたもの〉はまた謎として、明確な性格づけを拒む事態でもあるが、このことはヨーロッパの哲学の伝統のなかで究極の真理がしばしば「語りえないもの」とされてきたことと関連するように思われる。ところで同じく真理の悟り、真理の生起に与るということを修行の到達点とする仏教においては、この真理に対して「縁起の真理」、「四聖諦」といった概念による規定がなされている。もちろん仏教とハイデッガーの神観念とは、ともに真理と人間との関わりをその核心としつつも、ハイデッガーの神観念は真理を体得して「輪廻的存在という苦から解脱すること」を目的とする仏教のものとは相容れないものではある。ただ仏教において輪廻的存在からの解脱がめざされるとき、人間がその根底において老いぼれ死する苦しみの存在であるという自覚が前提されており、人間存在を「死への存在」と捉えたハイデッガーの思惟との関連が見いだされないわけではない。しかしながらあくまでも人間存在を輪廻の苦という方向で捉えた仏教と、つぎに考察するようにヨーロッパの哲学・宗教の伝統を踏まえ科学技術を歴史の問題としてその根本動向において見据えたハイデッガーの思惟とは根本的に別物である。したがってハイデッガーが、「真理が生起しその生起に人間が与る」ことをその神観念の第一義にしつつも、その真理はあえて言えば、問われ続けるということ、思惟され続けるということにその性格があるのではないだろうか。このように考えるとき、ハイデッガーの神概念において人間を救済へと導くものは、「超越の次元」としての神ではなく「思惟」だ――この思惟にはつねに「準備的」性格が付きまとうのであるが――と言えるのではないだろうか。宗教における人間の救済の根源性、この根源性は思惟の根源性のうちにその可能性が求められなければならないのではないか。そしてこの思惟の根源性は言語の根源性と、言語の深みと一つのものであろう。この思惟は詩作的なものであり、この言語は詩の言葉と類縁性を持つことはもちろんである。

ところで「真理の生起」、「真起」を中心に据えたハイデッガーの神観念において、真起と人間との二者の関わりでは不十分で、真起―神―人間という三者の関係として思惟が展開されていることを私たちはどのように理解すべきであろうか。そのさい、「最後の神」という『寄与』に主として登場する概念を使ってハイデッガーはどのような世界と人間のあり方を、そして宗教的世界を思惟していたのであろうか。『寄与』に限定してこの問いに答えることは本書の課題ではない（35）。本書ではむしろ、『寄与』以降のハイデッガーの神観念をも考察することによって、ハイデッガーにおける神の問題を追及していくこととなる。

2．科学技術の時代と宗教

ハイデッガーの思惟における「神への問い」、「宗教への問い」、この問いは『寄与』においてさえ主題として追求されたとは言い難い。そしてさらに『寄与』以降、この問いはますます問いとして秘められたものとなっていく。ただこの問いは、後期の思惟において、科学技術の本質を明らかにする過程でふたたび顕在化する。すなわち二〇世紀後半における世界の根本動向として科学技術の本質が問われていくとき、世界を根底において統べるはずの宗教が問題として頭をもたげてきた、ということであろうと思われる。

ところで私たちは前章第二節で、ハイデッガーの後期思惟の特質を『書簡』（『ヒューマニズムについての書簡』）およびブレーメンでの連続講演（36）に即して考察した。この二つの論考は、科学技術と宗教の問題を考えるうえでも重要なものとなる。まず『書簡』であるが、ここには私たちの連関で注目すべき発言が見られる。これまでも研究者たちによってしばしば引用されてきたものではあるが、敢えてここでも取り上げたい。

存在の真理から初めて、聖なるものの本質が思惟されうる。聖なるものの本質から初めて、神性の本質が思惟されうる。神性の本質の光のうちで初めて、「神」という言葉が名づけるべきことが思惟され言われうる。〔……〕聖なるものの次元は、存在の開けが明け開かれその明け開けにおいて人間の近くにないときには、次元としては閉じられたままである。おそらく現代という時代の特徴は、安寧（das Heile）の次元の閉鎖性に存するのであろう。おそらくこれは唯一の災厄であろう。（GA9, 351/2）

存在の真理から聖なるものへ、聖なるものから神性へ、そして神性から神へというこの歩みは、いささか図式的に過ぎる嫌いはあるが、宗教に関わる言及にはきわめて慎重な姿勢を崩さないハイデッガーにしては珍しく、この引用では存在の真理と神への問いとの関係がストレートに言い表されている。神への問い、すなわち「「神」という言葉が名づけるべきこと」への問いの前提としての神性の本質、さらには聖なるものの本質への問いは、「存在の真理」へと淵源する。ここで注目すべきは、この問いの歩みにおいて、歩みを進めるいわば原動力はどこまでも「思惟」だということである。すなわちこの思惟においては、存在の真理への問いという「哲学的」思惟から出発して、どこまでも思惟を推し進めるという仕方で神へと至り、「神という言葉が名づけるべきこと」が言語へともたらされる。つまり「神という言葉が名づけるべきこと」、神という言葉の宗教的内実は、存在の真理を問う思惟によって近づきうるものだとされているのである。この連関でハイデッガーは、「聖なるもの」というR・オットー（Otto, Rudolf, 1869-1937）以来宗教の本質を表す概念として定着した感のある用語を使って、現代の特徴を「安寧の次元」としての聖なるものの次元の閉鎖性に見ている。ここでハイデッガーは「聖なる次元の閉鎖性」を、「存在の開けが明け開かれその明け開けにおいて聖なるものが人間の近くにない」場合のことと捉えており、聖なるものという宗教の本質に関しても、どこまでも存在と人間との関わりに収斂すると見ているのである。すなわちハイデッガーは、現代の特徴を聖なる次元の閉鎖性として「災厄」と捉えるとき、現代世界をその根底において特徴づけているのは宗教の事柄だと見なしているのであり、しかもこの聖なる次元の閉鎖性という宗教の事柄は存在と人間との関わりという思惟の事柄に帰着するものと考えているのである。

ハイデッガーにおける思惟と宗教との同じ関わりは、ブレーメンでの連続講演においても見て取ることができる。

ここでハイデッガーが科学技術の本質との連関で彼にとっての現代世界のあり方を思惟するとき、すでに考察したように科学技術の本質を「聚―立」という語を用いて解明し、この聚立の根元を存在そのもののうちに見る。ハイデッガーは聚立としての存在の性格を「危険」とするが、このような危険の本質を「後追い立て（Nachstellen）」、つまり「忘却〔の可能性〕を携えて存在の護りを後追いすること」のうちに見る。すなわち存在はみずから危険として、みずからの護りを忘却へ陥れんとしてみずからを後ろから追い立てる――このようなあり方をこそ「聚―立」と呼ぶのである。しかしこのような危険は、その危険が極まるとき、「危険として転回して存在の護りへと入る」可能性を孕むとハイデッガーは見る。すなわち存在は、このような転入によってみずからの真理の忘却から引き離され、みずからの護りへと転回する。このような転回こそが「存在の護りの真起」、「世界の真起」、つまり「存在そのものの本質の深遠なる到来」であるとハイデッガーは考えるのである（vgl. GA79, 72/3）。ここに彼は「恵み」を看取するのであり、つぎのように述べる。

忘却を携えて後追い立てる〔危険としての〕原存在の真理の自己拒絶は、いまだ授与されざる恵みを蔵する。すなわちこの自己後追い立てが転回し、この転回において忘却が原存在の本質の塞ぎ立てへと至らしめる代りに、原存在の本質の護りへと転換するという恵みを。危険の本質においてある恵みが、すなわち原存在忘却が原存在の真理へと転回するという恵みが現成し存続する。危険の本質――そこでは危険はまさに危険としてある――には、護りへの転回が、この護りそのものが、そして原存在という救うものがある。（GA79, 73）

ここで出された「恵み（Gunst）」こそ、ハイデッガーの思惟において技術の本質と宗教とを結びつける要となるものである。技術の本質が「聚―立」でありその性格が危険であるなら、そしてこの危険が「原存在のエポック」（GA79, 72）として歴史的な必然だと言うなら、科学技術を推し進めざるをえない私たちには危険を回避する可能性がないことになるのか。ここでハイデッガーは、ヘルダーリン詩の一節「しかし危険のあるところ／そこに救いもまた育つ」を持ち出し、この一節を根拠として危険としての存在の転換の可能性に言及する。すなわち存在がみずからの忘却から抜け出し、みずからの真理へと転入する可能性を、存在の自己開明の可能性を明確にする。そしてこの可能性こそ、ハイデッガーが「恵み」という言葉で表すものである。この「恵み」という言葉は宗教の連関を予想させるものであるし、ハイデッガーもそのことを十分意識しているであろう。しかしハイデッガーはこの「恵み」を宗教的連関で追求することはせず、この転回の急激さに注目して「閃き（Blitzen）」と名づけられる存在の自己開明を、この急激さから連想される「神の立ち寄り（過ぎ去り）」といったことと関連づけて論じることへと歩みを進めようとはしない。しかもハイデッガーは、たとえ存在のこの転回、この自己開明がなされた場合でも、技術時代における存在のエポックはあくまでも「聚―立」であり、この転回という恵みによって存在が一挙に「救い」へと変化するわけではないことを確認し、この危険としての存在の転回がそのまま宗教的救いとなるものでないことに釘を刺しているのである（vgl. GA79, 73/4）。

このようにハイデッガーは、技術の本質へと思惟を推し進めつつ、存在がみずからの忘却へと後追いすることからみずからの護りへと転入する可能性を「恵み」において捉えた。この「恵み」は、存在への問いの道行きにおいて出会われた存在の真相であり、「救い」と結びつくものと考えられており、ハイデッガーにとっても宗教の事柄として認識されていたと思われる。しかし思惟が宗教の核心へと接近したとき、この思惟はこの核心を捉えるものではなく、変質を余儀なくされた。すなわち技術の本質を問う思惟は、存在の思惟を推し進めた究極のところで存在の恵みという事態に出会い、この事態を巡って詩作との連関を必要としたのである。つまり思惟は、みずからの真理への転入の根拠をヘルダーリンの詩の「しかし危険のあるところ／そこに救いもまた育つ」という一節に求めるという仕方で、ヘルダーリン解釈のうちで用意されていた詩作的思惟へと変質したと見ることができるのではないだろうか。このように思惟は、技術の本質を問いつつ、「神」という言葉の宗教的内実を言い表しうる詩作的思惟への変貌を余儀なくされたと考えられる。

ところでこの行き方は、ハイデッガーが否定的に捉える「哲学の神」という見方と表裏一体をなすものであろう。この哲学の神において、神は「みずからの深遠さという聖なるものや高みのすべて、すなわちその秘密に満ちた深遠さを喪失する」（GA7, 27）とハイデッガーは言う。彼は一九五〇年代のある論考で、つぎのようにさえ語る。

この〔哲学における〕神に対しては、人間は祈ることも供犠をおこなうこともできない。Causa sui（自己原因）〔としての神〕の前では、人間は畏敬の念から跪くこともできないし、この神の前では楽を奏でることも踊ることもできない。それゆえ、哲学の神すなわち Causa sui としての神を断念しなければならないような神無き思惟が、神的な神におそらくより近いのであろう。（GA11, 77）

ここでハイデッガーは、「哲学における神」、「Causa sui としての神」という言い方で、スピノザをはじめとする哲学者たちによって哲学のうちで思考された「神」を、さらにこのような神の思考の伝統全体を意味しているのであろう。そしてこの引用から、ハイデッガーがこの哲学の神を否定する根拠として、神とはそれに対して「祈ることや供犠をおこなうこと」ができるもの、すなわちその前で「畏敬の念から跪くこと」および「その前で楽を奏でることや踊ること」ができるものと考えていることが知られる。このあるべき神のイメージは、宗教的事柄に対してきわめて慎重なハイデッガーにしては異例の、具体的な言表である。そして神のこのイメージは、ユダヤ―キリスト教のような唯一神教の神に限定されないものであるばかりでなく、むしろ偶像として崇拝される神（々）により相応しいイメージでさえある。ハイデッガーはこの神のイメージを「神的な神（der göttliche Gott）」と名づける。この「神的な神」こそ、「みずからの深遠さという聖なるものや高みのすべて、すなわちその秘密に満ちた深遠さ」を備え持つ神である。そしてこの「神的な神」は、神学と結びつく伝統的な存在論（「存在―神―論」）によってではなく、むしろ哲学の神を断念しなければならないような神無き思惟――この思惟は神に対して寛大なものである――によって接近可能な神であるとされる。「哲学の神すなわち Causa sui としての神を断念しなければならないような神無き思惟」、この思惟こそ、ハイデッガーが長きにわたって歩んできた道であると言える。この思惟の道においてハイデッガーは、もはや哲学の神ではない「神的な神」を索めつつ、神への問いを包み隠す仕方で存在の思惟を遂行した。しかしこの思惟には、大きな困難が付きまとった。この困難は「言語」のうちに存するもので、ハイデッガーは「私たちの西洋の言語は、さまざまな仕方で形而上学的思惟の言語である」と述べる（GA11, 78）が、この形而上学の言葉によって捉えられる神こそが哲学の神であり、「神的な神」ではない――この困難を前にしてハイデッガーは立ち止まらざるをえない。この困難を前にして彼は「退歩（Schritt zurück）」を余儀なくされる。しかしこの「退歩」という仕方では、形而上学の本質（元初）へは戻りえても、もはや形而上学ならざる処へ至ることができないのではないであろうか。形而上学と深く結びついたキリスト教ではない「キリスト教の神とはまったく別のもの」に至ることはこの仕方で可能なのだろうか。このような問いがハイデッガーの思惟を「言語への問い」へと、「思惟と詩作」の事柄へと差し向けたと考えられる。

ハイデッガーにとって宗教とは、「創唱者に追従すること」であった（37）。この追従は「盲信、盲従」につながる。そして思惟なき盲信、思惟なき盲従がいかに恐ろしい結果へと導くものであるか、このことは彼がナチズムの文脈において、もっとも身にしみて学んだことであったと思われる。したがって彼は科学技術の時代においても、科学技術の時代は神の死＝ニヒリズムと結びついた時代であるからこそ、神への問い抜きに世界のあり方を問うことはしない（38）。そしてその問いの究極の場面において神の立ち寄りを期待する場合でも、その場面に至るまでの十分な思惟の準備が不可欠である――これが宗教に対するハイデッガーのメッセージではないだろうか。シュライアーマッハーを「新しい宗教性の告知者」――彼は宗教をドイツ観念論哲学との連関で、キリスト教の枠を突破して「宇宙の直観」と定義した――と呼ぶディルタイになぞらえれば（39）、ハイデッガーにおける新しさは、存在の思惟のうちに宗教性を見いだすという仕方のうちに、しかもこの思惟が「存在の声に聴従する思惟」といった詩作と親縁性を持つ詩作的思惟であることのうちに看取される。もっともこの思惟は神の立ち寄りの準備となるものではあっても、だからといって思惟の延長上で神に出会うということではないであろう。「最後の神」、この神の最後性は思惟によって到達しえた地点のさらに先にあるという意味ではないだろうか。宗教は思惟では到達できない超越的なもの――それを「神」と呼ぶことが可能なもの――をその要素としているはずである。宗教は思惟に解消できない。ハイデッガーにとって、神は生き生きとした神でなければならず、哲学の神にハイデッガーは祈りを捧げようとはしない。しかしながら神の死を経験した科学技術の時代において、神といったものに近づく方途が思惟以外にないとしたならば、この思惟そのものが神的な神へ向けて一歩踏み出すことが必要になるであろう。この踏み出しは思惟の自己変革、詩作的思惟への変質であり、言語への問いがたどり着いた地点も、まさにこの「詩作的思惟」であったと考えられる。

三　結語――言葉のうちへと溶け込んだ宗教性

以上のように私たちは、ハイデッガーによる神への問い、宗教への問いをさまざまな角度から追求した。まず若きハイデッガーのルターへの傾倒は、それに続くパウロ、アウグスティヌス講義を含めて「みずからの存在そのもの」へ関心を向け、自己存在へと問いを向けることへ導いた。すなわちここでハイデッガーは、宗教の問題をみずからの存在の問題として問うことを学んだのであって、この方向で宗教の問題はどこまでも自己との関わりにおいて問われていくことになった。つぎにブルトマンとの交わりによってハイデッガーは、本格的なプロテスタント神学の議論に刺激を受け、キリストの啓示を「信仰心そのものにおいて生起する出来事」と捉え、啓示を自己存在の問題とするという仕方で、宗教を自己において哲学的に問うという方法を確立していった。ハイデッガーはブルトマンとのあいだに神学を巡る立ち位置の違いを感じつつも、信仰を「啓示という語りかけ、語りかけの言葉が聴かれることによってのみ成り立つ応答」と捉えるブルトマンの思想には強く動かされたと思われる。すなわちこの思想は、超越といった次元からの語りかけとそれに対する応答という後期ハイデッガーの言語論へと結びついていったことは疑いない。さらに東アジアの宗教・哲学思想との交流のうちで、ハイデッガーによるキリスト教的宗教性への問いが「宗教性」そのものへの問いへと深化した痕跡が見いだされる。このようにしてハイデッガーは、内外のさまざまな哲学者や思想との交流を通して、キリスト教的宗教性を自己存在の問題として受け取り、自己存在をこそ究明しつつキリスト教の枠を超えて宗教性そのものを問題として問い続けた。この思惟の営みの過程でハイデッガーは、『寄与』において相互委譲という神と人間との関係を見いだしたのであるが、この関係においてはその根底に存する真起こそが第一次的なものであった。このような人間と相互委譲の関係にある神はその超越性が希薄になっているとも言えるが、この神はまさに科学技術の時代、神なき時代においてハイデッガーが見いだした宗教の可能性だとも考えられる。さらに科学技術との連関で、技術の持つ危険という性格を存在そのものの特性であると見抜き、その存在のうちにこの危険が転回する「恵み」を見て取りつつも、ハイデッガーはこの恵みをただちに宗教と結びつけようとせず、どこまでも「存在の思惟」に止まろうとする。このように私たちは、神や宗教を巡る思惟がハイデッガーの歩みをその根底において衝き動かすものであることを確認した。そしてこの神や宗教の問題は、ハイデッガーにとっていよいよ深刻さを増していく言語の本質への問いと一つに思索されるべきものであった。

私たちは第四章で、詩作の言葉を巡って宗教と言葉の問題を考察した。そこでは詩作の言葉は「lēthē」として覆蔵されたものを明け開きつつ、同時に〈秘蔵されたもの〉を〈秘蔵されたもの〉として護る言葉」であり、しかもそれは神々の目くばせを受容し神々の語りかけに応える人間の言葉であった。この詩作の言葉は、神々の語りかけに応えつつ、神々の語りのうちに蔵《かく》された〈秘蔵されたもの〉を明け開きつつ護るものである。また前章で見た言の語りは「人間に対して〈秘蔵されたもの〉から〈秘蔵されたもの〉へと呼びかける」ものであり、ここにおける「秘蔵性」こそが言の固有性となっていたのであった。すなわちそもそも言語は、詩作の言葉において見られたようにその根源に〈秘蔵されたもの〉を蔵《かく》しそれを護るものだと言える。しかも言語の根源としての言はまさに「そのうちで真起が語る方法」、真起の語りそのものなのであって、真起こそが〈秘蔵されたもの〉を蔵《かく》し護っているのである(40)。このように〈秘蔵されたもの〉は言語の深みとも言いうるものであり、ハイデッガーはこの「真起の語り」としての「言」のうちに言語の根源を見いだし、言との呼応において人間存在の固有性を見て取った。このように言語の根源が〈秘蔵されたもの〉とともに看取されていることは、ハイデッガーの言語への問いが宗教的なものへの問いと一つになされたことを示しているであろう。しかしながら「真起の語り」としての「言」はただちに神（々）の目くばせ、あるいは言の語りはただちに超越的なるものの語りだとは言えないであろう。ここにおいて要となるのは〈秘蔵されたもの〉の宗教性ということになるであろうが、この〈秘蔵されたもの〉をただちに宗教的文脈で捉えるとすれば、どこまでも思惟にこだわったハイデッガーの努力を無にする暴挙となるであろう。

　確かに詩作の言葉は、神々の語りかけに応えつつ、神々の語りのうちに蔵《かく》された〈秘蔵されたもの〉を明け開きつつ護るものである。私たちは第四章で〈秘蔵されたもの〉に関わる「覆蔵的連関」が、思惟と詩作とをつなぐもの、存在の真理と聖なるものをつなぐものであることを見た。しかしそれはあくまでもヘルダーリンの詩作の連関において見て取られた詩作の言葉の宗教性であった。そのため私たちは前章において言語の連関でこの宗教性へと問いを向けた。〈秘蔵されたもの〉から〈秘蔵されたもの〉へと呼びかける言の語り、この言語の根源はさしあたっては宗教的連関で出されたものではない。しかしながらこの言語の根源が「真起の語り」だとされ、さらに前節で見たように「真起」において「人間が神に献げられ、神が人間に譲り渡される」という相互委譲が考えられていることからも、言語の根源に属す〈秘蔵されたもの〉が深く宗教と関わることは明白であろう。すなわち〈秘蔵されたもの〉は、言語の深みであると同時に宗教の深みでもあると考えられる。そしてこの「言」および「真起」に属する〈秘蔵されたもの〉は、「非―覆蔵性」としての真理が蔵《かく》し持つ最内奥のものであり、存在の問いと一つになった言語への問いも宗教的連関でなされていると見なしうるのではないだろうか。

私たちのこのような考察から、ハイデッガーの索めた宗教性は、「言葉のうちへと溶け込んだ宗教性」と呼ぶことができるであろう。〈秘蔵されたもの〉を明け開きつつ〈秘蔵されたもの〉として護る詩作の言葉、〈秘蔵されたもの〉から〈秘蔵されたもの〉へと呼びかける言の語りは、いわば超越の次元に届き宗教的次元を表す可能性を模索する言葉であったと考えられ、超越的なるものの語り、神（々）の目くばせには〈秘蔵されたもの〉が蔵《かく》されていると考えられる。しかしこのような「言葉のうちへと溶け込んだ宗教性」、〈秘蔵されたもの〉を護りつつ顕かにする努力の軌跡は、じつは宗教の歴史そのものではなかっただろうか。

そもそも宗教の歴史の初期段階においては〈秘蔵されたもの〉の「秘蔵性」を護ることがより重要視された。例えばメソポタミアの宗教の濫觴《らんしょう》となるシュメール人の宗教においては、いわば「隠されたもの」に対する畏怖の感情が「一人の神」と言い表されているし(41)、古代エジプトの宗教では「隠されたもの」が神と名づけられた。〈秘蔵されたもの〉を〈秘蔵されたもの〉のままで「神」として畏怖することを発端とする宗教は、洋の東西を問わず世界中に見られ、日本の神道もまさにそのような性格を持つと考えられる。このような宗教においては言葉はむしろ二次的であったとさえ言える。しかしながらその後の宗教の展開、とりわけ啓示宗教においてはこの秘蔵性よりもむしろ、啓示という仕方でこの〈秘蔵されたもの〉が顕かにされるという面が重視され、〈秘蔵されたもの〉の秘蔵性の護持は「否定神学」として裏方に回りがちであった。すなわちキリスト教などの啓示宗教、〈秘蔵されたもの〉を明け開く啓示を柱とする宗教においては、〈秘蔵されたもの〉を顕かにする役割を言語が担うこととなり、「教典宗教」の性格を持つこととなった。ここにおいて宗教性はまさに「言葉のうちへと溶け込んだもの」となったのであるが、この啓示宗教において〈秘蔵されたもの〉が明け開かれるとともにその「秘蔵性」が護られないことになっているのではないか、なかんずく教皇の無謬性などを認めるカトリックにおいてはそうなのではないか——ハイデッガーが索める神のあり方が、「キリスト教の神とはまったく別のもの」でなければならない必然性はここにあると考えることもできるのではないだろうか。

確かに言の語りに言語の根源を見いだすハイデッガーの思惟は、宗教的文脈との二重重ねにおいて遂行された。そしてハイデッガーにおいて宗教の可能性はどこまでも「存在の声に聴従する思惟」、「存在のために、そこから存在の真理が言語化されるような言葉を探し求める」（GA9, 311）思惟として索められたのであった。ハイデッガーは科学技術の時代にあって、神なき時代にあって、どこまでもこの存在の思惟に留まり続ける。このような思惟において神の可能性はまた、神と人との相互委譲として考えられたのであるが、これはさきに見たように「真起において人間が神に献げられ、神が人間に譲り渡される」という事態である。この事態において真起と人間との二者の関わりではなく、真起―神―人間という三者の関係であることが要請されている。ここでどこまでも「神のようなもの」が必要とされること、ブッダの教えのように人間と真理（悟り）の二項では完結しないこと、これはヨーロッパのキリスト教世界に生きたハイデッガーの最後のこだわりであったとも言えるし、むしろ宗教の本質に根差した事柄とも考えられる。というのも仏教においてもその大乗仏教への展開において、ブッダの教えにはないさまざまな仏たちが登場してくることになるのであり、さらにブッダさえ「久遠本仏」として「超越の次元」へと移されることになったのであるから。このように神と人との相互委譲でありつつも「神のようなもの」を必要とする宗教性を「存在の思惟」として問いつつ、この「存在の思惟」における滞留こそがハイデッガーの宗教性の「新しさ」と言えるであろう。この思惟は「言語への問い」と一つに遂行された。言語の根源を問いつつ、言語の根源に〈秘蔵されたもの〉を見つけつつ、どこまでも「存在の声」に聴従するという仕方で存在を問い続けること、このこと以外にハイデッガーにおける宗教の思索は存在しないと思われる。この宗教の思索は、もはや「信仰」に根ざしたものではないはずである。しかしながら言語そのものの語りに耳を傾けるという仕方でなされる「存在の思惟」において、もし言語そのものとして語るのが「神のようなもの」であるとすれば、この語りに聴従する思惟には「信仰」という要素が皆無だと言えるだろうか。むしろこの聴従は案外「信仰」に近いのではないだろうか。おそらくハイデッガーはこのような可能性に気づいていたと思われる。そのため五〇年代以降のハイデッガーの言語への思索において、「神のようなもの」

が登場することはない。むしろハイデッガーの「存在の声」に聴従する思惟は、言語の語りに耳を澄ませこの語りに〈秘蔵されたもの〉を見つけつつ、この語りに対してどこまでも謙虚であろうとする。このハイデッガーの態度こそ、デジタル化された言語情報がグローバルに駆け巡るコンピューターネットワークの現代世界において、むしろ新たな宗教の可能性を拓くものと言えないだろうか。

ところでハイデッガー言語論の究極の到達点とも言うべき〝Sage〟(言)はむしろ、「言い伝え」「伝承」という意味で使われる言葉である。そしてこの言い伝え、伝承は、語られたものとしての「神話(Mythos)」と結びつく。もっともハイデッガーは「神話」をテーマとして論じることはないのであるが、言語への問いの究極の場面で言語の根源を〝Sage〟という言葉で表したということは、ハイデッガーが言語への問いにおいて神話へのまなざしを欠いていなかったことに対する傍証となりうるのではないだろうか。私たちは次章で神話の問題を取り上げ、ハイデッガーの言語への問い、神への問いとの連関を考察していきたい。

注

(1) O. Pöggeler: *Der Denkweg Martin Heideggers*, S. 261.

(2) Löwith, Karl: *Heidegger, Denker in dürftiger Zeit*, Göttingen, 2., erweiterte Auflage 1960, S. 72, (1. Aufl. Frankfurt a. M., 1953).

(3) Dilthey, Wilhelm: *Gesammelte Schriften* XIV, Göttingen, 1985, S. 473.

(4) フッサールはニコライ・ハルトマンの後任としてハイデッガーを推薦する一九二二年二月一日付のナトルプへの書簡において、ハイデッガーのルターへの傾倒を肯定的なこととして捉えている。Vgl. *Husserliana Dokumente*, Bd. 3, Briefwechsel, Bd. 5, Die Neukantianer, Dordrecht/Boston/London, 1994, S. 147f.

(5) Vgl. O. Pöggeler: 〝Heideggers Luther-Lektüre im Freiburger Theologenkonvikt〟, in: Alfred Denker, Hans-Helmuth Gander

und Holger Zaborowski（hrsg）: *Heidegger-Jahrbuch 1, Heidegger und die Anfänge seines* Denkens, Freiburg/München, 2004, S. 185-196.

（6）このプロトコールに関しては、茂牧人による正確で詳細にわたる検討・解説が存在する。茂牧人著『ハイデガーと神学』（知泉書館、二〇一一年）、とくに第三章第三節「マールブルク時代のハイデガーのルター研究」参照。

（7）Jaspert, Bernd: *Sachgemässe Exegese. Die Protokolle aus Rudolf Bultmanns Neutestamentlichen Seminaren 1921-1951,* Marburg, 1996, S. 28.

（8）*Ibid.*, S. 31.

（9）ハイデッガーがここで解釈しているのは、「テサロニケ信徒への手紙1」5・1-5である。

（10）この一節は山田晶による翻訳（『世界の名著一四、アウグスティヌス』、中央公論社、一九六八年、三六六頁）から引用した。

（11）この論考は最初、同名のタイトルで *Sammlung gemeinverständlicher Vorträge und Schriften aus dem Gebiet der Theologie und Religionsgeschichte* Bd. 135, Tübingen, 1929として上梓されたものであるが、のちに *Glauben und Verstehen* Bd. 3, Tübingen, 1960に収録された。

（12）「現象学と神学」は一九二七年三月にテュービンゲンでなされた講演で、翌年マールブルクで繰り返されたものである。

（13）ブルトマンは一九二八年四月一一日付けのハイデッガーへの書簡において、ハイデッガーの恵贈による「現象学と神学」に対する謝礼とともに、彼の「新約聖書における啓示の概念」をともに一冊の書として出版できればすばらしいであろうとの思いを綴っている。Vgl. Andreas Großmann und Christof Landmesser（hrsg.）: *Rudolf Bultmann/Martin Heidegger Briefwechsel 1925-1975,* Frankfurt a. M, Tübingen, 2009, S. 59f.

（14）Bultmann, Rudolf: *Glauben und Verstehen* Bd. 3, Tübingen, 3. Auflage 1965, S. 30,（1. Aufl. 1960）.

（15）*Ibid.*, S. 21.

（16）Vgl. *Rudolf Bultmann/Martin Heidegger Briefwechsel 1925-1975,* S. 136.

（17）Bultmann, Rudolf, 〝Zur Frage der Christologie〟, in: *Glauben und Verstehen,* Bd. 1, Tübingen, 7. Auflage 1972, S. 101,（1. Aufl. 1933）.

（18）筆者はかつて（一九七七年頃）、仏教学の梶山雄一教授より、「ハイデッガーは仏教についてほとんど語らないが、仏教に関する著作を残しているヤスパースよりはるかによく仏教を理解している」という注目すべきお話を個人的に伺ったことがある。

（19）この対談でマーハ・マーニは英語で話しており、両者の会話は通訳を介しておこなわれた。なおこの対談の経過は Heinrich Wiegand Petzet: *Auf einen Stern zugehen*, Frankfurt a. M., 1983, S. 175ff. に詳しく記されている。

（20）この番組は南西ドイツ放送局（Südwestrundfunk）によって一九六三年に放映されたものであり、現在 YouTube にて公開されている。テレビ番組では、マーハ・マーニの短い問に対してハイデッガーが自説を披瀝するという形式を取っている。このことにより Petzet の報告に見られた両者の間の見つめ合い、沈黙といった対話における重要な要素が消えており、テレビ放映に対するハイデッガーの危惧は現実のものとなったと言える。テレビ番組の内容は、フライブルクでの対談を再現したものである。

（21）H. W. Petzet: *ibid*., S. 190.

（22）ハイデッガーはマーハ・マーニによる母国訪問の要請に対して、心を動かされはしたものの、同意するまでには至らなかった。このことのうちにも、ハイデッガーの東洋思想に対する非常に慎重な姿勢が見て取れる。Vgl. *ibid*., S. 186ff.

（23）ハイデッガーは一九四六年、蕭欣義(Paul Shih-Yi Hsiao, シャオシンイー)とともに『道徳経（Tao Te Ching）』の翻訳を試みた。「孰れか能く濁りて以て之を静めて、徐ろに清むや。孰れか能く安らかにして以て之を動かして、徐ろに生ずるや」（福永光司著、『老子』、朝日選書一〇〇九中国古典選、朝日新聞社、一九九七年、による）。なお福永はこの二句を「濁ったままで、それを静かにしておいて徐々におのずから清く澄んでゆく濁水のような在り方、そのような在り方を己れのものとしうるのは、いったい何びとであろうか。また、どっしりと安定していて、そのなかに動きをもち、徐々に草木を生育させてゆく谷間のような在り方、そのような在り方を己れのものとしうるのは、いったい何びとであろうか、それこそ無為自然の道の体得者――「古の善く士たる者」にほかならない」（一二二頁）と解説する）。この二句を蕭欣義は、〝Wer kann das Trube stillend allmählich klaren? Wer kann die Ruhe bewegend allmählich beleben?〟（*Erinnerung an Martin Heidegger*. S. 127）と訳すが、ハイデッガーは〝Wer kann still sein und aus der Stille durch sie auf den Weg bringen（be-wegen）etwas so, dass es zum Erscheinen kommt?〟[Wer vermag es, stillend etwas so ins Sein zu bringen? Des Himmels Tao.（Paul Shih-yi Hsiao, 〝Heidegger and Our Translation of the Tao Te Ching〟 In: Graham Parkes（ed.）: *Heidegger and Asian Thought*, Honolulu, 1987, p. 103）と訳している。なおこの老子翻訳の試みと関連して、ペゲラー「ハイデッガーと老子」においても指摘されていることであるが、ハイデッガーは、「日本人とは早くから共同研究をしてきたが、それでもやはり中国人たちからより多くを学んだ」と発言したという Fischer-Barnicol の報告がある。この発言は、ハイデッガーの思惟に及ぼした影響に関する中国人の優位を言い表したものとも理解しうるが、ハイデッガーがそのように浅薄な比較をおこなったとも考えにくい。むしろこの発言はたんに、中国人たちから多くを学んだということを表明しただけではないだろうか。さらに深読みすれば、思想の元初を重視するハイデッガーの炯眼は、「禅仏教を含めた日本仏教は、ブッダの教説という意味での仏教に淵源するよりはむしろ、中国仏教に、さらにそのうちに溶け込んだ老子を含めた中国思想にその始元を持つ」という日本仏教の本質を洞察しそのことを表明した、と理解することができないであろうか。Vgl. O. Pöggeler: *Neue Wege mit Heidegger*. S. 391. Vgl. *Erinnerung an Martin Heidegger*. S. 102.

（24）『思惟とは何のことか』の冒頭部分でハイデッガーは、「花の咲いた木」に対する見方を巡って、彼独自の見方が示されている。すなわちハイデッガーは「私たちがある花の咲いた木の前に立ち、木が私たちの前に立っている」という科学的・哲学的見方から、「私たちがみずからを木に向かって、木の前に立て、木がみずからを私たちの前に立てる」という見方へと「跳躍」する必要を説き、後者の見方こそが「私たちが生き死にする地盤のうえ」での見方であると述べる。辻村も講演のなかでこの見方に触れ、前者の見方を「意志的表象」、後者の見方を「放下された表象」と呼んでいる。Vgl. *Martin Heidegger 26. September 1969: Ansprachen zum 80. Geburtstag*, hrsg. v. Stadt Meßkirch. Meßkirch. 1969. S. 15ff. Vgl. *GA8*, 43ff.

（25）Vgl. *Martin Heidegger 26. September 1969*, S. 9ff. 辻村はこの講演のなかで「ハイデッガーの思惟と禅仏教とは少なくとも、表象的思考を打倒するという点では一致している。この打倒を通して開かれる真理の領域は、両者における、未だ十分に解明されてはいないものの非常に近しい類縁性を示す。しかしながら、禅仏教は未だに、真理ないしは非―真理の領域をその本質諸連関に関して思惟的に解明するには至っていないのに対して、ハイデッガーの思惟はアレーテイア（非―覆蔵性）の本質諸連関を明るみに取り出すことを執拗に試みている。この差異は私たちに、禅仏教の――少なくともこれまでの伝統的形態においては――不完全な部分を気づかせる。禅仏教に欠けているものは、エポック的な思惟であり、世界を問うことである。この世界の問いに関して私たちは決定的なことをハイデッガーの思惟から学び自己のものとしなければならない――とりわけ技術の本質としての「聚―立」という彼の前代未聞の思惟からは」（*ibid*. S. 19）というきわめて重要な発言をしている。このような仕方で、西洋哲学の伝統に立脚するハイデッガーによってかえって、私たち日本人はみずからの伝統の地盤を、しかも私たちが忘れていた地盤を気づかされることになると辻村は考えるのである。

(26) Keiji Nishitani: "Reflections on Two Adresses by Martin Heidegger". この論文はハイデッガーの二つの講演を日本の雑誌 *The Eastern Buddhist* に収録するさい、西谷が「前書き」として執筆したものであり、翌年この前書きともども『講座禅』第一巻に日本語訳が掲載された。以下の文献を参照されたい。Published by The Eastern Buddhist Society: *The Eastern Buddhist*, Otani University, Kyoto, Vol. I, No. 2, 1966.『講座禅』第一巻（筑摩書房、一九六七年）、二九五頁以下。*Heidegger and Asian Thought*, pp. 145. 上田閑照訳「佛教とキリスト教との出會ひについて」、『西谷啓治著作集』第一四巻所収（創文社、一九九〇年）、五三頁以下。

(27) 辻村公一「眞性と非眞性」（『ハイデッガーの思索』、創文社、一九九一年所収）参照。

(28) 辻村公一「ハイデッガーの世界の問い」（同書所収）参照。

(29) Vgl. Midal, Fabrice, *Conférences de Tokyo, Martin Heidegger et la pensée bouddhique*, Paris, 2012, pp. 19-20, pp. 54-57.

(30) *Ibid.*, pp. 19-20.

(31) 宗教多元主義に対しては、筆者はかつて書評をかねてその問題点を指摘した。「間瀬啓允・稲垣久和編『宗教多元主義の探究——ジョン・ヒック考』（大明堂、一九九五年）に対する書評」（『宗教研究』三〇六号、日本宗教学会、一九九五年）参照。

(32) ここで Ereignis に対する「真起」という訳語について若干説明しておきたい。筆者はこれまで Ereignis に対する訳語として、辻村公一によって提唱された「性起」を敬意を持って採用してきた。この訳語は華厳教学から採られたものであるが、ハイデッガーの有の現成としての Ereignis と華厳教学における真理生起としての「性起」とのあいだの、事柄としての内的連関に対する洞察に基づく非常に優れた訳語であると今でも信じて疑わない。しかしながら「性起」は華厳教学の根本教義を表す重要概念であり、Ereignis はハイデッガー哲学の最重要概念である。この事態を踏まえて Ereignis を「性起」と訳すことは、格義仏教ならぬ格義哲学の誇りを免れないのではないだろうか——もちろん西洋哲学の概念に対する訳語として仏教語を当てること自体は、仏教が日本文化の基礎となり日本文化に融け込んできたことからも妥当性を欠くとは思わないが。さらにハイデッガー自身が『寄与』のなかで記した「仏教ではない！その反対だ」（GA65, 171）という「叫び」を、筆者は重く受け止めた。このような理由から、筆者は Ereignis を「（存在の）真理の生起（現成）」という意味で「真起」と訳したが、もちろんこの訳語はあくまで「作業仮説」という性格のものであり、ハイデッガー研究の進展のなかで淘汰されていくものであろうと考えている。

（33）この翻訳は、ネストレ―アーラント校訂のギリシア語定本から、「原典への忠実さ」をモットーに訳されたものである。青野太潮訳『パウロ書簡』〈新約聖書Ⅳ〉（岩波書店、一九九六年）、一三／一四頁参照。なおこの引用で「イエス・キリストへの信仰」と訳された所は、原文では「イエス・キリストの信仰（pistis Iēsou Christou）」であり、訳者の青野が指摘しているように「イエスがもっていた信仰」と理解することも可能である。清水哲郎は著書『パウロの言語哲学』（岩波書店、二〇〇一年）において、この箇所を「イエス（・キリスト）が抱いている信」として理解する試みをおこなっている。しかしこの読み方を採用しても、イエスが抱く信が神の恵みを信じる人々のあり方を可能にするのであるから、この引用箇所でのパウロの教えが、「イエスこそが救済者キリストであるとして神の恵みを信じることによってのみ私たちに救いの可能性が与えられる」ということだと理解して問題はないと思われる。なおこの引用箇所は、新共同訳では「ところが今や、律法とは関係なく、しかも律法と預言者によって立証されて、神の義が示されました。すなわち、イエス・キリストを信じることにより、信じる者すべてに与えられる神の義です。そこには何の差別もありません。人は皆、罪を犯して神の栄光を受けられなくなっていますが、ただキリスト・イエスによる贖いの業を通して、神の恵みにより無償で義とされるのです」となっている。

（34）マイスター・エックハルトは「説教集」のなかで、「神が本来的に神であり給う処は、魂のうちにおいて以外にはない。すべての被造物のうちにあるのは、神のなにがしかであるが、魂のうちでは神は神である。魂は神の安息所である」（上田閑照訳）と述べるが、この言説は人間と神との相互委譲を表すものと理解することも可能であると思われる。このことからも「神は人間に力において勝り、人間は神を凌駕する」といった表現は、あたかも究極の事態を表す神秘主義的言説であるかの感を与えることは確かである。しかしながらハイデッガーは事柄としての類似性はさておき、神秘主義的に思索することを好んだとは言えず、神秘主義的思考との同質性でもってハイデッガーを理解することはハイデッガー解釈として慎むべきであると思う。Quint, Josef（herausgegeben und übersetzt）: *Meister Eckehart-Deutsche Predigten und Traktate.* München, 1985, S. 312f. および上田閑照著『マイスター・エックハルト』（講談社、一九八三年）参照。

（35）『哲学への寄与』に関しては、鹿島徹・相楽勉・佐藤優子・関口浩・山本英輔・ハンス＝ペーター・リーダーバッハ著『ハイデガー

『哲学への寄与』解読』（平凡社、二〇〇六年）、ハイデッガー研究会編『ハイデッガーと思索の将来――哲学への〈寄与〉』（理想社、二〇〇六年）、山本英輔著『ハイデガー『哲学への寄与』研究』（法政大学出版局、二〇〇九年）といった優れた研究が日本でも現れている。筆者もこれらの研究により多くの教示を得た。

（36）ブレーメンでの連続講演のうち「聚―立」は、「技術への問い」という題で新たに書き直されて一九五三年に発表され、翌年印刷に付された。この「技術への問い」は、全集第七巻『講演と論文集』に収録されているが、ここでは「ブレーメンでの連続講演」として扱うことにする。

（37）Vgl. H. W. Petzet, *ibid*., S. 186.

（38）ハイデッガーの思惟をキリスト教との関わりで論じるこれまでの研究において、彼によるニーチェやシェリングとの対決が大きく取り上げられてきた。そのため本書においてこれらの対決への言及がないことに不審の念を抱かれる方も多いと思う。とりわけニーチェはハイデッガーの思惟そのものにとって重大な意味を持った哲学者であり、ハイデッガーと宗教との関わりを考えるさいに、ニーチェとの対決を等閑に付すべきでないことは論を俟たない。それにもかかわらず本書でニーチェとの対決に触れていないのは、ニーチェとの対決が筆者にとっていまだ十分に解明されていないことは措くとしても、「宗教の本質への問い」の連関でハイデッガーの思惟の核心へと迫ろうとするとき、「言語への問い」が決定的な意味を持つこと、そして「言語への問い」に関してはニーチェよりもむしろヘルダーリンがより重要性を持つことが本書を導く観方だからである。もちろんニーチェやシェリングとの対決に触れない形でのハイデッガーの宗教論研究は十全性を欠く、とのご批判があれば、その批判は甘んじて受けるつもりである。

（39）この表現は、ディルタイがシュライアーマッハーの宗教観に対して用いたものである。Vgl. *Wilhelm Dilthey Gesammelte Schriften* Bd. 14. Göttingen. 1985. S. 473.

（40）真起と〈秘蔵されたもの〉との関わりは、非常にデリケートなものであり、軽々に規定すべきではない。この関わりについて「言語への道」とほぼ同時期（一九六二年）になされた講演「時間と存在」のなかでハイデッガーはつぎのように述べている。「〔真起という事柄に関して〕まだ何を言うことができるのか。真起が真起せしめる（das Ereignis ereignet）、ということだけである。この言説によって私たちは、同じことから同じことへ向かって、同じことを言っている。これは外見上何も言っていない。〔……〕

私たちがこの発言を不断に追思のための拠り所として引き受け、そのさい、この同じものは何か新しいものではけっしてなく、西洋の思惟においてもっとも古いもの、A-lētheia という名のうちに覆蔵された太古のものであると考えるならばいかがであろうか」（GA14, 29）。ここでハイデッガーは A-lētheia のうちに覆蔵され秘蔵された lēthē との密接な関わりにおいて真起を捉えていることは明らかであると言える。

（41）シュメール人の時代に淵源する『ギルガメシュ叙事詩』には、恐怖にとりつかれたギルガメシュが友エンキドゥに「友よ、わたしを呼ばなかったか。なぜ、わたしは目覚めてしまったのだ。わたしに触れなかったか。なぜ、わたしは当惑しているのだ。一人の神が通り過ぎなかったか。なぜ、わたしの筋肉は萎えているのだ」と尋ねる一節がある。ここでは超自然界に対する畏怖のような感情が「一人の神」と言い表されていると考えられる。月本昭男訳『ギルガメシュ叙事詩』（岩波書店、一九九六年）、四八頁参照。

第七章　神話の言語と宗教

私たちは前章および前々章で、宗教と言語というテーマを巡ってハイデッガーの思惟を追った。彼の思惟の道の根底には、神への問い、宗教への問いが存する。そしてこの問いがどこまでも言語への関心と結びついたのは、彼の〈秘蔵されたもの〉へのまなざしによることが明らかにされた。すなわち言語を言語として深く問うとき、言語の宗教性を問題にせざるをえなかったのである。そしてこの言語の宗教性への問いは、言語の根源として見いだされた「言」と「神話」との関わりの問いへと導いた。

「神話」は文字どおり「神的なもの」についての「話し」、「語り」であり、言葉の現象である。そして神話を文化現象として見ると、それは言語の獲得を前提とした、人類にとって最初の文化現象の一つであると考えられる（1）。ここで神話の前提とされている言語とは、文字言語以前のものと想定される音声言語である。神話の始まりは音声言語によってなされたであろう。そもそも神話とは現代に至るまで、音声言語を用いて朗誦されることをその第一義とするのであり、文字によって書かれ読まれることはむしろ二次的なことと見なされている（2）。最近の民族学（文化人類学）的な神話研究において、いわゆる無文字民族の神話の研究が盛んになっていることからも、そのことは窺われる。いずれにしても神話は人間の言語使用の非常に初期の段階に発生したと考えられる（3）。そしてE・カッシーラー（Cassirer, Ernst. 1874-1945）も、神話をすべての文化現象がそこから発生した母体となるものと見なしている。カッシーラーの哲学は、まさに人類の文化の根本性格を問うた哲学、文化を担う言語を問題にした哲学である。そしてカッシーラーのこのような思索にとって重要な鍵になった現象、それが「神話」であった。

ところで神話は、「神的なもの」についての語りであるからには、その言葉は真理を語る言葉であり、真実在に関わる言葉である。この意味で神話の言葉は、真理、真実在を探求し表現しようとする哲学の言葉と重なる面を持つ。しかし神話の言葉はさらに、原初的で根源的なものである。それではこのような言語の原初性、根源性は、哲学の言葉とどのように関わるのであろうか。ここで私たちは、哲学の言葉が哲学の言葉となるその原初を問い抜いたハイデッガーの思惟に出会うことになる。ハイデッガーにおいて、思惟の言葉と詩作の言葉との親縁性を通して、言語の原初性、根源性が考え抜かれているのであるが、そのさい神話が問われる場面も見いだされるのである。

本章においては、文化の前提・制約となる言語、とりわけ神話の言語の問題を、カッシーラー、ハイデッガーという哲学者の思索を通して考えてみたい。そして考察の順序としては、まず神話の問題に関する哲学の議論としてガーダマー（Gadamer. Hans-Georg. 1900-2002）、ドイツ観念論哲学のものを瞥見した後に、カッシーラーとハイデッガーの思索について考察を加えていくつもりである。このような仕方で、神話の言語について、そしてハイデッガーにおける神話的思惟の意義を考えていきたい。問題の中心は「神話と言語」であるが、哲学の問題としてこれを扱うかぎり、問題は「神話的思惟と言語」と言い表すことができると思う。

一　神話への哲学的アプローチ

神話はたんに呪術的儀礼においてのみならず、宗教現象一般にとって中心的な役割を演じている。二〇世紀になり、フロイト、ユング、ケレーニイ、マリノフスキー、エリアーデ、レヴィ＝ストロースなどといった人たちによって、神話学、宗教史学、民族学といった方向からの神話研究がなされ、神話が宗教にとっての決定的に重要な要素であることがはっきりと示されることとなった（4）。それはフロイト、ユングらによって解明された無意識の領域に神話生成の場所が見いだされることによって拓かれたという側面を持つ。そして神話は近代の宗教学においてさまざまな定義が試みられることとなる。神話への宗教学的アプローチに関してここはそれを論じる場ではない。

私たちの問題連関である宗教と言語の問題にとって、神話の言語のあり方への問いは本質的なものである。この問いは哲学の問題であり、哲学は神話という宗教現象をも射程に入れるとき、豊かな内容を持つものとなる。そのことを示しているのがドイツ観念論の哲学である。ドイツ観念論の哲学は、一八世紀啓蒙の時代への反動という性格を持ち、ロマン主義の思想と深く関わりつつ展開した。そこでは非合理的なもの、神秘的なものを排除することなく哲学思索のなかへ取り入れられ、神話の復権がなされている——mythos こそが、合理主義的な世界の説明では到達できない真理に達することができるとされる。そのため「神話論」はドイツ観念論の哲学体系のなかで大きな意味を持つことになる。私たちはまず、神話への哲学的アプローチとしてガーダマーの思想を取り上げることとする。

1．ガーダマーの思想

神話を意味する近代語 myth, Mythos, Mythus, mythe などはギリシア語「ミュートス（mythos）」に由来する。「ミュートス」と言えば西洋の伝統において、学問・科学の言葉である「ロゴス」に対して、学問・科学の枠を超えてより根源的な真理、宗教的とも言える真理を表す語と考えられる。この mythos と logos の関わりについて、ガーダマーは西洋哲学史の連関で、とりわけギリシア哲学を中心にしてつぎのような解釈を披瀝している。すなわちギリシアの思想において、ホメロスの時代には mythos は話・伝達を意味する語であって、「虚偽」のニュアンスはなく神的なものとも無関係であった。しかし紀元前五世紀の啓蒙の時代になると、mythos が表していた意味内容は、説明し証明する話としての logos に取って代わられる。ここで初めて mythos は logos の対概念として概念規定されることになったのであり、mythos は神々に関するお話のように、それについてはただ語ることができるだけのものを表すようになった。さらにパルメニデスやヘラクレイトスにおいて、mythos は logos の対概念として定着していく。こうして logos が学問の言葉となるに従い、mythos はたんなる「お話し」、さらには「おとぎばなし」の意味に使われていくようになる。しかし両者は対概念であったとしても、相反するものと見なされてはいなかった。例えばプラトンにおいて、mythos と logos とは互いに融け合うことによってより包括的な真理が言い表されると考えられている（5）。またアリストテレスにおいても mythos と logos は区別されているが、mythos を科学に反するものとはされない。むしろ mythos の言葉としての詩人の語りは、実際の事実よりも普遍的な真実性を含んでいるとさえ考えられている（6）。

このような理解に引き続いてガーダマーは、その後古代ギリシアの啓蒙の時代に続いて mythos を非真理と結びつけようとしたのはキリスト教であると見なす。すなわち彼岸的超越神を真と見なすキリスト教にとって、神話が語る此岸の神々は非真理とされ批判の対象とされたのである。ヨーロッパの思想史において、一八世紀の啓蒙の時代に神話の非真理性が強調されることになるが、それに続くドイツロマン主義はふたたび神話の意義を再確認することとなった。彼によると logos の優位、近代的には理性の優位において、理性は全体の統一を充たすものではなく目的への正しい方法といったことを意味するだけであり、「絶対的な理性」などという理念は「たんなる幻想」でしかない。したがってガーダマーは「神話のなかで独自の真理が認取されるためにはもちろん、科学以外の認識方法の真理を承認することが要求される。神話の真理はたんなる空想上の人物たちの非拘束性へと追いやられたままでいることは許されない」（7）と述べるのである。

ガーダマーのこの見取り図は、西洋思想史の理解にとって有効性を持つ。すなわち西洋の思想史は、mythos と logos との対立によって特徴づけられる啓蒙の時代と、それに対してむしろ両者の融合を通してより包括的な真理を追求することをめざす時代が現れ、この二つの違いはかえってよりダイナミックな思想が形成されていくためのエネルギーとなった、と見なすことができる（8）。そしてこのエネルギーがとくに昂揚した時代として、一八世紀の終わりから一九世紀にかけてのドイツにおけるロマン主義の思想および観念論の哲学が注目されるのである。

ガーダマーは真理検証を旨とし方法論の確立を前提とする近代科学的認識による合理的世界理解に対して、それとは異なる認識方法としての神話に注目する。ガーダマーによると神話とは語り、とりわけ神々に関する語りであるが、そこで語られるものはただ語られるという仕方でしか知られないものであり、その語りは学的検証が不可能なものである。その意味で神話は、真理検証可能性を必須要件とする科学的認識とは相容れないものであるが、神々の世界のようにただ語られることしかできない領域も存在するのであり、神話を独自の認識方法として、そして神話の語りの真理性を承認することを要求するのである。

2. ドイツ観念論哲学における神話論

ドイツのロマン主義および観念論の理念を端的に表したものとして『ドイツ観念論最古の体系プログラム』が知られている（9）。この、著者に関してはほぼヘーゲル（Hegel, G. W. F., 1770-1831）で決着した感のある断片において、「哲学的になった神話」あるいは「神話的になった哲学」として、「新しい神話」、すなわち「理性の神話」の理念が提出されている。そしてこの断片において、「ポエジーは〔……〕最終的にふたたび、それが最初にそうであったもの、すなわち人類の教師となる。というのも哲学も歴史ももはや存在しなくなり、詩芸術（Dichtkunst）のみが、あらゆる他の学問や芸術を超えて生き残るであろうから」という重大な発言がなされている。ここで哲学の可能性が、もはや哲学ならざる哲学として新しい神話のなかに求められている。哲学ならざる哲学、それはもはや従来の哲学の言葉では語られない「哲学」であり、そこにおいてまさに、真理を語る言葉こそが問題になる。そしてその言葉とはこれまでの連関で言うと、mythos と logos が融け合った言葉ということになろう。この言葉によって語られる「哲学」が、神話化された哲学であり、その名称は「ポエジー」であり「詩芸術」である。

この断片とほぼ同じ頃、F・シュレーゲル（Schlegel, Friedrich von, 1772-1829）もまた『神話について語る』のなかで、「神話とポエジーとは一にして不可分なものである」（10）と述べ、中心に神話を持つ、神話と一体になった文芸の可能性を考えている。そしてそれらを表現する言葉について、「美しい神話とは、ファンタジーと愛との輝きのなかでの、〔私たちを〕取り囲む自然のヒエログリフ的な表現以外の何であろうか」〈11〉と述べる。「自然のヒエログリフ的な表現」とは、私たちが自然を象形文字のように表現するということであると同時に、自然そのものがみずからを象形文字のように解読されることを要求するものとして形象化するということでもあろう。この意味で神話は「自然の芸術作品」〈12〉ともなる。そしてそのような表現になるのは、「ファンタジーと愛との輝きのなかで」、すなわちファンタジーと愛とによって美化され神々しいものにされることによってであるとされる。私たちを取り囲む自然、さらにはコスモスが、私たちのファンタジーと愛とに包まれてみずからを象形文字として露わにしたもの〔同時にみずからを隠したもの〕、これがシュレーゲルが考える神話であろう。そしてこれは、mythos と logos の融合によって得られた、真理を表現する可能性としての言葉と別物ではないと言えるであろう〈13〉。このように哲学が神話的になるという仕方で、自然〔世界〕の言語化が、神話と一体になった文芸という形で豊かな内容を持ったものとして達成されることとなる。

このようにガーダマーの思想において、あるいはドイツ観念論において、神話が独自の真理を語る言葉として理解されていることが見て取られた。そこでつぎに私たちは、このような世界の自己表現とも言うべき神話的言語を、より広い人間の「文化」の連関において問題にしてみたい。

二　シンボル形式としての神話——E・カッシーラーの神話理解

E・カッシーラーは、新カント派の哲学者であり、カント研究をはじめ認識論、科学論、哲学史研究といった幅広い分野で優れた業績を残した碩学として知られている。しかしカッシーラーの神話研究は、神話そのものの解明として評価されているとは言えない。その理由として彼の神話研究がそれとして意義を有するというよりも、むしろカッシーラー哲学のなかに組み込まれその思索の原動力となったという面が大きいからであると思われる。したがってここでも、カッシーラー哲学という連関において彼の神話論を考察してみたい。

1．「シンボル形式」の連関で

カッシーラーの基本的な考えは、人間を animal rationare、つまり「理性的動物」であるという従来の見方に代わり、「私たちは人間を animal symbolicum と定義したい」（14）という一節に見て取ることができる。ここで animal symbolicum は「シンボルを操る動物」とでも訳すべきものであり、ここでカッシーラーは、人間が理性を持つという本質規定ではなく、人間がシンボルを操って文化的な営みをするということが人間にとってもっとも根源的なことであると考えている。そのことについてカッシーラーは、最晩年の著作の一つである『人間に関するエッセイ』（一九四四年）のなかでつぎのように述べている。

人間はもはや、たんなる物理的宇宙にではなく、シンボルの宇宙に生きている。言語、神話、芸術、宗教はこの宇宙の部分である。これらはシンボルの網を織るさまざまな糸であり、人間経験の縺れた糸である。思考と経験における人間のあらゆる進歩は、この網を洗練し強化する。人間はもはや、実在に直接向き合うことはできない。（15）

カッシーラーのこの説明で核心となるのは、人間はもはや、もの（実在）と直接に触れ合うという仕方で生きているのではないという洞察である。すなわち人間はすでに、もの（実在）とのあいだに、シンボルあるいはイメージ（Bild）を媒介させることによって、ものとの関わりを保っている。カッシーラーが考えているシンボルあるいはイメージとは、言語、神話、芸術、宗教といったもので、要するに私たちが文化と呼んでいるものである。私たちはこのようなシンボルの宇宙に生きている。そして私たちはみずからの思考や経験によって、このシンボルそのものに働きかけ、それをより良いものとするよう努力する。すなわち私たちは、シンボルを媒介として「もの」と関わるというよりも、むしろ「もの」から独立した独自の形式を持つシンボル世界そのものと関わるという事態になっている。そのため私たちは、シンボルを操ることによって「人間は、ものそのものを扱う代わりに、ある意味で、常に自分自身と対話をしている」（16）ということにもなる。このような仕方で、人間は言語、神話、芸術、宗教といったシンボルの世界に生きている。ところでこの「シンボルを操る動物」という考えは、すでに彼の代表作『シンボル形式の哲学』（1923-25）の根本思想ともなっている。そこでは同じ事態が、「精神の根本機能」という観点から、つぎのように述べられている。

精神の根本機能は、それが真なるものであれば、決定的に重要な特徴を、すなわち精神には、たんに模写をする力のみでなく根源的に像を形成する力（eine ursprünglich-bildende Kraft）が本来備わっているという特徴を持つ。そしてこの特徴は認識にも共通している。精神の根本機能は、ただ受動的に目の前にあるものを表現するだけでなく、精神の自立的なエネルギーをそれ自身のうちに含んでおり、そのエネルギーによって現象のたんなる存在は特定の意味を、すなわち固有の理念的内容を受容することになる。このことは認識にとってと同様に芸術にも、宗教にも神話にも妥当する。（17）

人間はシンボルの世界に生き、シンボルを操る動物である。そしてじつはそのシンボルは、人間自身が作り出したものである。すなわちカッシーラーによると、精神には「根源的に像を形成する力」がもともと備わっており、シンボルあるいは像（イメージ）とは、実在するものをたんに受動的に模写したものではなく、精神が自立的に、固有の形式を持って産み出したものである。このシンボルを通じて、実在界は独特の意味を持った世界となる。すなわち人間は、言語、神話、芸術、宗教などといった文化の営みを通じて、独特の像世界（Bildwelt）に、独特の意味を持つ世界に生きることになる。私たちが「現実」と呼ぶものは、じつはこの「像世界」である。そしてこのような構造は、科学的認識にも共通したものであるとカッシーラーは考える。

ところでこのようなシンボル形式のなかで、神話は原初的で根源的なものと考えられている。カッシーラーは言う。

精神文化の根本諸形式が神話的意識から発生した。〔……〕芸術の始元、文字の始元、法や科学の始元という問題も、これらのすべてがまだ神話的意識という直接的で未分化の統一体のうちに安らっている段階へと私たちを連れ戻す。〔……〕個々の特殊な精神の形成物が神話的意識の普遍性と無差別とから生み出されるということは、この〔神話的意識という〕根源（Urgrund）が理解できない謎にとどまっているかぎりは、すなわちこの根源のうちに精神的形成作用の独特な様式が認められず、この根源が形態のないカオスとされるかぎりは、ほんとうには理解されることはない。(18)

カッシーラーは神話を、すべてのシンボル形式の「共通の母体」(19)と言い表すが、要するに、「直接的で未分化」、「普遍的で無差別」な統一体としての神話的意識を、あらゆるシンボル形式がそこから生まれた「根源」であると見なしている。科学的認識すら、神話的意識という根源を持つと考えられている。すなわち人間がそのうちで、さまざまな文化の営みを通じて生きる独特の意味を持った世界は、神話的意識という根源を持つ世界だということになる。このように考えるとき、人間の文化は、神話の言語という原初的で根源的な基本形式を持つことになる。ここで私たちの問題は、まさに「神話（的思惟）と言語」というタイトルを持つことになる。

2. 宗教と言語の連関で

「言語」、「神話的思惟」、これはカッシーラーの主著『シンボル形式の哲学』の第一巻と第二巻のタイトルであり、「神話的思惟と言語」の問題はこの著作の重要なテーマとなっている。しかしながらこの問題はこの著作で解決されたとは言い難く、遺稿となった『国家の神話』（一九四六年）に至るまで問われ続けられることとなった。「神話と言語」の問題は、カッシーラーにとって、学問的な課題であることは言うまでもない。しかしカッシーラーがユダヤ人の血を引く者として「ナチズム」を自身の運命として体験しそのうちに「神話と言語」の問題を見て取るとき、この問題は実践的な、政治的な意味を持ってくることになる。カッシーラーは『国家の神話』のなかでつぎのように言う。「私たちが人間の言葉の発達を研究するとき、文明史において言葉がまったく異なった機能を果たしていることに気づく。簡単に言うと、私たちはそれらの機能を、意味論的な（semantic）語法および呪術的な（magical）語法と名づけることができよう。〔……〕私たちが現代（ナチズムの時代）の政治的神話およびその使用を研究するとき、驚いたことに、そこには私たちのすべての倫理的価値の転倒が見られるのみでなく、人間の言葉の変質（transformation）が見いだされる。呪術的な言葉が意味論的な言葉の優位に立っている」(20)。この引用でカッシーラーは、ナチズムの戦略として「人間の言葉の変質」を挙げ、それが「意味論的な語法に対する呪術的な語法の優位」への変質であることを見て取っている。この意味論的な語法と対になるとされる呪術的な語法は私たちの連関で「神話の言葉」に通じるものであり、この本質洞察はナチズムの孕む問題を「神話と言語」のレベルで剔抉したものであるが、この「神話（的思惟）と言語」の問題に対する実践的とも言える考察が深い哲学的思索に由来することはこれまでの考察から明らかである。この「神話的思惟と言語」の問題に対する哲学的思索について私たちは、『シンボル形式の哲学』と同時期の『言語と神話』（一九二五年）に即して考えてみることにする。

『言語と神話』ではまず、「神話的見方の根本前提」として「名前と本質とは相互に内的―必然的関係にあり、名前は本質を表示するのみならず、名前は本質そのものであり、本質の力は名前のなかに含まれている」(21)と述べられている。すなわちカッシーラーは、神話的言語観の根本的な性格として、言葉（名前）とものの本質との内的・必然的関係、すなわち実体的な言語観を挙げている。そのために名前を我がものとしたりその使用法を知ることによって、その名前を持つものそのものに対する支配力を獲得することになる。このような言葉の持つ呪術的な作用が神話的言語観の特色であり、神話的見方の前提であるとカッシーラーは考えている。カッシーラーはつぎのように言う。

言語的な意識が神話的―宗教的な意識と根源的に結びついているということはとりわけ、すべての言語的形成物が同時に神話的なものとして、つまり一定の神話的諸力を与えられて現れるということのうちに、すなわち言語の言葉が一種の根源的な力（Urpotenz）――あらゆる存在とあらゆる出来事はそこに根を持っている――になることのうちに表れている。私たちがたどりうるかぎりのあらゆる宇宙創造神話のなかには、このような言葉の支配的な地位が繰り返し見られる。（22）

ここでカッシーラーは、神話的な言語はそもそも言語の原初的で根源的なあり方であると考えている。すなわち言語は原初的・根源的にはものの本質と不可分なものであり、そのような言語はまた、あらゆる存在と出来事を成り立たせるような根源的な力を持つとされる。すなわち神話的な言語は、それ自身がものを存在せしめる力を持つのであって、このことの例証として宇宙創造神話が挙げられている。すなわち宇宙創造神話は宇宙の創造について語るものであり、そのため神話の朗誦は宇宙の創造の追体験につながることになる。言語とは原初的・根源的にはこのような力を持つ神話的なものであり、この言語が宗教の展開を促進するものであると同時にその制約ともなっているのである。

カッシーラーはさらに、言葉のあり様に応じて宗教の発展段階をつぎの三つに分けて考えている。まず始めに、神々が名づけられることによって神の属性や名称の豊富さや具体的な充実ぶりが満足を与えるという神話的段階。つぎにこのような満足ではもはや十分ではなく、言語の統一性を通じて神観念の統一がめざされる一神教的段階。そして最後に、こうした統一をさらに超えて、言葉なり名称によっては表現できないような実在者を求めるような神秘主義的段階――このような三つの段階に。そのうち最初の段階では言葉はものの本質を明確にする働きをし、つぎの段階では言葉の普遍化作用が働き、そして最後の段階ではそもそも言葉そのものが超えられる。この場合言語を超えるという働き自体、そもそも言語によってなされることになるのであり、このことをカッシーラーは、「言語の持つ精神的な力と深さとは、言語自身の克服をめざす〔宗教の〕最後の段階への道を準備し道を開くのが他ならぬ言語自身である、ということにおいて明らかにされる」（23）と述べる。しかしながら同時に「神話と宗教とは、言語的なものの限界を超えようと努めるとき、結局はそのことによって、神話と宗教が独自に持つ形成力の限界に到達することになる」(24)とも言われる。このことから、宗教の展開はどこまでも言語によって制約されるのであり、しかもそのもっとも根源的な制約は神話的言語によるものである――カッシーラーはこのように考えていると思われる。

カッシーラーの思索は「神話と言語」の問題に大きく寄与した。そしてハイデッガーはその前期の思惟においてこのようなカッシーラーと関わりを持った。そこでつぎに私たちはハイデッガーにおける「神話と言語」を巡る思索を、言語の原初的・根源的なあり方と神話との関係を巡る思索を考察してみたい。

三　根源的言語としての神話――ハイデッガーの言語理解

前章の最後に述べたように、ハイデッガー言語論の究極の到達点とも言うべき〝Sage〟(言)はむしろ、「言い伝え」「伝承」という意味で使われる言葉である。そしてこの言い伝え、伝承は、語られたものとしての「神話(Mythos)」と結びつく。ハイデッガーは「神話」をテーマとして論じることはなかったが、このSageからも窺えるように、言語への問い、宗教への問い、そもそも存在への問いにおいて神話へのまなざしを欠くことはなかったと思われる。そこでまず、「神話」に関する言説が見いだされる最初のものである一九二八年に発表された、カッシーラーの『シンボル形式の哲学、第二巻、神話的思考』に対する「書評」および同時期の講義を考察してみたい。

1. カッシーラーの『神話的思考』に対する「書評」と同時期の講義

「エルンスト・カッシーラー『シンボル形式の哲学、第二巻、神話的思考』ベルリン、一九二五年」と題された書評(以下では「書評」と略記)が、全集第三巻に付録として掲載されている。この「書評」においてハイデッガーは、カッシーラーの『シンボル形式の哲学、第二巻、神話的思考』(以下では『神話的思考』と略記)に対して、みずからの問題意識から「神話的現存在」という概念を創りその概念を切り口として論評する。カッシーラーは『神話的思考』において、私たちがすでに考察したように、精神文化のさまざまな根本形式の始元を「神話的意識」に求め、この神話的意識という根源のうちに「精神の形成作用の独特な様式」を見て取る。すなわち「根源的に像を形成する力」が本来備わる精神の原初的なあり方を「神話的意識」のうちに見るのである。このカッシーラーの見方に対してハイデッガーは、カッシーラーの神話規定を「精神の持つ像を形成する力」、「「精神」の機能形式」（GA3. 265）と表現し正確な理解を示しつつも、この表現を「人間的現存在の一つの可能性」（GA3. 265）と言い換え、現存在分析論といういみずからの土俵において「神話的現存在」という概念でもってカッシーラーの神話論を扱うという姿勢に終始している。このような姿勢において見られたことから、カッシーラーの神話論に対するハイデッガーの評価は、「人間的現存在の一つの可能性としての神話の本質解釈は、それが存在問題の光のうちでなされる現存在の存在論に基礎づけられないかぎりは、偶然的で方向を見失ったものに留まる」（GA3. 265）という結論に至ることになる。さらにハイデッガーはそもそもカッシーラーの『神話的思考』そのものに対して、「新カント派的な意識の問題性への定位」と決めつけ、「この定位はまさに問題の核心における根本の理解を妨げる」（GA3. 265）と批判しているのであり、そもそもハイデッガーはカッシーラーの神話論をカッシーラーに即して理解しようとしているのか、といったことがまさに疑問となるのである(25)。

このように「書評」は、ハイデッガーとカッシーラーのあいだの論点のずれが明確であることからも、ハイデッガーによるカッシーラ神話論に対する正面からの対決とはとても言えない内容となっている。もっともハイデッガーがカッシーラーの神話論に対し、「シェリング以来はじめて、神話を体系的問題としてふたたび哲学の視圏に据えた」（GA3. 270）功績を高く評価している点もまた見逃すことはできない。しかしながらハイデッガーは『神話的思考』のなかの「マナ表象」に注目し、圧倒的な存在者が神話的現存在に襲いかかる様態である「マナ」をカッシーラー神話論の根本と見なしているが、『神話的思考』においてマナが神話的思考の「もっとも根源的な形式」とされているわけではなく、この点ではハイデッガーの論評に妥当性を見いだすことはできない。そして何よりも、ハイデッガーの批判が拠って立つ「神話的現存在」なる概念の内実がつねに曖昧なものである以上、そもそもハイデッガーがこの「書評」において神話の問題に取り組もうとしていたのか、ということさえ疑わしいと言わざるをえない。

さらに同じ時期になされた一九二八・二九年の冬学期講義『哲学入門』においては、「書評」においてなされた神話解釈が「世界観」の問題において捉え直されている。ここでハイデッガーは世界観を二つの根本形式に分け、神話を第一の形式のものとする。ハイデッガーが考える第一の世界観とは、「保護すること（Bergung）」をその特性とする神話的世界観である。この世界観において現存在は、神話的現存在として「存在者の圧倒性に引き渡されているため、このように〔存在者に〕曝されていることにおいて同時に神話的現存在はいつも存在者によって奪い取られている。〔存在者に〕晒されているということは実存理解にとって本質的である。したがって現存在は、存在者そのもののなかに没入する傾向を持つ。というのはみずからの自己さえいまだにそのものとしては理解されていないのであって、存在者全体をくまなく支配しているのと同じ威力に〔自己が〕委ねられているからである」（GA27, 360）。すなわちこの世界観において現存在は、存在者の圧倒性に引き渡され、曝され、この存在者によって奪い取られ麻痺させられている。このあり方において現存在は、存在者のなかに没入してしまっていて、いまだに自己理解がなされず、ただ圧倒的な存在者の威力に委ねられ追い回されているのであり、「支えがない（halt-los）」、「保護されていない（Ungeborgenheit）」というあり方をしていることになる。このような保護されていないことにおいて自己を保持する現存在は、みずからに庇護、力、威力を調達せざるをえないが、圧倒的な存在者にみずからを委ねている以上、現存在は圧倒的な存在者に庇護を求め、圧倒的な存在者のなかに「支えと保護を与える者」（GA27, 360）を見いださざるをえない。すなわち圧倒的な威力で脅かすものでもある存在者は、同時に現存在を支え現存在に保護を与えるものでもあることとなる。このとき現存在は保護されていない者であると同時に保護された者でもある。このように第一の神話的世界観においては、存在者の全体は圧倒的な威力として、私たちを奪い取るとともに私たちに庇護を与えるものとしてただ受け入れられるのであり、そこでは存在者への問いなど生じるはずもない。したがってこの世界観は、存在者を吟味し存在者と対峙・対決するといった哲学的、学的営みとは根本的に異なるものであり、ハイデッガーはこの哲学的、学的営みを第二の世界観として捉える。この第二の世界観は、「持ちこたえること（Haltung）」をその性格とし、この世界観において現存在は、存在者の全体をただ受け入れるのではなく、みずから存在者と対峙し、存在者を「持ちこたえる」という仕方で存在をも問うことになる。ここでは存在者の側にではなく、存在者を問い存在者を持ちこたえる現存在の「みずから」に重心が存するのであり、したがって神話的世界観において圧倒的な存在者のなかで見いだされた「支え」は、「現存在の存在において生起する」（GA27, 381）もの、みずからのなかに見いだされるものとなる。もちろんこの二つの世界観は没交渉というわけではなく、現存在と存在者との関わりとして「本質的に互いに関係し合っている」（GA27, 367）のであり、第一の世界観から第二の世界観は発生し、第一の世界観は「既存の可能性」として第二の世界観において「それ特有の力を保持」（GA27, 383）することになる。ところでこのような二つの世界観に対して、つぎのような対比がなされている。

かつて〔第一の世界観において〕呪術や魔術を通して現れたもの――人間はそれがいかに〔存在するのかを〕知らずまた知ろうともしなかった――に対し、いまや〔第二の世界観において〕自由な制作、調達、加工によって存在者となるもの、そのようなものとして必要とされたものが生じる。（GA27, 384）

この引用から知られるように現存在は、第一の世界観においては現存在がそのうちへと引き渡され麻痺させられている圧倒的な存在者に対して、その存在者が「いかにあるのか」ということを知りもせず知ろうともせず、その保護されていないというあり方において、呪術や魔術を通してその存在者を「支えと保護を与える者」として受け入れたのであった。神話的現存在は、圧倒的な存在者をみずから探求することなく、この存在者が世俗的なものではなく「聖なるもの、宗教に関すること」だとして「区別する」（GA27, 362）という仕方で受け入れるのである。この圧倒的な存在者とは「無制約者」あるいは「神的なもの」と呼ばれるものであり、「書評」においてカッシーラーの「マナ」のもとで見られていたのもこのような存在者の圧倒性であったし、宗教的畏怖といった事柄もこのようなあり方のうちに見いだされるものと理解できる。それに対して第二の世界観においては、存在者を持ちこたえるという仕方で存在者に対して問いが向けられ、存在者との対決としての哲学の営みがなされることになる。この存在者は、現存在がすでにそのなかへと引き渡されているという仕方で出会われるのではなく、現存在がその全体と対決するという仕方で、さらにはその対決を通して現存在によって「自由に制作、調達、加工」されたものとして現存在によって必要とされるという仕方で出会われるものである。存在者はみずから行為する現存在に必要とされるようなあり方へと加工されて、現存在によって自由に使われうるものとされる。制作されていること、調達されていること、これが第二の世界観において現存在と関わる存在者の姿となる。このような存在者との哲学的、学的対決において「存在への問い」、哲学が生起することとなる。この第一の世界観から第二の世界観への移り行きは、「神話から哲学へ」の移行として古代ギリシア人たちにも自覚されていたものである。しかしながらハイデッガーは、このように神話から哲学への移り行きを「進化（発展）」とする見方にはつねに警告を発する。というのも第二の哲学的世界観のなかに第一の神話的世界観が解消してしまうわけではなく、神話的見方は固有のものとして宗教のうちに残り続けるからである。

このような仕方でハイデッガーは一九二〇年代後半の一時期、カッシーラー思想との対決の連関で神話の問題に触れた。しかしこのことによって神話の問題が深く掘り下げて論じられているとは言えない。神話に対する本格的な取り組みは一九三五年の『形而上学入門』以降、ギリシア理解の連関でなされ、一九四二・四三年の『パルメニデス』において注目すべき論究がなされたのである。

2. ギリシア思想の元初と神話

ハイデッガーは『パルメニデス』において「ギリシア人のもとでのみ神話が存在する」と明言し、元初に関する元初的な語りとしての神話を古代ギリシア人たちに限定する。この考えはすでに「書評」において見られたものであるが、とりわけ『パルメニデス』において表明的に述べられている。しかしそれに先だつ一九三五年の夏学期講義『形而上学入門』において、ソフォクレス解釈を遂行する過程で付加された覚え書きの形で「この〔歴史の〕元初はもっとも不気味なもの、もっとも力強いものである。後に来るものは発展ではなく、たんなる広まりとしての平板化である。〔……〕この元初を説明することの不可能性は、私たちの歴史認識の欠陥でも拒絶でもない。この元初の秘密という性格の理解にはむしろ歴史的認識の真正性と偉大さとが存している。〔……〕原―歴史についての知は〔……〕それがもし何かであるとすれば、それは神話（Mythologie）である」（GA. 40, 164/5）と述べられていることには注目する必要がある。というのもこの覚え書きは、ソフォクレスを解釈しつつ、私たちを取り巻く自然のみならず言語、了解、気分、激情、建設〔耕作〕といったことの持つ圧倒的な力強さに触れる文脈で出されており、「書評」や『哲学入門』に見られた神話解釈との連関が見て取れる発言となっているからである。すなわちハイデッガーは、一九三〇年代の思索においても神話への関心が途切れることはなく、その関心はやがて『パルメニデス』においてまとまった形で表明されたと理解しうるのである。

講義録『パルメニデス』においてパルメニデスの断片の一節に、より正確には断片の一節に表れる、女神として経験された〝alētheia〟という一語に思惟が集中する。ハイデッガーによると alētheia は「ギリシア的に経験された存在の根本本質」であり、この語は神々の理解に関しても、「ギリシアの神々をギリシア的に、すなわちこのような alētheia から思惟することを試みないかぎり、この神々に関して一言でも発言する権利を私たちは持たない」（GA54. 89/90）という仕方で鍵となるのである。そしてこのことと関連して、神話に関してもつぎのような注目すべき発言が見られる。

ギリシア人たちにとっては、すべての現成するものは根本から覆蔵と非覆蔵性との本質から生じるがゆえに、彼らはすべての始まりについて語るとき、nux と ouranos について、夜と明るい昼間について語る。このように言われたことは元初的に言われるべきことである。それは本来的な言であり、元初的な言葉である。あらかじめ言われるべきことがそこにおいて言われる言葉を表すギリシア語は mythos である。mythos の本質はそれ自身 alētheia から規定されている。〔……〕言葉の本質が alētheia に基づくところで——ギリシア人たちのもとで——のみ、そしてこのように基づけられた言葉が卓越した語りとしてあらゆる詩作と思惟とを担っているところで——ギリシア人たちのもとで——のみ、詩作と思惟とが覆蔵されたものへの元初的連関を基づけているところで——ギリシア人たちのもとで——のみ、ただ彼らのもとでのみ mythos というギリシア語の名前を持つもの、すなわち神話が存在する。(GA54, 89)

この引用においてまず、ハイデッガーが神話を「元初的に言われるべきこと」、「本来的な言」、「元初的な言葉」、「あらかじめ言われるべきことが言われる言葉」という仕方で説明していることに注目したい。このような元初に関わる言葉とは、エリアーデが神話を説明するさいに言う「あるものがどのようにして存在するに至ったか〔……〕を語る」ものでも、「神話を知ることによって、人はものの「起源」を知り、それによって、そのものを意のままに制御し操作することができる」と言う意味での元初を説明する語り(26)とも異なるものであり、従来の神話論とは別の言葉が考えられている。ハイデッガーが「元初的」という語を使うとき、もちろん念頭に置かれているのは「古代ギリシアにおいて」ということであるが、ギリシア人にとって「すべての現成するものは根本から覆蔵と非覆蔵性との本質から生じる」ことこそが重要である。すなわち存在が覆蔵と非覆蔵性(開蔵)との連関で生じるという文脈で「元初的」という用語が使われており、「始まり」が nux(夜)と ouranos(明るい昼間)という神話の言葉によって語られることになるのである。この覆蔵と非覆蔵性とに対応する nux と ouranos などという神話の言葉によって「始まり」が語られるのであるが、この元初的な言葉 mythos は「alētheia から規定されている」ことになる。すなわち非覆蔵性と訳される alētheia が覆蔵を含み持つという alētheia の本質、このような本質を持つ alētheia によって mythos が規定されているのである。このように元初的な言葉、本来的な言、「あらかじめ言われるべきことがそこにおいて言われる言葉」こそが〝mythos〟の定義とされるのである。

そして引用の後半では、古代ギリシア人たちのもとでのみ神話が存在しえた理由として、「言葉の本質が alētheia に基づく」、「この言葉が卓越した語りとしてあらゆる詩作と思惟とを担う」、「詩作と思惟とが覆蔵されたものへの元初的連関を基づけている」という三つの根拠が挙げられている。まず言葉の本質が alētheia に基づくとは、言葉が開蔵と覆蔵との本質的な関わりとしての alētheia によって規定されているということであり、それゆえに言葉と言とは、「開蔵と覆蔵、開蔵されたものと覆蔵されたものとを出現させる」ことになるのである。このような言葉、言によって担われる詩作と思惟とによって「覆蔵されたものへの元初的連関」が基づけられるとされる。ここで mythos において肝要となるのは「覆蔵されたものへの元初的連関」だと言うことができるであろう。そもそも言葉は存在を名づけるという仕方で現れさせる、すなわち非覆蔵性へともたらす。しかし元初における言葉、mythos は非覆蔵となることによって逆に隠される覆蔵されたものの内実を、alētheia となることによって奪い取られる lēthē を保存し保護する言葉だと考えられる。したがって mythos においてもっとも肝要となる事柄、それは mythos と覆蔵との関わりなのでである。

ここにおいて、存在を元初的に語る mythos において、開蔵と覆蔵と関わりこそが決定的なものであることが明かとなる。ハイデッガーはそもそも真理を表す alētheia を開蔵と覆蔵との本質的な関わりとして思惟するのであるが、ここで開蔵（entbergen）と覆蔵（verbergen）との関わりについてもう一度確認しておきたい。周知のようにギリシア語 alētheia は lēthē に否定辞 a- を加えることによってできた語であり、この成り立ちはそのままドイツ語の Unverborgenheit における Verborgenheit と否定辞 un- の関係に当てはまる。ところでハイデッガーは『パルメニデス』と同時期の講義において、「alētheia は覆蔵性（Verborgenheit）から、しかも蔵《かく》す〔秘蔵する〕こと（Bergung）において現成する」（GA55, 175）と述べているが、この発言が意味するのは、alētheia が覆蔵性を表す lēthē を否定することによって現成するのであるが、この現成は lēthē の否定にもかかわらず lēthē から、しかも蔵《かく》す、秘蔵するという意味での lēthē においてなされる、ということである。この事態をドイツ語で表すと、Unverborgenheit における否定辞 un- は Verborgenheit 全体を否定するというよりもむしろ Verborgenheit において「覆蔵」の「覆（覆い）」を意味する〝ver〟を否定しているのであり、その結果 un- によって否定された Verborgenheit において -borgenheit が残る、つまり Unverborgenheit とは -borgenheit（=Geborgenheit、秘蔵性）をも意味するということになる。すなわち事柄に即すと、非覆蔵性とはみずからに含まれる蔵《かく》す、秘蔵するという働きにおいて現成する秘蔵性そのものだということになる。alētheia の核心とも言うべきこの事態をハイデッガーは『パルメニデス』講義のなかで、lēthē が「脱去しつつ覆蔵する（entziehende Verbergung）」という性質を持ちつつ「秘蔵する、すなわち非覆蔵性のうちへ受け入れ保持する」ことの指摘によって、また alētheia を Verborgenheit の ver- が un- という形で否定されているという意味で「開蔵（Entbergen）」と捉える場合、その非分離前綴り ent- がたんなる除去を意味しないでむしろ Entbergen は「Bergen へともたらすことを同時に意味する」（GA54, 175）と教示するという仕方で強調している。

　このように神話とは、蔵《かく》す、秘蔵するという意味での lēthē を護る言葉、非覆蔵性として現れる秘蔵性を護る言葉、さらにこの lēthē、秘蔵性を表現へともたらすべく努める語りと理解することができるであろう。この表現への努力についてはつぎに考察することになる。ハイデッガーは mythos 的なもの、神話的なものを、「開蔵しつつ覆蔵する言葉のなかに秘蔵された開蔵することと覆蔵することとであり、このようなものとして存在の根本本質そのものは元初的に現れる」（GA54, 104）と言い表すが、それはこのような意味であると考えられるのである。

3．根源的言語としての神話

　これまで私たちが見てきたように、ハイデッガーが考える神話は、ギリシア的に経験された存在の根本本質によって、すなわち alētheia によって規定されており、また同時に神話の言葉によって存在の根本本質が現出することにもなるのである。この事態をハイデッガーはまた、神話の言葉は「存在者の非覆蔵性と覆蔵とを開蔵しつつ保存する仕方」（GA54, 104）であるとも表現するが、このような仕方で存在は人間との関わりを持つことになると考えているのである。

神話の言葉はこのように存在者の非覆蔵性と覆蔵とを開蔵しつつ保存する仕方であり、とりわけ蔵《かく》す、秘蔵するという意味での lēthē を護る言葉、非覆蔵性として現れる秘蔵性を護る言葉である。そしてこの言葉はそれらを護るだけに留まらず、さらに覆いをかけられ覆蔵されることになる秘蔵性を何らかの仕方で明るみへ、表現へともたらすべく努めるということになるはずである。この表現への努力に関して、ハイデッガーは多くは語らない。しかし彼によるつぎの発言からその示唆を読み取ることができるのではないだろうか。

そこで私たちは驚くべき事態に遭遇する、すなわち塞ぎ立てや歪め立て、欺瞞とは何ら関わりのない覆蔵の仕方がこれほど本質的にすべてをあまねく支配しているにもかかわらず、その覆蔵の仕方はそれとして取り立てて名づけられてはいないということである。〔……〕それゆえこれらの覆蔵の仕方はいつもすでに、非覆蔵性という本質形態において現れるのであり、この非覆蔵性はある一定の仕方で、覆蔵性と覆蔵とをまだ伴っているのであり、また伴っていなければならないのである。〔……〕いま私たちはただ一つのことを熟考しなければならない。すなわちギリシア人たちはある覆蔵について語っているのであり、その覆蔵は塞ぎ立てや歪め立てと一致することはないが、mythos において沈黙するという仕方で語られた覆蔵と関連を持っているのである。いま熟考されるべきこの覆蔵は、ギリシア人たちによって lanthanesthai, epilanthanesthai という彼らの言葉によって語り出されている。（GA54, 95/6, 傍点筆者）

ここでまず注意すべきは、私たちはこれまで alētheia と lēthē とを否定辞 a- を介して対立する語と捉えてきたが、一般的には alētheia の対立語は pseudos とされることである。pseudos は虚偽を意味し、塞ぎ立て（Verstellung）、歪め立て（Entstellung）といった意味が含まれると考えられている。この見方を受けて引用の冒頭で、塞ぎ立てや虚偽ということさらに否定的なものとは何ら関わりを持たない覆蔵のさまざまな仕方が存在するのみならず、この仕方が「すべてをあまねく支配している」のであるが、「驚くべきこと」にこの仕方は注目されず、取り立てて名づけられていないことが示される（なお別の箇所ではこの仕方は lēthē と名づけられたとされる。Vgl. GA54, 116）。したがってこの仕方での覆蔵は、「非覆蔵性」という名の下に目立たない形で保存されている、言い換えると非覆蔵性は覆蔵を隠し持っていることになるのであり、私たちはすでにこの覆蔵が保持する秘蔵性に言及した。そしてこの引用で肝要なのは、この仕方の覆蔵は「mythos において沈黙するという仕方で語られる」ということである。ここで「沈黙するという仕方での語り」という重大な言い方がなされているが、このことについてはこれ以上敷衍されない。もっとも沈黙としての語りについてはハイデッガーによってさまざまな連関で言及されていたのであり、例えば『存在と時間』によると沈黙とは本来、真なる語りにおいてのみ可能になるものであり、また沈黙することができるためには語るべきものを持つ必要があった（vgl. SZ. 165, GA2, 219）。また「言語への道」においては沈黙は「真起しつつ─示しつつある言という音なき静寂の鳴り響きに対応するもの」（GA12, 251）であった。すなわちハイデッガーが考える沈黙とは、何も言わないことではけっしてなく、むしろたんなる発言以上に多くを語るもの、しかも「静寂の鳴り響き」という言語のもっとも根源的なあり方に対応するものと位置づけられているのである。そして私たちの連関では、秘蔵するという意味での lēthē を語る語りこそ、沈黙の語りだということになる。さらに「沈黙の語り」はまさに宗教においてさまざまな連関で、そしてとりわけ神秘主義において取り上げられてきた語りである。ハイデッガーは小品「野の道」において、「〔野の道の傍らに停まる、すべての生い立ったものの〕遥かさの言語という語られないもののうちで、神ははじめて神である――読むことと生きることの古き巨匠エックハルトが言うように」（GA13, 89）と述べているが、神秘主義の思想家エックハルトとの関連で言及されるこの「語られない言語」は「沈黙の語り」と同質のものであろう。そして引用の最後で、この仕方で覆蔵が lanthanesthai, epilanthanesthai において語り出されているとの指示がなされているが、覆蔵を意味する lanthanesthai, epilanthanesthai という語はまさに mythos の語りにおいて重要な役割を果たす語とハイデッガーが考えているものである。すなわち lanthanesthai, epilanthanesthai という語によって秘蔵性を含み持つ覆蔵が、古代ギリシアの神話において語られているとハイデッガーは考えるのである。

この mythos によって覆蔵と非覆蔵との関わりが表されることになる。ハイデッガーは「いたるところで覆蔵されざるものへの出現と覆蔵への没落が元初的に現成する。開蔵と覆蔵とのこの現成は、どの存在者にも先行する」（GA54, 99）と述べるが、この覆蔵と非覆蔵とがまさに存在の「根本動向」であり、この覆蔵と非覆蔵との関わりにおいて隠された仕方で主役を務める「秘蔵性」を護り沈黙という仕方で語り出す言葉こそが神話の言葉であると考えられる。私たちはここで、すでに引用したハイデッガーの語りにもう一度耳を傾けてみよう。

> 存在の声に聴従する思惟は、存在のために、そこから存在の真理が言語化されるような言葉を探し求める。歴史的人間の言語がそのような言葉から発源するときにはじめて、その言語は正しいものである。その言語が正しいものであるとき、覆蔵された源泉の音声なき声という保証が目くばせを与える。（GA9, 311）

第三章でも取り上げたハイデッガーのこの発言における、「存在の声に聴従」しつつ「存在のために」探し求めた「そこから存在の真理が言語化されるような言葉」は、これまで私たちが考察した mythos の言葉であるとは考えられないであろうか。ここで言われる「覆蔵された源泉の音声なき声」は、神話の連関では「神々の声」と理解できるであろう。すでに考察したようにハイデッガーは詩作に関して「詩作が存在を名づけることができるのは、神々が詩人に言語を授けることによる。詩作は、神々の目配せを受け取るという仕方でなされる」（vgl. GA4, 45/6）という趣旨の発言をするが、この発言と考え合わせるとき、mythos の語りは詩人の営みと結びつくものと考えられるであろう。先の引用でハイデッガーは、「言葉の本質が alētheia に基づくところでのみ、そしてこのように基づけられた言葉が卓越した語りとしてあらゆる詩作と思惟とを担っているところでのみ、詩作と思惟とが覆蔵されたものへの元初的連関を基づけているところでのみ、すなわちギリシア人たちのもとでのみ mythos というギリシア語の名前を持つもの、すなわち神話が存在する」と語っていた。ハイデッガーにとって、古代ギリシア人における神話と詩作は重なるものであり、古代ギリシア以降の詩人にとって、ギリシアにおける mythos を護り行くことこそその使命となったと考えられるであろう。

四　結語――神話的思惟と言語

私たちは、カッシーラーの言う文化の前提・制約としての神話の言語について、哲学の問題として考えようとしてきた。彼は「シンボル形式」としての神話理解において、神話的意識をさまざまな文化的営みの根源となるものと見なしている。科学的認識すら、神話的意識という根源的形式を持つと考えており、人間の文化は神話の言語という原初的で根源的な基本形式を持つことになる。神話の言語は、あらゆる存在と出来事を成り立たせるような根源的な力（Urpotenz）を持つとされており、したがって宗教の展開もこの神話の言語によって規定されることになる。このような言語の原初性、根源性は、ハイデッガーが存在の思惟の連関で考える「存在者の非覆蔵性と覆蔵とを開蔵しつつ保存する仕方であり、とりわけ蔵《かく》す、秘蔵するという意味での lēthē を護る言葉、非覆蔵性として現れる秘蔵性を護る言葉」という神話理解と別物ではないはずである。

ハイデッガーは、神話の言葉を古代ギリシアに限定し、神話の言葉を蔵《かく》す、秘蔵するという意味での lēthē を護るもの、非覆蔵性として現れる秘蔵性を護るもの、そしてこの秘蔵性を沈黙の語りという仕方で表現することを試みる言葉として思惟したと言える。そして神話の古代ギリシアへの限定は、ハイデッガーの思惟の「始源への問い」という性格を表すものであるとともに（27）、ハイデッガーの思惟のある種の閉鎖性を示すものであると指摘することができるかもしれない。神話および詩作の本質追究への沈潜は、ナチス政権樹立から第二次世界大戦へと向かう一九三〇年代および四〇年代前半のハイデッガーの思惟を特徴づける。その過程でハイデッガーは、始源の思惟に固執するあまり、ナチス政権のもとで実際に起きている事象に目を閉ざしたと言うこともできるかと思われる。ハイデッガーがナチスへの傾倒を明確にしたとされる講演「ドイツ大学の自己主張」にしても、偏見を持たずにそれを精読するとき、そこに表明されているのはナチスへの支持よりもむしろ、ギリシアにおける始源の思惟に対する一途な愛好が主眼となっている。三〇年代後半の彼の思惟を如実に示す『哲学への寄与』にしても、世界の根源的なあり方への洞察と歴史の赴くべき行き先の模索という形を取りながら、むしろそのうちで展開されている思惟は彼独自の思惟の殻に閉じこもった、ある意味で「神話創造的思惟」とも言うべき性格を持つように感じるのは間違った理解なのであろうか。

このようなハイデッガーの言説も含めて、ナチスの時代に主導的であった言語活動に対し、その言語の呪術的性格を剔抉したのがカッシーラーであった。さきに見たようにカッシーラーは最晩年の著作『国家の神話』において、ナチスの政権獲得から第二次世界大戦へと続く時代における「政治的神話およびその使用」のなかに、「意味論的な言葉に対する呪術的な言葉の優位」という「人間の言葉の変質」が見られたと指摘する。カッシーラーの後半生は、ナチス時代に生じた事柄の本質を見極めるために費やされたと言うことも可能かもしれない。古代ギリシアの神話的言語に思惟の可能性を見いだそうとしたハイデッガー、このようなハイデッガーを含めナチス時代の言語使用を呪術的な語法と認めそこに根本問題を見たカッシーラー、その両者が若き日に新カント派およびカント理解を巡って討論をおこないほとんど「物別れ」に終わったという事実は、それ以降の両者の思惟に対して示唆的なものを含むように感じられる。

ところで私たちは、文化の根源的形式を神話的意識のうちに見るカッシーラーと、神話および詩作のうちに言語の原初性、根源性を見るハイデッガーとを考え合わせることによって、「神話的思惟と言語」の問題に一つの途筋を見いだすことができるかもしれない。すなわち神話的思惟は、原初的で根源的な言語の使用によってなされるものであり、それは根源的なものの語りかけに応じるという形でなされるものである。すなわち神話は文化の根源となる詩作なのであって、このような形でなされる神話の言語は、あらゆる存在と出来事を成立させる根源的な力を持ち、人間文化を形成する原動力となることになる。こうして人間文化は、言語的思惟をその基本性格とするかぎり、その根底において神話的性格を持つものとなると考えられる。

神話は私たちの宗教文化の始まりを告げる形態である。神話を持たない宗教を見つけることは容易ではない。宗教の深みとしての〈秘蔵されたもの〉、それを語る言語の可能性が神話的言語であり詩作であると考えられる。しかしその神話的語りとしてハイデッガーが認めた「沈黙の語り」は、人間によって解釈されることを必要とする。〈秘蔵されたもの〉、超越の次元からの語りかけに応答する「沈黙の語り」が人間によって解釈されその解釈が「権威」となるとき、そこに生ずるのは解釈権を巡る宗教内部での対立抗争である。残念ながらこのような対立抗争の繰り返しが宗教の歴史であったことを私たちは知っている。ハイデッガーのきわめて慎重な思惟の歩みが示すように、蔵《かく》す、秘蔵するという意味での lēthē を護る神話の言葉としての「沈黙の語り」は、「沈黙」のままで護られることを要求するものであり、その解釈が言表へともたらされることを容易に許容しない。「沈黙の語り」に対する人間の応答は、解釈の表明ではなく「祈り」という形をとるのかもしれない。いずれにしても宗教の根源は、語って語らざる「超越の次元」に対する、〈秘蔵されたもの〉を護り抜く私たちの応答ということになるのではないだろうか。

注

（1）大林太良と吉田敦彦は、人間がホモ・サピエンス・サピエンスとして営んだ最古の文化の時代（約三万五千年前）にすでに神話を持っていたという見解で同意をみている。大林太良・吉田敦彦著『世界の神話をどう読むか』（青土社、一九九八年）一二頁以下参照。

（2）しかし文字言語の出現が神話と直接関連したものであるかどうかは疑問である。レヴィ＝ストロースはジョジュル・シャルボニエとの対話のなかで「文字の出現に必ず、どこにおいても、関連していると思われる現象がたった一つあるのです。それは東部地中海地方のみならず、原始史時代の中国においても、白人に征服される前に粗造りの文字が現われていたアメリカのあの地域においてさえ、見うけられる現象であって、それは階級化された社会、主人と奴隷とから構成された社会、その人口のかなりな部分を他の部分の利益のために搾取している社会、そういった社会の体制です。そして文字の最初の使用は何かと言えば、その用途は先ず第一に権力の行使であるように見えます。財産目録、カタログ、人口調査、法律、命令書など、物財や人間の統制、或る人々の他の人々と富とに及ぼす権力の表示が問題となるすべての場合がそれです」（『レヴィ＝ストロースとの対話』多田智満子訳、みすず書房、一九七〇年、二八頁）と言う。もっともここで問題とされている権力が宗教と不可分のものであったことは広く知られている。

（3）そのことから例えばドイツの初期ロマン主義や観念論思想において、言語形成と神話形成との深い連関がテーマとされている。とりわけヘルダーの言語思想において論じられている。Vgl. Gockel, Heinz: *Mythos und Poesie*. Frankfurt a. M., 1981, S. 149ff. しかし言語の起源を問題とすることがもうすでに意味を失ったように、言語形成と神話形成との連関を追求することも有意味ではないと思われる。

（4）そのうち、近代宗教学のスタンダードともいうべきエリアーデは、私たちの問題連関である「神話と言語」に関して、『神話と現実』のなかでつぎのような注目すべき発言をする。「そのうちで神話が生きている社会の人々は、「暗号」で表され、神秘的なものであったとしても、「開かれた」世界に住んでいる。世界は人々に「語りかける」、そして人々はその言語を理解するために、ただ神話を知り、象徴を解読しさえすればよい。〔……〕世界はもはや勝手に投げこまれたものの不明瞭な塊ではなく、分節され意味に満ちた、生きたコスモスである。つまるところ世界は言語としてみずからを顕わす。世界はみずからの存在様式、構造、リズムを通じて人間に語りかけている」(Eliade, Mircea: *Myth and Reality*, New York, 1963, p. 141)。ここで語られているのは、「事柄を明らかにしつつ隠す」という言語の根本性格およびそのような言語として世界が存在するという解釈学的事態である。

（5）プラトンの『ゴルギアス』では、「では、聞きたまえ、世にも美しき物語りを――とまあ、人びとの言い方をまねて始めることにしよう。君はそれを作り話（ミュートス）と考えるかもしれない、とぼくは思うのだが、しかしぼくとしては、本当の話（ロゴス）のつもりでいるのだ。というのは、これから君に話そうとしていることは、真実のこととして話すつもりだからね」と言われている（『プラトン全集』九、「ゴルギアス」（加来彰俊訳、岩波書店、一九七四年、二三〇頁）。

（6）Vgl. Gadamer, Hans-Georg: *Gesammelte Werke*, Bd. 8, Tübingen, 1993, S. 171f. なお全集八巻所収の諸論文のうち、〝Mythos und Vernunft〟（1954, S. 163-169）,〝Mythos und Logos〟（1981, S. 170-173）,〝Mythologie und Offenbarungsreligion〟（1981, S. 174-179）,〝Der Mythos im Zeitalter der Wissenschaft〟（1981, S. 180-188）を参考にした。

（7）Gadamer: *ibid.*, S. 168.

（8）このことと連関して、マックス・ホルクハイマーとテオロール・W・アドルノは、『啓蒙の弁証法』のなかで、「すでに神話が啓蒙である」、「啓蒙は神話に退化する」というテーゼを展開していることに注意しておいてよいであろう。徳永恂訳『啓蒙の弁証法』（岩波書店、一九九〇年）とくに第一論文「啓蒙の概念」参照。

（9）Vgl.〝Das Älteste Systemprogramm des deutschen Idealismus〟, in: G. W. F. Hegel: *Werke 1*, Frankfurt a. M., 1986（STW 601）, S. 234ff.

（10）Eichner, Hans（hrsg.）: *Kritische Friedrich-Schlegel-Ausgabe* Bd. II, München/Paderborn/Wien/Zürich, 1967, S. 313.

（11）*Ibid.*, S. 318.

（12）*Ibid.*

（13）ドイツ観念論における「ミュートス」と「ロゴス」の融け合いという事態をH・ゴッケルはつぎのように適切に表現している。すなわち「神話上の人物によって表現されるのは、神的意識ではなく人間の意識である。古代の神話もまた、人間性理念の形象的叙述であった。古代の人間は神話の神々のなかに、抽象的にではなく目に見える形象性において自己自身を認識した。神話は詩的な世界解釈の表現であった。それは哲学が概念によって不十分にしか把握できなかったものを、概念的論証を取り去ることによって形象に置きかえ、それによって容易に近づきうるようにした。〔……〕ロゴスの語りが終わるところで神話の語りはロゴスの彼岸にある答えを、すなわちメールヘンの答え――おそらくそれはロゴスの答えより分かりやすい――を知る。その答えはとりわけ、人間の現実の複合性を形象的に認識させるという強みを持つ」。Heinz Gockel:〝Zur neuen Mythologie der Romantik〟, in: Walter Jaeschke und Helmut Holzhey（hrsg.）: *Früher Idealismus und Frühromantik. Der Streit um die Grundlagen der Ästhetik*（*1795-1805*）, Hamburg, 1990, S. 135f. 邦訳：相良憲一・岩城見一・藤田正勝監訳『初期観念論と初期ロマン主義』（昭和堂、一九九四年）。

（14）Cassierer, Ernst: *An Essay on Man*, Yale University Press, 1944, p. 26.

（15）*Ibid*., p. 25.

（16）*Ibid*.

（17）Cassierer: *Die Philosophie der symbolischen Formen*. Bd. I, 9. Aufl., Darmstadt, 1988, S. 9,（1. Aufl. 1923）.

（18）*Ibid*., Bd. II, 9. Aufl., 1994, S. IX,（1. Aufl. 1925）.

（19）Cassierer: *Sprache und Mythos*, Leipzig/Berlin, 1925, S. 37.

（20）Cassierer: *The Myth of the State*, Yale University Press, 1946, pp. 282-283.

（21）Cassierer: *Sprache und Mythos*, S. 2.

（22）*Ibid*., S. 38.

（23）*Ibid*., S. 61.

（24）*Ibid*., S. 65.

（25）ハイデッガーの新カント派に対する態度を巡っては、一九二九年にダヴォースでおこなわれた講演に関連して、ハイデッガーとカッシーラーのあいだで論争が戦わされた。この論争においても、カッシーラーのカント解釈に対する「新カント派の立場からなされたもの」とのハイデッガーによる決めつけが認められ、この決めつけに対してカッシーラーは、みずからのカント解釈の内容を正確に理解するよう要求している。「エルンスト・カッシーラーとマルティン・ハイデッガーとのあいだのダヴォースでの論争」（GA3, 274ff.）参照。

（26）Cf. Elide, Mircea: *Myth and Reality*, p. 18. なおエリアーデは神話のおもな機能について、「古代社会において一般に経験された神話の構造と機能」という限定をつけてつぎのようにまとめている。*Ibid*. pp. 18-19.

（1）神話は超自然者の行為の歴史を構成する。

（2）この歴史は（それが実在に関わるがゆえに）絶対的に真であり、（それが超自然者の作品であるがゆえに）聖なるものであると考えられている。

（3）神話は常に「創造」に関係している。それはあるものがどのようにして存在するに至ったか、行動の基本型、制度、労働様式がどのようにして確立されたかを語る。このことが神話があらゆる重要な人間行動のパラダイムを構成する理由である。

（4）神話を知ることによって、人はものの「起源」を知り、それによって、そのものを意のままに制御し操作することができる。これは「外面的」、「抽象的」な知識ではなく、儀礼によって――儀式のなかで神話を物語るか、神話が正当化している儀礼を遂行することによって――「体験」される知識である。

（5）人々はなんらかの仕方で――回想された出来事あるいは再演された出来事の持つ神聖で高揚させる力に捉えられるという意味で――神話を「生きる」。

（27）田鍋良臣著『始源の思索――ハイデッガーと形而上学の問題』（京都大学学術出版会、二〇一四年）は、ハイデッガーの思惟を「始源への問い」という切り口で解明することを試みた優れた論考である。

終章　宗教とは何か

私たちはハイデッガーの思惟行路をともに歩みつつ、ハイデッガーの思惟を「宗教の本質への問い」の連関で解明しようと試みた。この歩みにおいてハイデッガーの思惟の核心には「言語への問い」が存すること、彼の思惟行路には「神への問い」が潜むことが確認された。宗教と言語との関わりは宗教哲学の根本問題である。というのも宗教は言語を用いた人間の営みであり言語的現象でありながら、同時に宗教に不可欠の超越の次元はあらゆる意味で人間を超えた、人間の言語を拒絶する場所だからである。この意味で「宗教と言語」はどこまでも問われ続けなければならない事柄なのである。私たちはハイデッガーの思惟を丹念にたどりながら、彼の思惟の連関でこの問題を問い抜こうと試みた。さらにハイデッガーの宗教へのまなざしはキリスト教を通ってもはやキリスト教ならざる領域にまで達しており、この意味でも彼にとって「宗教の本質への問い」は根本に存するものであり、「宗教と言語」という問題は深刻なものであった。

私たちは第一章においてこれまでのハイデッガー研究の歩みを検証したのち、第二章でハイデッガーの「思惟の由来」を訪ねることから始め、ナチズムとの関わり、第二次世界大戦後になされた自然の本質を問う思惟をたどりつつ、彼の思惟の根本性格を明らかにしようとした。この考察を通じて、ハイデッガーにとって思惟の由来がその後の思索を導いたこと、ナチズムとの関わりは彼にとって思惟の事柄であったこと、そして自然の本質を問いつつ「至高の空からの呼びかけ」に耳を傾け、この呼びかけに呼応するという仕方での「思惟による準備」に宗教的次元のあり方を見て取ったのであった。

つぎに私たちは第三章で『存在と時間』の時期の思惟に焦点を当て、その「超越」の思惟の究極に raptus といったルターの神秘主義につながる考えを見いだした。この考えから、宗教と距離を置いた感のあるこの時期のハイデッガーの思惟においても、宗教への関心がけっして失われていないことを確認した。

そして第四章では、古代ギリシアの元初的思惟との親縁性においてヘルダーリンの詩作の本質へと迫った。ギリシアの思惟の根本語 alētheia は、「覆蔵性」の「非」として覆蔵性の覆いを払いつつ、この非によって破られた「覆い」のもとに蔵《かく》された〈秘蔵されたもの〉を〈秘蔵されたもの〉として護る形で言語化されたものだと言いうる。この〈秘蔵されたもの〉を〈秘蔵されたもの〉として護る努力という点でヘルダーリンの詩作は古代ギリシアの思惟と親縁性を持つことが見て取られた。

つぎに第五章ではハイデッガー言語論の頂点とも言うべき「言語への道」を解釈した。ここでハイデッガーはフンボルトの言語論に導かれる形で言語の深みへと分け入り、言語の本質を「人間に対して〈秘蔵されたもの〉から〈秘蔵されたもの〉へと呼びかける言語の語りの秘蔵性」のうちに見て取っている。そしてこのような言語の深みから私たちは宗教的言語へと導き入れられたのであった。

そこで第六章ではまさに宗教と言語の問題を追及した。ハイデッガーは、若き時代のルターへの傾倒、ブルトマンとの親交、そして東洋の思想家たちとの交わりといった出来事を通して宗教的事柄を彼の思惟の根底として問い抜いていった。さらに『寄与』に見られる真起に基づく神と人間との相互委譲、「真理が生起しその生起に人間が与ることを第一義とする神観念、さらに技術の時代におけるこれまでの神（々）を断念せざるをえない場面における存在の思惟といった、ハイデッガーにおける宗教を巡る思惟を考察した。このような考察によって、神や宗教を巡る思惟がハイデッガーの歩みをその根底において衝き動かすものであることが明らかになった。さらにこの思惟において「言語」が根本の問題であることも示された。

最後に私たちは宗教の言語として「神話」を問題にした。そのさい、ハイデッガーが若き日に直接討論の場を持ったカッシーラーの神話論が導きとなった。もっともハイデッガーがカッシーラーを正当に評価しているわけでもカッシーラーに倣って神話を正面から問題にしたわけでもないが、ハイデッガーの「宗教と言語」への問いにおいて神話の問題はけっして等閑に付しうるものではなかった。ハイデッガーはとりわけギリシアの神話に即して、神話を宗教的真理を語る言語の可能性と見なしたと言うことができると思われる。もちろん神話の言語によって彼の宗教的言語への問いに最終解答が与えられたわけではないが、宗教的言語の一つの可能性が示されたと言うことはできるのではないだろうか。

このような仕方で私たちは、ハイデッガーの思惟行路を「宗教と言語」への問いという視線で追った。そこで私たちが本書の最後に明らかにしなければならない課題は、このようにハイデッガーの思惟の営みをたどることを通して私たちの宗教理解にどのような知見が加えられたのか、ということであろう。そこで私たちはこの課題のために、従来の宗教理解を確認しておこう。

一　宗教とは

宗教において核心となる事柄は人間の救済ということであるが、この救済が人間を超えた次元からの「語りかけ」という形で与えられるところに宗教の根本性格が存すると言えるだろう。この「語りかけ」はつねに救済と結びつくわけではないが、この「語りかけ」を恩寵として受け取り救済と結びつけることができるところに宗教の根本が見て取れる。そして私たちは、この語りかけの言語性こそが宗教とって中枢となる事柄であると考えた。宗教はこの語りかけを巡って、大きく二つのタイプに分けることができるだろう。すなわち、キリスト教やイスラームといった唯一神教に見られるように超越者からの語りかけによって救済がもたらされるとする宗教と、「己事究明」をその柱とする仏教のように自己の根本的なあり方を問い抜き究明するという仕方で救済を求め救済に恵まれる宗教との二つである（1）。そこでまず、この二つのタイプの宗教について考察し、その後に宗教の本質究明にとって大きな意味を持ち続けている「聖なるもの」概念を検討してみたい。

1．超越者の語りかけとしての宗教

ユダヤ教、キリスト教、イスラームといった唯一神教（一神教）においては、語りかけがあらゆる意味で人間を超えた超越者、すなわち神からなされるということが明確にされている。唯一神教においては、人間存在の根本転回は神からの語りかけに対する応答という仕方でなされる。この神からの語りかけは「啓示」として、「超越の次元が歴史的世界のうちにみずからを顕わす出来事」として私たちに知られることになる。この顕われを私たちは「超越の次元からの語りかけ」として受け取るのであるが、超越の次元と歴史的世界とはまったく異質なものであるので、この超越者からの語りかけはさしあたって人間には理解不可能な謎、ヤスパース（Jaspers, Karl, 1883-1969）の用語を使うと「暗号」（Chiffern）（2）という性格を持つものとなる。確かにユダヤ教やイスラームといった唯一神教において、この語りかけは「預言者」を通して人間に理解可能な言葉として伝えられているが、この預言者の言葉においても謎という性格が消え去るわけではない。預言者とは、神の語りかけを聴きそれを人間の言葉で伝えることによって超越の次元と歴史的世界との仲介をなす者であり、多くの場合神によって選ばれ召される。ユダヤ教はこのような預言者たちによって織り成された宗教であり、イスラームはユダヤ教の影響を受けつつ、神（アッラー）の語りを預言者ムハンマドの言葉を通して伝えるという仕方で成立した。それに対してキリスト教はユダヤ教を母胎としつつ、神が独り子イエス＝キリストをこの世に遣わす――これがキリスト教における啓示である――という仕方で成立している。したがってキリスト教においては神の語りかけが預言者を通して直接人々に伝えられるということはないが、イエス＝キリストの存在そのもの、その死復活が神の語りかけであると見なすべきであろう。このように啓示宗教とよばれるユダヤ教、キリスト教、イスラームは超越者の語りかけによって成立する宗教と特徴づけることができる。

そこでこのような語りかけに呼応する形での人間存在の救済の構造について考えてみよう。まず注目すべきことは、神の語りかけは人間に対し、自我の枠組みを破壊する威力を持つものとして経験されるということである。『旧約聖書』の「ヨブ記」においてヨブへの語りかけが、ヨブの敬虔を打ち砕くような仕方でなされたように、イスラームにおいてムハンマドに対する最初の啓示が、「誦め……」（3）といった暴力的なものであったように、神の語りかけは、さしあたって人間に救いを与えるといったものであるよりは、むしろ人間を驚愕させ震撼させるという性質を持つ。このとき人間は自我の破れの経験を通して、自己を成り立たしめている根拠が自己のうちにではなく自己を超えたものにあることを知らされることになる。これは自己の無力を知ることでもある。このとき、自己へと向けられていた心は自己を超えたものへと向きを変えることになる。この根本転回は「回心」と呼ばれるが、この回心を通して人間は超越者へと向かうことになり、超越者との関わりによって規定されることとなる。唯一神教における救済は、神との関わりのうちに入ることによって、神の恩寵によって生きる者となることによって成就される。「私はキリストと共に十字架につけられてしまっている。もはや私が生きているのではなく、キリストが私のうちで生きておられるのである」（「ガラテヤ人への手紙」2・19-20）（4）というパウロの激白は、回心を通してパウロが神との関わりのうちに生きる者となったことを示している。このような超越者との関わりを通して、人間に宗教的次元が拓かれ真の意味で「信仰」が成立することになる。「信仰」とは、神との関わりのうちに生きる者の、宗教的次元が拓かれた者の基本的なあり方であり、超越の次元からの語りかけに対する応答という性格を持つものであると考えられる（5）。信仰というあり方において人間は、みずからを虚しくしてただ恩寵としての神の語りかけを持続的に受け入れることとなる。

2．自己存在への問いとしての宗教

超越者からの語りかけによって救済がもたらされる一神教に対して、自己の根本的なあり方を問い抜き究明するという仕方で救済を求めその究極において救済に恵まれる宗教の典型を、私たちは仏教において見いだす。仏教は「己事究明」を根本の課題とし、自己本来のあり方に覚《めざ》めるということに救済の可能性を見て取る。ここではこの連関を、仏教経典の最初期のものの一つである『スッタニパータ』の一節において確認してみよう。

メッタグー尊者が申し上げる。「世尊よ、わたくしはあなたにお尋ねいたします。どうかわたくしにつぎのことを教えて下さい。わたくしが思いますに、あなたこそ、真理の知を体得しておられ、純粋なる精神を体現しておられます。いかなるものであるにせよ、世間的存在には多種多様な苦悩が存在しているが、何が存在根拠となって、ここなる多種多様な苦悩が現前してくるのであるか」

世尊が説かれる。「メッタグーよ、きみはわたくしに苦悩の存在根拠を尋ねている。わたくしがさとりの知によって知っているがままに、そのことをきみに説明することとしよう。いかなるものであるにせよ、世間的存在には多種多様な苦悩が存在しているが、それらの苦悩は、『〔さまざまな存在を、しかしとくに個体存在を〕所有すること』が存在根拠となって現前してくるのである。

まことに真理を知ることなく、『〔さまざまな存在を、しかしとくに個体存在を〕所有すること』をなすからこそ、闇愚なるものは、くり返しくり返し苦悩の存在に堕していくのである。それゆえに〔とくに個体存在を所有することこそが〕苦悩が生成してくる存在根拠であるとつねに観察しつづけていって、さとりの知によって知って、〔とくに個体存在を〕所有することをしないようにするがよい」。（6）

この一節は、バラモンの門弟メッタグー尊者が問い世尊すなわちブッダがそれに答えるという形で、ブッダの「さとりの知」、すなわちブッダの根本の宗教体験が明らかにされるという内容になっている。メッタグー尊者の問いは、世間的存在としての人間に備わる多種多様な苦悩を確認したのちに、それらの苦悩が存在する根拠は何かというものである。それに対するブッダの答えは、苦悩の存在根拠はさまざまな存在に対する、とりわけ個体の存在に対する「所有」だとするものである。すなわち人間はさまざまな存在者を、とりわけみずからの存在を「わたくしのもの」として所有しようと欲し、それによって苦悩が生じるのであって、「この所有に対する欲求、執着そしてそれらの深層に存する欲望こそが人間を苦悩へと導く根拠であると知れ」ということがブッダのメッセージであり、このメッセージこそがブッダの「さとりの知」の内容ともなるであろう。

ところでこの「さとりの知」は引用のなかでは、「〔とくに個体存在を所有することこそが〕苦悩が生成してくる存在根拠であるとつねに観察しつづける」という仕方で得られる知である。ここで「観察」とは外的対象を注意深く見つめるといったことではなく、みずからの存在に問いかけみずからの存在を問い抜くという仕方でみずからの苦悩の存在の根拠を追求するということであり、この追求によって究明される真理、すなわち所有を根拠として苦悩が生じるという真理を見極めることである。この真理が見極められるとき、所有の放捨によって、その理由が説明できないような仕方で「わたくしのもの」とする自我意識が、そしてそもそも「深層の欲望」が消えていくことになると考えられる。この所有の放捨にともなう欲望の消滅に関して、私たちの連関でつぎのように理解できるのではないだろうか。すなわち所有が放捨されるとき、さまざまな存在者はもはや所有の対象ではなく、「恵まれたもの」として受け取り直されるのではないか。ここでさまざまな存在者を「恵まれたもの」として受け取るとは、恵みがそこから与えられる次元を感じ取るということでもある。このとき人間は、さまざまな存在者を「所有の対象」と見てその対象に執着するというあり方から、もともと存在のうちに潜む恩寵に気づくという仕方で、さまざまな存在者を「恵まれたもの」として「感謝」して受け取るというあり方へと根本的に転回することになると考えられる。この根本転回こそが、「さとり（覚《めざ》め）」と言われる事態であり、人間に救済が恵まれる事態である――私たちは深層の欲望の消滅をこのように理解したいと思う。そしてこの理解において、恵みを与える次元の感取を超越の次元からの語りかけの聴取だと解釈することもできるかもしれない。すなわち自己への問いとしての宗教においても、超越の次元からの語りかけを想定することが可能であり、「さとり（覚《めざ》め）」という決定的な場面にもこの語りかけが届いていると理解することができるのではないだろうか。

ブッダはまさに「己事究明」という仕方で、苦悩の根拠の解明を求めて修行し、この修行によって生じた根本転回によって、「本来の自己に覚《めざ》める」という仕方でさとりを得た。このようなブッダのさとりの内容は、やがて四諦説、十二支縁起説といった法数項目へとまとめられる過程で、原始仏教経典（阿含経典）として言語化されていく。この言語化はブッダがみずからの存在に問いかけみずからの存在を問い抜くという仕方で得られたさとりの言説化であり、このとき言語化されるさとりの内容は、超越者の語りほどには謎に満ちたものでないとさしあたっては考えられる。しかしながらそれでも、「ブッダの沈黙」に表れているように、さとりという根本転回にどこまでも付きまとう言語化不可能性は仏教の根本事態であり、この事態は大乗仏教における「無」、「空」といった重要概念のうちに保たれることとなる。この根本転回という「恵みの出来事」は、言語による解明を拒絶する出来事であるが、この出来事のうちに超越の次元からの語りかけを認めることができるとも考えられる。

3.「聖なるもの」による宗教規定

以上私たちは、世界の諸宗教を二分することになる宗教のタイプについて考察した。つぎに私たちはこのような多様性を有する宗教現象に対して、その本質規定の試みに一瞥を与えておきたい。私たちは例えばG・メンシング（Mensching, Gustav. 1901-1978）が挙げる「宗教は聖なるものとの体験的出会いおよび聖なるものによって規定された人間の応答的行為である」(7)という定義、あるいは「宗教現象のうちにある唯一で（他のものに）還元可能でないもの」を「聖という性格」と捉え、具体的な宗教現象を「聖なるものを表明する何らかのもの」（ヒエロファニー）において考察しようとするM・エリアーデに見られるように(8)、宗教の本質を考える上で「聖なるもの」という基本概念を無視することは許されないであろう。「聖なるもの」はここ一世紀以上にわたって宗教学研究をリードしてきたが、この概念の使用においてR・オットーの諸研究、とりわけ『聖なるもの』（一九一七年）がどこまでも重視されるべき位置を保持し続けている。オットーはこの書で「ただ宗教の領域だけに現れてくる独特な価値評価」を「聖なるもの」と名づけるのであるが、聖なるものには倫理的要素、合理的要素が含まれているため、それらの要素を取り除いた「余剰物」こそが「あらゆる宗教にそれ固有の最内奥として生きている」事柄、「それなしには宗教がまったく宗教でなくなるような」事柄だと考える。このような事柄をオットーは「ヌーメン的なもの」（das Numinose、神霊的なもの）と名づけるのであるが、どのように名づけられようとも、「ヌーメン的なもの」としての「聖なるもの」は「語りえぬもの（arrēton, ineffabile）」、そのかぎり「概念把握がまったくできないもの」であり、絶対者に対する「被造物」の感情などとして感じられるしかないものである（9）。オットーはこのヌーメン的なものに対していくつかの要素を挙げて説明するが、とりわけ「戦慄すべきもの」と「魅惑するもの」という二つの対照的性格を持つ「神秘（mysterium）」という要素が重要であると思われる。すなわち「戦慄すべき神秘」とは、それに接近することが絶対に不可能な「まったく他なるもの」に対する驚き、畏怖の対象であるが、「同時にそれは心を惹きつけ魅する。そしてその前に卑屈にひるんでおののく被造者は、つねに同時に、それに向かいそれを何らかの方法で自分のものにしようとさえする衝動を持っている」のであって、戦慄すべきものと魅惑するものという「対照的なものの調和」こそが宗教の要諦となる事柄、「宗教史全体にわたってもっとも奇妙でもっとも注目に値する出来事」であるとされるのである（10）。

ここで私たちは、このオットーの「聖なるもの」という概念に対して検討を加えたい。まず私たちは宗教の本質規定における基本概念としての「聖なるもの」の普遍性要求について考えてみたい。例えばいま私たちは「神秘」における戦慄すべきものと魅惑するものとの対照的調和ということに触れたが、オットーは神秘がいつも「戦慄すべき」と結びつくわけではないという事態を正確に洞察しつつも、宗教史の始まりを「戦慄すべき神秘」のうちに見る。オットーは「戦慄すべき神秘」の「戦慄すべき（tremendum）」という性格を論じるさいに、宗教の事柄としての「宗教的畏怖」との連関で、「宗教的畏怖」の前段階となるような「デーモン的な畏怖」、この「妖怪による恐怖」をともなった畏怖を「不気味さ」の感情と呼び、宗教史の展開の始まりと見なしている（11）。ここで「戦慄すべき神秘」に対する原初的感情とも言うべき「不気味さ」の感情のうちに宗教の始まりが見られるとき、オットーは仏教に代表される「自己存在への問いとしての宗教」をも念頭に置いて論じていると言えるであろうか。もちろん私たちが仏教を考察したさいに見た「世間的存在に存在する多種多様な苦悩」も、苦悩の根拠が分からないという不安を通して不気味さの感情を引き起こす場合があるだろうし、仏教の場合も死後のあり方に対する人類普遍の恐怖から始まったと言える側面はある。しかしこの場合、不安を感じる対象、不気味さの感情を引き起こす対象はあくまでも自己存在そのものであり、オットーがヌーメン的なものを「客観的に、私の外に感じられるもの」(12)と明確に規定していることからも、彼が宗教固有の最内奥として聖なるもの、ヌーメン的なものを考えるさいに「自己存在への問いとしての宗教」を強く意識しているとは言えない。むしろオットーがここで思い浮かべているのがユダヤ−キリスト教であることは、この「戦慄すべき」を「ある場合には独占的に、ある場合には主として」表す表現としてヘブライ語の hiq'dīsch を挙げていることからも窺見できる。確かに私たちが「自己存在への問いとしての宗教」を考察したさい、超越の次元からの語りかけとも解釈可能な恵みが見て取れたが、この語りかけは自己の根底に、魂の根底に聴かれるものであり、この場合の超越の次元はけっして「客観的に、私の外に感じられるもの」ではない。すなわちここでオットーは人間に宗教的感情を引き起こすものの性格にこそ注目しているのであり、一神教的超越者のあり方こそが関心の的なのだと考えざるをえない——たとえオットーがこの書のなかで仏教に関してしばしば言及しているとしても。このことはプロテスタント神学者でもあるオットーの限界であると言えるかもしれない(13)。

さらにオットーがこの書で展開する「ヌーメン的なもの」の言語化可能性についても検討を加えたい。彼は「ヌーメン的なもの」を「語りえぬもの」、「概念把握がまったくできないもの」と捉えつつも、他方でその表現可能性として「表意文字(Ideogramm)」、「類比概念」に言及する。オットーは「まったく他なるもの」、「一般的意味では、見知らぬもの、理解されないもの、解明されないものという意味での秘密」を「神秘」と名づけるとき、それは「ただ自然的なものの領域からの類似概念」であるとする。すなわち「見知らぬもの」、「奇異の念を起こさせるもの」は、「見慣れたもの」、「理解されたもの」、「慣れ親しんだもの」、総じて「内輪の」領域からの「類推」によって概念化されるのであって、それは「まさに類比概念のゆえに表示のために提示されたもの」であり、「この概念は事柄をほんとうに汲み尽くしているわけではない」とされる。したがって「神秘」という宗教的事柄それ自体は本来的に「感情の要素」であり、「まったく他なるもの」を前にした「茫然自失の感情（stupor）」なのである（14）。この説明からも明らかなように、オットーは宗教に固有な事柄を「感情の要素」と捉えているのであり、この事柄を概念化、言語化することは慣れ親しんだ領域からの類推による仮のものなのであって、この概念によっては事柄をほんとうに汲み尽くすことはできないと断言するのである。したがってオットーの言う「神秘」、オットーの「聖なるもの」概念は私たちが「宗教の深み」と考えた〈秘蔵されたもの〉と事柄として別物でないとはいえ、宗教の根源を〈秘蔵されたもの〉を護る言語の営みに見る私たちの立場は、宗教の究極的なものを感情に見るオットーとは相容れないものと言わざるをえない。

確かに「聖なるもの」概念による宗教規定は宗教学研究に革命をもたらし、「神」概念を用いない宗教規定、ユダヤ―キリスト教に囚われない宗教規定を可能にした。仏教でさえ、「聖なるものの体験」という規程によって表される要素を多く含んでいる。オットーによる「聖なるもの」の分析、「被造者感情」、「戦慄すべき神秘」、「ヌーメン的賛歌」、「魅惑するもの」、「巨怪なもの」、「ヌーメン的価値としての神聖―崇高」といった要素への分析は宗教の持つ豊かな側面に私たちの目を開かせてくれた。しかしながら宗教にとって概念規定はどこまでも仮のものとするオットーによって提出された「聖なるもの」、「ヌーメン的なもの」という概念は、宗教の本質規定における基本概念とするには原理的困難を含むことになる。もちろん「聖なるもの」概念はオットーでもって完成したわけではなく、その後多くの宗教学者によって吟味されて重要概念として使用されている。しかしながらこの概念はオットーによる概念規定を離れて使用されるわけではないこともまた確かであろう。もちろん宗教現象の持つ無限の豊穣さに目をやるとき、言語による規定は色褪せて見える。しかしながら私たちがこれまで考察したように、言語そのものの深みは宗教の深みへと通じるものである。この深みが〈秘蔵されたもの〉によって表されるとするとき、この概念こそが宗教の無限の豊穣さを表現できるのではないだろうか。この概念の発見こそが、ハイデッガーの宗教の思索が私たちの宗教理解にもたらした最大の寄与であると言えないであろうか。

私たちのこれまでの考察において、宗教と言語との関わりにとって肝要となるのは〈秘蔵されたもの〉であった。この〈秘蔵されたもの〉を護ることこそ宗教の言葉の本質であった。私たちはこの〈秘蔵されたもの〉との連関で宗教の基本的なあり方を考えてみたい。

二　宗教と言語――宗教の根源へ

前節の考察で、超越者の語りかけによって救済がもたらされるとする宗教においてはもちろん、自己の根本的なあり方を究明するという仕方で救済に恵まれる宗教においても、超越の次元からの語りかけがその宗教にとって大きな意味を持つと理解できることが確認された。しかしハイデッガーによって示された「人と神との相互委譲」という宗教性において、神の超越性は希薄になっていると考えざるをえなかった。そうだとするとこの宗教性において私たちが宗教の根本性格と考えた「超越の次元」からの語りかけは、もはやその役割を演じることはないということなのであろうか。ハイデッガーの言う「これまでに存在した〔神々〕とはまったく別のもの」とは超越性を欠いた神ということになるのであろうか。しかしながら超越性によらない救済が宗教と呼べるのであろうか。私たちはまた、従来の「聖なるもの」概念が言語による宗教一般の本質規定の可能性として、かならずしも相応しいものではないことを示した。そのとき「聖なるもの」概念の問題点はまさにこの概念と超越的神概念との結びつきであった。私たちが「聖なるもの」に代わって〈秘蔵されたもの〉を提出したのは、宗教的なるものの言語による表現可能性を求めてであったが、この〈秘蔵されたもの〉ははからずも超越的神概念に囚われない宗教性を表す可能性となった。私たちはこの

〈秘蔵されたもの〉のうちに、「超越の次元」が孕む問題の解決を見いだすことができるかもしれない。ハイデッガーの思惟連関からもう一度振り返って考えてみよう。

本書はハイデッガーの思惟を「宗教への問い」という切り口で解明するものである。そのさい私たちは「ハイデッガーの思惟の歩みは宗教への問いをその根底に持ち続けている」と解釈し、この解釈の妥当性をハイデッガーのテクストにおいて確認しつつ彼の思惟を追求してきた。私たちは本書において、このようなハイデッガーの思惟の道をともに歩みつつ、宗教の本質へ迫ろうと試みた。ハイデッガーは『寄与』において、人間と「相互委譲」の関係にある神、「これまでに存在した〔神々〕とは、とりわけキリスト教の神とはまったく別の」（GA65, 403）神を索めたが、この「最後の神」はその立ち寄りに歴史の根本転換の可能性が見られる神、「別の始元」において将来的な者たちに出会われる神でもある。彼がこのような神を索めたのは、キリスト教の神や神学を問題にする連関においてであり、しかもこの連関に留まらず彼のまなざしが神や神学の問題を突破して宗教そのものへと向けられていたからであると思われる。もっともハイデッガーの神観念はヘルダーリンに強く依存しており、ヘルダーリンによって謳われた神（々）はキリスト教との親縁性を否定できないものである。このことを考えるとハイデッガーが索めた神が、はたして「キリスト教の神とはまったく別のもの」であったのかという疑問は残るが、私たちがこの研究で見いだしたのは、この神が「真理が生起しその生起に人間が与る」ことを第一義とするものだということであった。ハイデッガーにとって神の問題は「存在」への問いと別物ではなく、存在の「真理」の生起と一つに問われた――このことこそハイデッガーの「宗教への問い」にとって肝要な点であると言えるだろう。したがって彼の神への問いにおける根本語が「真起」ということになる。そして私たちは真理の問題の核心に〈秘蔵されたもの〉を見て取った。この〈秘蔵されたもの〉のうちにこそ、私たちは言語と宗教とを結びつける要諦、言語と宗教の深みを見いだしたのであった。

私たちは詩作の根本構造のうちに、言語と宗教の根本のあり方を見て取った。すなわちヘルダーリンの言う「詩人的に住む」というあり方のうちに、私たちは宗教的な次元の具体的姿を見いだしたのであった。詩作の言葉は、〈秘蔵されたもの〉を明け開きつつ、同時に〈秘蔵されたもの〉を〈秘蔵されたもの〉として護る言葉であり、言語の根源としての言の語りは、人間に対して〈秘蔵されたもの〉から〈秘蔵されたもの〉へと呼びかけるものであった。すなわち詩作の言葉は、そしてそもそも言語は、その根源に〈秘蔵されたもの〉を蔵《かく》しそれを護るものであることが明らかにされた。もっともこの詩作の言葉は神々の目くばせを受容し神々の語りかけに応える人間の言葉でもあり、超越の次元に届く可能性を保持するものでもあったが、その後ハイデッガーは「存在の声に聴従する思惟」という発言にも見られるように、超越の次元からの語りかけに耳を傾けるよりはむしろ、「真理が生起しその生起に人間が与る」ことをその神観念の第一義とするようになる。真理の核心である〈秘蔵されたもの〉のうちにこそ、宗教の深みが見られていく。このことはハイデッガーが人と神との相互委譲を考え、超越性の希薄な神概念を考えたことと関連するであろう。しかし彼が宗教における超越性をまったく否定しているとも言えない。むしろハイデッガーの宗教へのまなざしは、超越性の有無にではなく、言語のうちへと溶け込んだ宗教性にこそ向けられたと言えるのではないだろうか。このまなざしにおいて、私たちが先に考察した世界の主要な宗教はどのような相貌を見せるのであろうか。

まず超越の次元からの語りかけによって始まる宗教、すなわち超越者の語りかけによって救済がもたらされるとする一神教において、宗教の言語性に注目するとき、超越の次元に潜む〈秘蔵されたもの〉がみずからの語りを「静寂の鳴り響き」として、「言の語り」として人々に届けることになるとも考えられる。ユダヤ教やイスラームにおいて、神の語りかけは預言者という特定の人物によって聴かれ人間の言葉によって神の言《ことば》として人々に伝えられるが、この預言者による神の語りの言語化は〈秘蔵されたもの〉の言語化とも理解でき、このような言語化の集成としての「教典」の解釈を通して私たちは言語のうちに溶け込んだ〈秘蔵されたもの〉と関わることになる。もちろんこの超越の次元に潜む〈秘蔵されたもの〉はどこまでも謎に留まるものであり、この解釈という仕方での〈秘蔵されたもの〉との関わりは信仰と一体のものである。例えばイスラームでは、神の語りは預言者ムハンマドを通して人間の言葉（アラビア語）で伝えられつつも、その謎的性格ははっきりと自覚されており（15）、その言葉の解釈を補佐すべき預言者の範例（スンナ）やその根拠となる預言者の言動を伝えるハディースは重要なものとなるが、教典の解釈という仕方で信仰と一体になりつつ謎としての〈秘蔵されたもの〉が護られていくことこそ、イスラーム（神への全人格的帰依）の要諦であると考えられる。もちろんこのように理解するとき、イスラームにおける神の「名」の重要性が捨象されるのではないかとの危惧が予想されるが、このもっともな危惧に対して、神の名の「多性」という事態がかえって神を〈秘蔵されたもの〉として捉えるべき根拠を示唆しているとも言えるのではないだろうか。またユダヤ教を母胎とするキリスト教では、ロゴスの受肉としての神の一人子イエスによって神と人間との和解が成立しているため、基本的には神の語りはイエスの存在そのものということになるのであろうが、この神の語りにおいてもやはり〈秘蔵されたもの〉は「サクラメント」として保持されており、また教典の「解釈」を重視するプロテスタント神学においてもイエスの出来事における〈秘蔵されたもの〉の護持は忘れられてはいない。さらに唯一神教における「神秘主義」の発展は、〈秘蔵されたもの〉とその言語化こそが宗教の根本問題であることを先鋭化して示しているのではないであろうか(16)。

もっとも唯一神教において神秘主義はむしろ「異端」とされることが多かったのであるが、この言語化の問題がとりわけその根本問題として自覚され問われ続けたのは、超越的唯一神を持たない仏教においてであった。先に見たように宗教を理論的に考察する立場からは、仏教においても「さとり（覚《めざ》め）」という決定的な場面に超越の次元からの語りかけが恵みとして届いていると想定することが可能かもしれない。しかしながらインドの宗教・哲学の伝統に即すとき、仏教のなかに超越の次元を想定するよりもむしろ、〈秘蔵されたもの〉を恵みの根源と理解するべきではないだろうか。仏教においては「ブッダの沈黙」が端的に表しているように、〈秘蔵されたもの〉の言語化可能性こそがその宗教の可能性そのものを決定するだけの重要性を持つ。この言語化可能性に対して詩的言語が大きな役割を果たしたことは、仏教経典における基本事項である。さらに多くの仏典において、その語りが「方便」とされ、どこまでもブッダの沈黙にその真理性が見られていることからも、言語によって〈秘蔵されたもの〉が語られつつ語られないという根本性格が仏教において見つめられ続けていたと考えられる（17）。

このように世界の大宗教をその本質に適って理解しようと試みるとき、超越の次元に代わって〈秘蔵されたもの〉を根本概念とすることには妥当性があると言える。ユダヤ教、キリスト教、イスラーム、仏教といった世界の大宗教において、それらの根本事態と考えられた「超越の次元からの語りかけ」は、より根源的に、より原初的に〈秘蔵されたもの〉の言語化の問題として問われうる。またハイデッガーの思索に見られる神と人との「相互委譲」において神の超越性が希薄になっていると考えられたが、この思索は現代のニヒリズム的状況における「超越の次元」の維持可能性という大問題に大きく寄与するものであろう（18）。〈秘蔵されたもの〉は宗教的次元において言語化されつつ、〈秘蔵されたもの〉は語られつつ〈秘蔵されたもの〉に留まる。一方、ハイデッガーがヘルダーリンにおいて見いだす詩作の言葉は、神々の目くばせの領域で起こる聖なるものの自己開示を受けた言葉の生起によって、〈秘蔵されたもの〉を明け開きつつ同時に〈秘蔵されたもの〉を〈秘蔵されたもの〉として護る言葉であった。この詩作の言葉は、〈秘蔵されたもの〉が〈秘蔵されたもの〉として秘蔵性に留まるという根本性格を持つ宗教的真理の言語化として相応しいことは疑いを容れないであろう。宗教における言語は、ハイデッガーがヘルダーリン解釈において見いだした詩作における言語そのものであると言えるのではないだろうか。

ハイデッガーは人間の死を「存在の本質現成するものをそれ自身のうちに秘蔵する」ものとし、それゆえに「存在の山並み（das Gebirg des Seins）」と名づける（GA7, 180）。ここで「山並み」と訳された das Gebirg は字義どおりには「秘蔵する（bergen）ものの聚摂」を意味するはずであるし、私たちの連関では〈秘蔵されたもの〉そのものであるとも言える。ここで出される「人間の死」は、「死すべき者」として「天」「大地」「神的なるもの」とともに「四方域（das Geviert）」の一翼を担い、宗教的世界を構成することになる。このようにあらゆる宗教の根源とも言うべき人間の死、この死の実相を〈秘蔵されたもの〉との関連のうちに見るハイデッガーの思惟は、まさに真理の根源に宗教的なものを見いだし、その〈秘蔵されたもの〉の言語化可能性を問うた道行きであった言えるのではないだろうか。このことはO・ペゲラーがセザンヌの絵画のうちに、山岳を在らしめつつ同時に消し去るという仕方で、「不在と現在とのともに同時に」という宗教的次元を見いだしたことと深く関係するであろう。

注

（1）グラーゼナップは『五つの世界宗教』において、世界の宗教を大きく、「永遠なる世界法則としての宗教」と「歴史的な神の啓示としての宗教」とに分け、前者のうちには、ヒンドゥー教、仏教、中国の宇宙論（Universismus）を、後者のうちには、キリスト教、イスラームを含めている。この碩学のような世界の宗教全体を射程に収めた広大な視野を筆者が持っているわけではない。私のこの二つの性格づけは、あくまでもキリスト教（ユダヤ教も含む）、イスラーム、仏教の三つを視野に収めているに過ぎないことをここに告白しておきたい。Vgl. Glasenapp, Helmuth von: *Die Fünf Weltreligionen*. Düsseldorf/Köln. 1963.

（2）ヤスパースは「暗号（Chiffern）」を「超越（者）の言葉（Sprache der Transzendenz）」として、彼の宗教哲学の中心的な概念として使っているが、本書ではとくにヤスパースに拘らずにこの概念を使用した。Vgl. Jaspers, Karl: *Der philosophische Glaube angesichts der Offenbarung*. München. 3. Aufl. 1984, S. 153-199.（1. Aufl. 1962）.

（3）イスラームにおいて、ムハンマドに対する最初の啓示はつぎのようなものであったとされている：

「誦め、「創造主なる主の御名において。いとも小さい凝血から人間をば創りなし給う。」

誦め、「汝の主はこよなく有難いお方。筆もつすべを教え給う。人間に未知なることを教え給う」と。」（井筒俊彦訳『コーラン』全三巻、岩波書店、一九五八年、下巻二九三頁）。

（4）この箇所は青野太潮訳による。青野太潮訳『パウロ書簡』〈新約聖書Ⅳ〉、岩波書店、一九九六年、一七五頁。

（5）R・ブルトマンは信仰に関して「信仰は人間から生じることはできず、ただ神の言――この言によって人間に対して神の裁きと神の恩寵とが宣べ伝えられる――に対する人間の応答でしかありえない」と述べる。私は基本的にこの考えを受け入れている。Vgl. Bultmann, Rudolf: *Glauben und Verstehen*, Bd. 1, Tübingen, 7. Aufl. 1972, S. 19.

（6）荒牧典俊訳「スッタニパータ」一〇四九―五一偈（梶山雄一他編『原始仏典第七巻ブッダの詩』、一九八六年、春秋社、所収）、三四八頁。なお荒牧は、みずからの論考「ゴータマ・ブッダの根本思想」（長尾雅人他編『岩波講座東洋思想第八巻　インド仏教1』、一九八九年）、六二―九八頁において、引用した訳文の一部を修正している。本書では、修正されたものを使用した。なおこの引用に対する筆者の理解には、荒牧の論考「ゴータマ・ブッダの根本思想」に基づきつつも、筆者の勝手な（浅薄な）解釈が多く含まれていることを明記しておきたい。なお〔〕内の補足は訳者によるものである。

（7）Mensching, Gustav: *Die Religion: Erscheinungsformen, Strukturen und Lebensgesetze*, Stuttgart, 1959, S. 18. なおテクストのなかでこの定義はイタリック体になっている。

（8）Cf. Eliade, Mircea: *Traité d'histoire des religions*, Paris, 1968, p. 11.

（9）Vgl. Otto, Rudolf: *Das Heilige: Über das Irrationale in der Idee des Göttlichen und sein Verhältnis zum Rationalen*, München, 1987, S. 5ff.

（10）Otto, Rudolf, *ibid.* S. 42.

（11）オットーはこの連関で「この「畏怖」〔デーモン的な畏怖〕とその「なまの」形式、あるとき最初の兆しとして姿を現した「不気味さ（ein Unheimliches）」の感情――原初の人たちの心情に新しく生じた見慣れないこの感情――から、すべての宗教史の展開が始まった。この感情が姿を現すことによって、人類の新たな時代《エポヘ》が始まった」と述べている。*Ibid.*, S. 16.

（12）*Ibid.*, S. 13.

（13）「キリスト教は他の宗教より完全に宗教であり、より完全な宗教である。それというのも宗教一般に備わっているものが、キリスト教においては完全現実態（actus purus）となっているからである」（*ibid.*, S. 72）というオットーの発言も私たちの主張を後押ししているであろう。しかしながら他方、オットーの「聖」観念が聖典や宗教資料の研究に基づくものではなく、度重なる大旅行を通して得られた原体験に拠るという前田毅の指摘は、オットーの「聖なるもの」がキリスト教の枠に囚われるものでないことを明確に示している。本書でなされるオットー批判は、あくまでも本書の文脈において〈秘蔵されたもの〉との対比のためになされたものであることを断っておかねばならない。前田毅「聖の原郷」（『宗教研究』三一四号、日本宗教学会、一九九七年）参照。

（14）Vgl. *ibid.*, S. 30f.

（15）井筒俊彦は、ムハンマドの愛妻アーイシャの証言として、啓示がどのように下るのかを尋ねられたムハンマドが、「時によると、啓示はベルの音のように私のところにやってくる。この形式の啓示がいちばん苦しい。だが、やがてそのベルの音が止み、フッと気がついてみると、それがコトバになって意識に残っている」と語ったという『（ハディース）正伝集』の一節を紹介している（井筒俊彦著『コーランを読む』、岩波書店、一九八三年、四二九頁）。この一節は、超越者の語りかけとその言語化の問題を考えるうえで非常に興味深いものである。

（16）ハイデッガーは、一九五五・五六年の冬学期講義において、ドイツ神秘主義の詩人アンゲルス・ジレージウスの詩「バラはなぜと問うことなしにある、それは咲くゆえに咲く、それは自分自身に注目することも、自分が見られているかを問うこともしない」を取り上げ、この詩において言われていないことこそがむしろ、この詩が本当に言いたいことなのであり、そのこととは、「人間は、彼自身の仕方でバラのようになぜと問うことなしにあるとき、そのときに初めて彼の本質の覆蔵された根底において真実にある」ということである、と述べている。Vgl. *GA10*, 53ff.

（17）「語って語らない」という言葉の本質については、上田閑照の著述より多くの教示を得た。例えば『上田閑照集』第二巻（岩波書店、二〇〇二年）の「第二部　経験と言葉」を参照されたい。

（18）ハイデッガーにおけるニヒリズムとの対決に関しては、氣多雅子著『ニヒリズムの思索』（創文社、一九九九年）を参照されたい。

文　献

（1）ハイデッガーの著作

①ハイデッガー全集（Gesamtausgabe, Vittorio Klostermann, Frankfurt a. M.）

GA1: *Frühe Schriften 1912-1916*, 1978.

GA2: *Sein und Zeit*, 1977.

GA3: *Kant und das Problem der Metaphysik*, 1991.

GA4: *Erläuterungen zu Hölderlins Dichtung*, 1981.

GA5: *Holzwege*, 1977.

GA6.1: *Nietzsche 1*, 1996.

GA6.2: *Nietzsche 2*, 1997.

GA7: *Vorträge und Aufsätze*, 2000.

GA8: *Was heißt Denken?*, 2002.

GA9: *Wegmarken*, 1976.

GA10: *Der Satz vom Grund*, 1997.

GA11: *Identität und Differenz*, 2006.

GA12: *Unterwegs zur Sprache*, 1985.

GA13: *Aus der Erfahrung des Denkens 1910-1976*, 1983.

GA14: *Zur Sache des Denkens*, 2007.

GA15: *Seminare*, 1986.

GA16: *Reden und andere Zeugnisse eines Lebensweges 1910-1976*, 2000.

GA17: *Einführung in die phänomenologische Forschung* (Vorlesung 1923/24), 1994.

GA18: *Grundbegriffe der aristotelischen Philosophie* (Vorlesung 1924), 2002.

GA19: *Platon: Sophistes* (Vorlesung 1924/25), 1992.

GA20: *Prolegomena zur Geschichte des Zeitbegriffs* (Vorlesung 1925), 1979.

GA21: *Logik. Die Frage nach der Wahrheit* (Vorlesung 1925/26), 1976.

GA22: *Grundbegriffe der antiken Philosophie* (Vorlesung 1926), 1993.

GA23: *Geschichte der Philosophie von Thomas von Aquin bis Kant* (Vorlesung 1926/27), 2006.

GA24: *Die Grundprobleme der Phänomenologie* (Vorlesung 1927), 1975.

GA25: *Phänomenologische Interpretation von Kants Kritik der reinen Vernunft* (Vorlesung 1927/28), 1977.

GA26: *Metaphysische Anfangsgrunde der Logik im Ausgang von Leibniz* (Vorlesung 1928), 1978.

GA27: *Einleitung in die Philosophie* (Vorlesung 1928/29), 1996.

GA28: *Der deutsche Idealismus (Fichte, Schelling, Hegel) und die philosophische Problemlage der Gegenwart* (Vorlesung 1929), 1997.

GA29/30: *Die Grundbegriffe der Metaphysik. Welt--Endlichkeit--Einsamkeit* (Vorlesung 1929/30), 1983.

GA31: *Vom Wesen der menschlichen Freiheit. Einleitung in die Philosophie* (Vorlesung 1930), 1982.

GA32: *Hegels Phänomenologie des Geistes* (Vorlesung 1930/31), 1980.

GA33: *Aristoteles Metaphysik IX 1-3. Von Wesen und Wirklichkeit der Kraft* (Vorlesung 1931), 1981.

GA34: *Vom Wesen der Wahrheit. Zu Platons Hohlengleichnis und Theätet* (Vorlesung 1931/32), 1988.

GA35: *Der Anfang der abendländischen Philosophie: Auslegung des Anaximander und Parmenides* (Vorlesung 1932), 2012.

GA36/37: *Sein und Wahrheit* (Vorlesung 1933, 1933/34), 2001.

GA38: *Logik als die Frage nach dem Wesen der Sprache* (Vorlesung 1934), 1998.

GA39: *Hölderlins Hymnen "Germanien" und "Der Rhein"* (Vorlesung 1934/35), 1980.

GA40: *Einführung in die Metaphysik* (Vorlesung 1935), 1983.

GA41: *Die Frage nach dem Ding. Zu Kants Lehre von den transzendentalen Grundsätzen* (Vorlesung 1935/36), 1984.

GA42: *Schelling: Vom Wesen der menschlichen Freiheit (1809)* (Vorlesung 1936), 1988.

GA43: *Nietzsche: Der Wille zur Macht als Kunst* (Vorlesung 1936/37), 1985.

GA44: *Nietzsches metaphysische Grundstellung im abendländischen Denken: Die ewige Wiederkehr des Gleichen* (Vorlesung 1937), 1986.

GA45: *Grundfragen der Philosophie. Ausgewählte "Probleme" der "Logik"* (Vorlesung 1937/38), 1984.

GA46: *Zur Auslegung von Nietzsches II. Unzeitgemässer Betrachtung* (1938/39), 2003.

GA47: *Nietzsches Lehre vom Willen zur Macht als Erkenntnis* (1939), 1989.

GA48: *Nietzsche: Der europäische Nihilismus* (Vorlesung 1940), 1986.

GA49: *Die Metaphysik des deutschen Idealismus. Zur erneuten Auslegung von Schelling: Philosophische Untersuchungen über das Wesen der menschlichen Freiheit und die damit zusammenhängenden Gegenstände (1809)*, 1991.

GA50: *Nietzsches Metaphysik / Einleitung in die Philosophie-Denken und Dichten* (Vorlesung 1944/45), 1990.

GA51: *Grundbegriffe* (Vorlesung 1941), 1981.

GA52: *Hölderlins Hymne "Andenken"* (Vorlesung 1941/42), 1982.

GA53: *Hölderlins Hymne "Der Ister"* (Vorlesung 1942), 1984.

GA54: *Parmenides* (Vorlesung 1942/43), 1982.

GA55: *Heraklit 1. Der Anfang des abendländischen Denkens* (Vorlesung 1943, Vorlesung 1944), 1979.

GA56/57: *Zur Bestimmung der Philosophie* (Vorlesung 1919), 1987.

GA58: *Grundprobleme der Phänomenologie* (Vorlesung 1919/20), 1992.

GA59: *Phänomenologie der Anschauung und des Ausdrucks. Theorie der philosophischen Begriffsbildung* (Vorlesung 1920), 1993.

GA60: *Phänomenologie des religiösen Lebens* (Vorlesung 1920/21), 1995.

GA61: *Phänomenologische Interpretationen zu Aristoteles. Einführung in die phänomenologische Forschung* (Vorlesung 1921/22), 1985.

GA62: *Phänomenologische Interpretationen ausgewählter Abhandlungen des Aristoteles zur Ontologie und Logik*, 2005.

GA63: *Ontologie. Hermeneutik der Faktizität* (Vorlesung 1923), 1988.

GA64: *Der Begriff der Zeit*, 2004.

GA65: *Beiträge zur Philosophie (Vom Ereignis)*, 1989.

GA66: *Besinnung (1938/39)*, 1997.

GA67: *Metaphysik und Nihilismus*, 1999.

GA68: *Hegel*, 1993.

GA69: *Die Geschichte des Seyns*, 1998.

GA70: *Über den Anfang*, 2005.

GA71: *Das Ereignis*, 2009.

GA73.1, 2: *Zum Ereignis-Denken*, 2013.

GA74: *Zum Wesen der Sprache und zur Frage nach der Kunst*, 2010.

GA75: *Zu Hölderlin / Griechenlandreisen*, 2000.

GA76: *Leitgedanken zur Entstehung der Metaphysik, der neuzeitlichen Wissenschaft und der modernen Technik*, 2009.

GA77: *Feldweg-Gespräche (1944/45)*, 1995.

GA78: *Der Spruch des Anaximander(1946)*, 2010.

GA79: *Bremer und Freiburger Vorträge*, 1994.

GA80.1:*Vorträge, Teil 1:1915-1932*, 2016.

GA81: *Gedachtes*, 2007.

GA82: *Zu eigenen Veröffentlichungen*, 2018.

GA83: *Seminare: Platon--Aristoteles--Augustinus*, 2012.

GA84.1: *Seminare: Kant--Leibniz--Schiller*, 2013.

GA85: *Seminar: Vom Wesen der Sprache. Die Metaphysik der Sprache und die Wesung des Wortes. Zu Herders Abhandlung "Über den Ursprung der Sprache"*, 1999.

GA86: *Seminare: Hegel--Schelling*, 2011.

GA87: *Seminare: Nietzsche: Seminare 1937 und 1944*, 2004.

GA88: *Seminare (Übungen) 1937/38 und 1941/42*, 2008.

GA89: *Zollikoner Seminare*, 2017.

GA90: *Zu Ernst Jünger "Der Arbeiter"*, 2004.

GA94: *Überlegungen II-VI (Schwarze Hefte 1931-1938)*, 2014.

GA95: *Überlegungen VII-XI (Schwarze Hefte 1938/39)*, 2014.

GA96: *Überlegungen XII-XV (Schwarze Hefte 1939-1941)*, 2014.

GA97: *Anmerkungen I-V (Schwarze Hefte 1942-1948)*, 2015.

②単行本

SZ=*Sein und Zeit*, Tübingen. 1927, (Zwölfte Auflage 1972)

Der Spiegel, Nr23/1976. *GA16*, 652-683. 邦訳：「ハイデッガーの弁明」川原栄峰訳、『理想』五二〇号、一九七六年。

Hermann Heidegger(hrsg.): *Überlieferte Sprache und technische Sprache*, St.Gallen, 1989. 邦訳：「伝承された言語と技術的な言語」関口浩訳、マルティン・ハイデッガー『技術への問い』所収、平凡社、二〇一三年。

③書簡集

Walter Biemel und Hans Saner(hrsg.): *Martin Heidegger/Karl Jaspers Briefwechsel 1920-1963*, Frankfurt.a.M./München/Zürich, 1990. 邦訳：渡辺二郎訳『ハイデッガー＝ヤスパース往復書簡――1920-1963』、名古屋大学出版会、一九九四年。

Ursula Ludz(hrsg.): *Briefe 1925 bis 1975 und andere Zeugnisse: Hannah Arendt, Martin Heidegger*, Frankfurt a.M., 1998. 邦訳：大

島かおり・木田元訳『アーレント＝ハイデガー往復書簡――1925-1975』、みすず書房、二〇〇三年。

Gertrud Heidegger(hrsg.): *"Mein liebes Seelchen!" Briefe Martin Heideggers an seine Frau Elfride 1915-1970*, München, 2005.

Andreas Großmann und Christof Landmesser(hrsg.): *Rudolf Bultmann/Martin Heidegger Briefwechsel 1925-1975*, Frankfurt a.M., 2009.

④翻訳

『ハイデッガー選集』（理想社）は一九五二年に刊行が始まり、一九八三年九月まで三〇巻刊行された。それらは随時参照させていただき多くの教示を賜ったが、ここでの記載は割愛する。

『決定版　ハイデッガー全集』（創文社）は一九八五年五月に刊行が始まり、現在刊行中である。それらも随時参照させていただき多くの教示を賜ったが、ここでの記載は割愛する。

Jean Beaufret, Wolfgang Brokmeier et François Fédier(traduit): *Martin Heidegger, Acheminement vers la parole*, Gallimard, 1976.

（2）ハイデッガー研究書

①海外の研究書

Alfred Denker und Holger Zaborowski(hrsg.): *Heidegger-Jahrbuch*, Freiburg/München,

Bd.1: Alfred Denker, Hans-Helmuth Gander und Holger Zaborowski(hrsg.): *Heidegger und die Anfänge seines Denkens*, 2004.

Bd.2: Alfred Denker(hrsg.): *Heidegger und Nietzsche*, 2005.

Bd.3: Alfred Denker(hrsg.): *Heidegger und Aristoteles*, 2007.

Bd.4/5: Alfred Denker und Holger Zaborowski(hrsg.): *Heidegger und der Nationalsozialismus*, 2009.

Bd.6: Rudolf Bernet, Alfred Denker und Holger Zaborowski(hrsg.): *Heidegger und Husserl*, 2012.

Bd.7: Alfred Denker(hrsg.): *Heidegger und das ostasiatische Denken*, 2013.

Bd.8: Alfred Denker, Holger Zaborowski und Jens Zimmermann(hrsg.): *Heidegger und die Dichtung*, 2014.

Bd.9: Virgilio Cesarone(hrsg.): *Heidegger und die technische Welt*, 2015.

Bd.10: Alfred Denker und Holger Zaborowski(hrsg.): *Heidegger und der Humanismus*, 2017.

Bd.11:Alfred Denker, Zaborowski und Holger(hrsg.): *Zur Hermeneutik der "Schwarzen Hefte"*, 2017.

Buchner, Hartmut(hrsg.) im Auftrag der Stadt Meßkirch: *Japan und Heidegger: Gedenkschrift der Stadt Meßkirch zum hundertsten Geburtstag Martin Heideggers*, Sigmaringen, 1989.

Figal, Günter(hrsg.): *Heidegger Furum*, Frankfurt a. M.

Bd.1: Figal, Günter: *Zu Heidegger: Antworten und Fragen*, 2009.

Bd.2: Günter Figal und Hans-Helmuth Gander(hrsg.): *Heidegger und Husserl: neue perspektiven*, 2009.

Bd.3: Friederike Rese(hrsg.): *Heidegger und Husserl im Vergleich*, 2010.

Bd.4: David Espinet(hrsg.): *Schreiben, Dichten, Denken : zu Heideggers Sprachbegriff*, 2011.

Bd.5: David Espinet und Tobias Keiling(hrsg.): *Heideggers Ursprung des Kunstwerks: ein kooperativer Kommentar*, 2011.

Bd.6: Günter Figal und Ulrich Raulff(hrsg.): *Heidegger und die Literatur*, 2012.

Bd.7: Sallis, John(aus dem Amerikanischen von Tobias Keiling): *Heidegger und der Sinn von Wahrheit*, 2012.

Bd.8: Tobias Keiling(hrsg.): *Heideggers Marburger Zeit: Themen, Argumente, Konstellationen*, 2013.

Bd.9: Cimino, Antonio, *Phänomenologie und Vollzug: Heideggers performative Philosophie des faktischen Lebens*, 2013.

Bd.10: Schmidt, Dennis J.(übersetzt v.Nikola Mirlović), *Idiome der Wahrheit*, 2014.

Bd.11: Peter Trawny und Andrew J. Mitchell(hrsg.): *Heidegger, die Juden, noch einmal*, 2015.

Bd.12: Cesare, Donatella Di: *Heidegger, die Juden, die Shoah*, 2016.

Bd.13: Hans-Helmuth Gander und Magnus Striet(hrsg.): *Heideggers Weg in die Moderne: eine Verortung der "Schwarzen Hefte"*, 2017.

Bd.14: Iorio, Alessandro: *Das Sein erzählt: Heideggers narratives Denken*, 2017.

Bd.15: Mitchell, Andrew J.(übersetzt v. Peter Trawny): *Heidegger unter Bildhauern: Körper, Raum und die Kunst des Wohnens*, 2018.

Franz, Helmut: "Das Denken Heideggers und die Theologie", in: Gerhard Ebeling(hrsg.): *Zeitschrift für Theologie und Kirche*, Beiheft 2, Tübingen, 1961.

Gander, Hans-Helmuth: "Phänomenologie im Übergang. Zu Heideggers Auseinandersetzung mit Husserl", in: *Heidegger-Jahrbuch 1*.

Gethmann-Siefert, Annemarie: *Das Verhältnis von Philosophie und Theologie im Denken Martin Heideggers*. Freiburg/München, 1975.

Annemarie Gethmann-Siefert und Otto Pöggeler(hrsg.): *Heidegger und die praktische Philosophie*, Frankfurt a. M., 1988.

Jäger, Alfred: *Gott: nochmals Martin Heidegger*, Tübingen, 1978.

Löwith, Karl: *Heidegger, Denker in dürftiger Zeit*, Göttingen, 2., erweiterte Auflage 1960, (1. Aufl. Frankfurt a. M., 1953).

Neske, Günter(hrsg.): *Erinnerung an Martin Heidegger*, Pfullingen, 1977.

Ott, Heinrich: *Denken und Sein: Der Weg Martin Heideggers und der Weg der Theologie*, Zollikon, 1959.

Ott, Hugo: *Martin Heidegger: Unterwegs zu seiner Biographie*, Frankfurt a. M./New York, 1988, S.85.

Parkes, Graham(ed.): *Heidegger and Asian thought*, Honolulu, 1987.

Petzet, Heinrich Wiegand: *Auf einen Stern zugehen*, Frankfurt/M., 1983.

Pöggeler, Otto: *Der Denkweg Martin Heideggers*, Pfullingen, 3. erweiterte Aufl. 1990, (1.Aufl. 1963).

Pöggeler, Otto: *Philosophie und Politik bei Heidegger* , Freiburg/München, 1972.

Pöggeler, Otto: *Heidegger und die hermeneutische Philosophie*, Freiburg/München, 1983.

Pöggeler, Otto: *Neue Wege mit Heidegger*, Freiburg/München, 1992.

Pöggeler, Otto: *Heidegger in seiner Zeit*, München, 1999.

Pöggeler, Otto(hrsg.): *Heidegger: Perspektiven zur Deutung seines Werkes*, Königstein/Ts, 1984.

Pöggeler, Otto: ""Eine Epoche gewaltigen Werdens" Die Freiburger Phänomenologie in ihrer Zeit" in: Orth, Ernst Wolfgang(hrsg.): *Die Freiburger Phänomenologie*(*Phänomenologische Forschungen* Bd.30), Freburg/München, 1996.

Pöggeler, Otto: "Heideggers Luther-Lekture im Freiburger Theologenkonvikt", in: *Heidegger-Jahrbuch 1*.

Pöggeler, Otto: "Die Krise des phänomenologischen Philosophiebegriffs(1929)", in: *Phänomenologie im Widerstreit: Zum 50. Todestag Edmund Husserls*, Christoph Jamme und Otto Pöggeler(hrsg.), Frankfurt a.M., 1989.

Richardson, William J.: *Heidegger: through phenomenology to thought*, The Hague, 1963.

Stadt Meskirch(hrsg.): *Martin Heidegger 26. September 1969: Ansprachen zum 80.Geburtstag*, Meßkirch, 1969.

②翻訳書

リチャード・ウォーリン著、小野紀明・堀田新五郎・小田川大典訳『存在の政治——マルティン・ハイデガーの政治思想』、岩波書店、一九九九年。

ジャン・グレーシュ著、杉村靖彦他訳『『存在と時間』講義——統合的解釈の試み』、法政大学出版局、二〇〇七年。

ジョージ・スタイナー著、生松敬三訳『マルティン・ハイデガー』、岩波書店（同時代ライブラリー）、一九九二年。

ジャック・デリダ著、港道隆訳『精神について——ハイデッガーと問い』、平凡社ライブラリー、二〇〇九年。

ヴィクトル・ファリアス著、山本尤訳『ハイデガーとナチズム』、名古屋大学出版会、一九九〇年。

ディディエ・フランク著、中敬夫訳『ハイデッガーとキリスト教——黙せる対決』、萌書房、二〇〇七年。

ジョン・マクウォーリー著・村上喜良訳『ハイデガーとキリスト教』、勁草書房、二〇一三年。

③日本の研究書

秋富克哉『芸術と技術——ハイデッガーの問い』、創文社、二〇〇五年。

秋富克哉他編『ハイデガー読本』、法政大学出版局、二〇一四年。

小野真『ハイデッガー研究——死と言葉の思索』、京都大学学術出版会、二〇〇二年。

鹿島徹他『ハイデガー『哲学への寄与』解読』、平凡社、二〇〇六年。

茅野良男『初期ハイデガーの哲学形成』、東京大学出版会、一九七二年。

茅野良男『ハイデッガー』（人類の知的遺産 七五）、講談社、一九八四年。

茅野良男『中期ハイデガーの思索と転回』、創文社、一九八五年。

木田元『ハイデガーの思想』、岩波書店（岩波新書）、一九九三年。

木田元『ハイデガー拾い読み』、新書館、二〇〇四。

古東哲明『ハイデガー＝存在神秘の哲学』、講談社（講談社現代新書）、二〇〇二年。

後藤嘉也『ハイデガーにおける循環と転回――他なるものの声』、東北大学出版会、二〇〇八年。

茂牧人『ハイデガーと神学』、知泉書館、二〇一一年。

高田珠樹『ハイデガー――存在の歴史』、講談社学術文庫、二〇一四年。

田鍋良臣『始源の思索――ハイデッガーと形而上学の問題』、京都大学学術出版会、二〇一四年。

塚本正明『人間存在と時間の謎――ハイデガーの時間論を越えて』、晃洋書房、二〇〇八年。

辻村公一『ハイデッガー論攷』、創文社、一九七一年。

辻村公一『ハイデッガーの思索』、創文社、一九九一年。

辻村公一編『ハイデッガーと現代――ハイデッガー生誕一〇〇周年記念論文集』、創文社、一九八九年。

手塚富雄「ハイデガー『ことばについての対話』」、『手塚富雄著作集　第五巻』所収、中央公論社、一九八一年。

仲原孝『ハイデガーの根本洞察――「時間と存在」の挫折と超克』、昭和堂、二〇〇八年。

ハイデッガー研究会編『ハイデッガーと思索の将来――哲学への〈寄与〉』、理想社、二〇〇六年。

古荘真敬『ハイデガーの言語哲学』、岩波書店、二〇〇二年。

ペーター・トラヴニー、中田光雄、齋藤元紀編『ハイデガー哲学は反ユダヤ主義か――「黒ノート」をめぐる討議』、水声社、二〇一五年。

山本英輔『ハイデガー『哲学への寄与』研究』、法政大学出版局、二〇〇九年。

吉本浩和『ハイデガーと現代の思惟の根本問題』、晃洋書房（人間存在論叢書）、二〇〇一年。

渡辺二郎『ハイデッガーの実存思想』、勁草書房、第一版一九六二年、第二版一九七四年。

渡辺二郎『ハイデッガーの存在思想』、勁草書房、第一版一九六二年、第二版一九八五年。

（３）関連書

①海外の研究書

Brentano, Franz: *Von der mannigfachen Bedeutung des Seienden nach Aristoteles*, Freiburg i.Br., 1862(Darmstadt, 1960).

Bultmann, Rudolf: *Glauben und Verstehen*, Bd.1, Tübingen, 7. Aufl.1972, (1.Aufl. 1933), Bd. 3, 1960.

Cassierer, Ernst: *An Essay on Man*, Yale University Press, 1944.

Cassierer, Ernst: *Die Philosophie der symbolischen Formen*. Bd.I, 9. Aufl., Darmstadt, 1988, (1.Aufl. 1923). Bd.II, 9.Aufl., 1994, (1.Aufl. 1925).

Cassierer, Ernst: *Sprache und Mythos*, Leipzig/Berlin, 1925.

Cassierer, Ernst: *The Myth of the State*, Yale University Press, 1946.

Dilthey, Wilhelm: *Gesammelte Schriften* XIV, Göttingen, 1985.

The Eastern Buddhist Society(pub.): *The Eastern Buddhist*, Kyoto, Vol.I, No.2, 1966.

Eliade, Mircea: *Traité d'histoire des religions*, Paris, 1968.

Eliade, Mircea: *Myth and Reality*, New York, 1963.

Freese, Rudolf(hrsg.): *Wilhelm von Humboldt: Sein Leben und Wirken, dargestellt in Briefen, Tagebüchern und Dokumenten seiner Zeit*, Darmstadt, 1986.

Gadamer, Hans-Georg: *Gesammelte Werke*, Bd.8, Tübingen, 1993.

Glasenapp, Helmuth von: *Die Fünf Weltreligionen*, Düsseldorf/Köln, 1963.

Glockner, Hermann: *Die europäische Philosophie von den Anfängen bis zur Gegenwart*, Stuttgart, 1980, (1.Aufl. 1958).

Gockel, Heinz: *Mythos und Poesie*, Frankfurt a.M., 1981.

Gordon, Peter Eli: *Rosenzweig and Heidegger: Between Judaism and German Philosophy*, Berkeley/Los Angeles/London, 2003.

G.W.F.Hegel: *Werke*, Frankfurt a.M.(STW 601), 1986.

Heimsoeth, Heinz: *Die sechs grossen Themen der abendländischen Metaphysik und der Ausgang des Mittelalters*, Darmstadt, 5.

Auflage, 1965, (1.Aufl., 1922).

Humboldt, Wilhelm von: *Wilhelm von Humboldts Gesammelte Schriften*, herausgegeben von der Königlich Preussischen Akademie der Wissenschaften, Berlin, 1906-1936.

Husserl, Edmund: *Husserliana Dokumente,* Bd.3, Briefwechsel, Bd.5, *Die Neukantianer*, Dordrecht/Boston/London, 1994.

Walter Jaeschke und Helmut Holzhey(hrsg.): *Früher Idealismus und Frühromantik. Der Streit um die Grundlagen der Ästhetik (1795-1805),* Hamburg, 1990.

Jaspers, Karl, *Der philosophische Glaube angesichts der Offenbarung,* München, 3.Aufl.1984, (1.Aufl. 1962).

Jaspert, Bernd: *Sachgemässe Exegese. Die Protokolle aus Rudolf Bultmanns Neutestamentlichen Seminaren 1921-1951.* Marburg, 1996.

Kaempfert, Manfred (hrsg.): *Probleme der religiösen Sprache*, Darmstadt, 1983.

Kant, Immanuel: *Kritik der reinen Vernunft*, Hamburg, 1956.

Mensching, Gustav: *Die Religion: Erscheinungsformen, Strukturen und Lebensgesetze*, Stuttgart, 1959.

Midal, Fabrice: *Conférences de Tokyo, Martin Heidegger et la pensée bouddhique*, Paris, 2012.

Otto, Rudolf: *Das Heilige: Über das Irrationale in der Idee des Göttlichen und sein Verhältnis zum Rationalen*, München, 1987, (1.Aufl. 1917).

Otto, Walter F.: *Theophania*, Frankfurt a. M., 1979, (1.Aufl. 1975).

Pöggeler, Otto: *Die Frage nach der Kunst: Von Hegel zu Heidegger*, Freiburg/München, 1984.

Pöggeler, Otto: *Spur des Worts: Zur Lyrik Paul Celans*, Freiburg/München, 1986.

Pöggeler, Otto: *"Über die moderne Kunst": Heidegger und Klee's Jenaer Rede von 1924*, Erlangen und Jena, 1995.

Pöggeler, Otto: *Der Stein hinterm Aug: Studien zu Celans Gedichten,* München, 2000.

Pöggeler, Otto: *Bild und Technik: Heidegger, Klee und die moderne Kunst*, München, 2002.

Pöggeler, Otto: *Schicksal und Geschichte: Antigone im Spiegel der Deutungen und Gestaltungen seit Hegel und Holderlin*, München,

2004.
Pöggeler, Otto: *Philosophie und hermeneutische Theologie: Heidegger, Bultmann und die Folgen*, München, 2009.
Pöggeler, Otto: *Wege in schwieriger Zeit: Ein Lebensbericht*, München, 2011.
Quint, Josef(hrsg. und übersetzt): *Meister Eckehart: Deutsche Predigten und Traktate*, München, 1985, (1.Aufl. 1963).
Sartre, Jean-Paul, *L'existentialisme est un humanisme*, Paris, 1968.
Hans Eichner(hrsg.): *Kritische Friedrich-Schlegel-Ausgabe* Bd.II, München/Paderborn/Wien, Zürich, 1967.
Spranger, Eduard: *Wilhelm von Humboldt und die Humanitätsidee*, Berlin, 1909.
Trabant, Jürgen: *Traditionen Humboldts*, Frankfurt a.M., 1990.
Ueda, Shizuteru: "Das Erwachen im Zen-Buddhismus als Wort-ereignis", in: Walter Strolz und Shizuteru Ueda: *Offenbarung als Heilserfahrung im Christentum, Hinduismus und Buddhismus*, Freiburg/Basel/Wien, 1982.
Wach, Joachim: *Types of religious experience; Christian and Non-Christian*, Chicago, 1951. pp.32.

②翻訳書
新約聖書翻訳委員会訳『新約聖書』、岩波書店、二〇〇四年。

青野太潮訳『パウロ書簡』〈新約聖書Ⅳ〉、岩波書店、一九九六年。

L・ヴァイスゲルバー他著、福本喜之助・寺川央編訳『現代ドイツ意味論の源流』、大修館、一九七五年、
山田晶訳『アウグスティヌス』（世界の名著）、中央公論社、一九六八年。

ベーダ・アレマン著、小磯仁訳『ヘルダーリンとハイデガー』、国文社、一九八〇年。

ゲーテ著、大山定一訳『ファウスト』（『ゲーテ全集』第二巻）、人文書院、一九六〇年。

G・スタイナー著、亀山健吉訳『バベルの後に』、法政大学出版局、上：一九九九年、下：二〇〇九年。

ブレンタノ著、岩崎勉訳『アリストテレスの存在論』、理想社、一九三三年。

ラクー＝ラバルト著、浅利誠・大谷尚文訳『政治という虚構』、藤原書店、一九九二年。

マックス・ホルクハイマー、テオロール・W・アドルノ著、徳永恂訳『啓蒙の弁証法』、岩波書店、一九九〇年。

③日本の研究書

泉井久之助『言語研究とフンボルト』、弘文堂、一九七六年。

井筒俊彦訳『コーラン』全三巻、岩波書店、一九五八年。

井筒俊彦『コーランを読む』、岩波書店、一九八三年。

井筒俊彦『意識と本質』、岩波書店、一九八三年。

上田閑照『上田閑照集』全一一巻、岩波書店、二〇〇一—二〇〇三年。

上田閑照『マイスター・エックハルト』（人類の知的遺産二一）、講談社、一九八三年。

大橋容一郎「「純粋ロゴス批判」の論理」、『理想』No.六四三所収、理想社、一九八九年。

大林太良＋吉田敦彦『世界の神話をどう読むか』、青土社、一九九八年。

沖野政弘『現代神学の動向——後期ハイデガーからモルトマンへ』、創文社、一九九九年。

加来彰俊訳「ゴルギアス」（『プラトン全集』九）、岩波書店、一九七四年。

梶山雄一他編『原始仏典　第七巻　ブッダの詩』、春秋社、一九八六年。

片柳栄一「超越とその行方としての世界」、神戸大学国際文化学部紀要『国際文化研究』第九号所収、一九九八年。

金子晴勇『ルターとドイツ神秘主義』、創文社、二〇〇〇年。

金子晴勇・竹原創一訳『シュタウピッツとルター』（キリスト教神秘主義著作集第一一巻）、教文館、二〇〇一年。

岸本英夫『宗教学』、大明堂、一九六一年。

『九鬼周造全集』、岩波書店、一九八〇—八二年。

氣多雅子『ニヒリズムの思索』、創文社、一九九九年。

清水哲郎『パウロの言語哲学』、岩波書店、二〇〇一年。

薗田坦『〈無限〉の思惟』、創文社、一九八七年。

多田智満子訳『レヴィ＝ストロースとの対話』、みすず書房、一九七〇年。

『田邊元全集』、筑摩書房、一九六三—六四年。

月本昭男訳『ギルガメシュ叙事詩』、岩波書店、一九九六年。

辻村公一編『一即一切：日独哲学コロクィウム論文集』、創文社、一九八六年。

土屋博『教典になった宗教』、北海道大学図書刊行会、二〇〇二年。

常俊宗三郎編『日本の哲学を学ぶ人のために』、世界思想社、一九九八年。

手塚富雄『ヘルダーリン（上）』（『手塚富雄著作集　第一巻』中央公論社、一九八〇年、『ヘルダーリン（下）』（『手塚富雄著作集　第二巻』

　中央公論社、一九八一年。

長尾雅人他編『インド仏教1』（岩波講座　東洋思想　第八巻）、岩波書店、一九八九年。

『西田幾多郎全集』第一九巻、岩波書店、一九六六年。

『西谷啓治著作集』第一四巻、創文社、一九九〇年。

西谷啓治編『講座　禅』第一巻、筑摩書房、一九六七年。

福永光司『老子』、朝日新聞社（朝日選書）、一九九七年。

福本喜之助・寺川央編訳『現代ドイツ意味論の源流』、大修館、一九七五年。

間瀬啓允・稲垣久和編『宗教多元主義の探究――ジョン・ヒック考』、大明堂、一九九五年。

松浪信三郎『実存主義』、岩波新書、一九六二年。

『三木清全集』第一〇巻、岩波書店、一九六七年。

嶺秀樹『ハイデッガーと日本の哲学――和辻哲郎、九鬼周造、田辺元』、ミネルヴァ書房、二〇〇二年。

森秀樹「新カント派の挫折の意義」、関西哲学会編『アルケー』所収、二〇〇一年。

山田晶『トマス・アクィナスの《エッセ》研究』、創文社、一九七八年。

米倉充『現代神学と実存思想』、創文社、一九八一年。

後書き

本書は昨年京都大学に提出された学位論文をもとに、多少の加筆修正を加えたものである。学位審査で主査をお引き受けいただいた京都大学大学院教授（現名誉教授）氣多雅子先生、副査をお引き受け下さった同教授杉村靖彦先生、同阿部浩先生には衷心よりお礼申し上げたい。三人の先生方には私の拙い論考をご精読いただき、試問のさいには有益な多くのご教示をいただいた。加筆修正は主にこのときの先生方のご教示に基づくものである。拙い論考が何とか読者にお読みいただけるものとなったとすれば、それはひとえに主査の氣多先生を始めとする先生方のおかげである。また氣多先生には出版のさいにもお世話になった。

私が博士論文執筆を意識したのは、DAAD奨学生申請における「公約」に遡る。そしてドイツ留学より帰国後五、六年が経過し書きためた論文が一〇本に近づいた頃、当時京都大学におられた薗田坦先生を研究室に訪ね、博士論文について相談に乗っていただいた。薗田先生からは、是非良い論文を書くようにと激励をいただいたが、そのさい私の安易な考えを見透かしたかのように、「博士論文はこれまでに書いた論文を集めたものではなく、ひとつのテーマを追求したまとまったものでなければならない」とご忠告いただいた。それでも当時の私は二、三年もあればその様な論文が書けるような気がしていた。まさかその二、三年が二、三〇年になろうとは思ってもみなかった。もちろんこれほどの年月を要したのはひとえに私の不勉強と怠惰によるものだが、言い訳に過ぎないとしてもその理由の一つとして、もはや避けては通れなくなった「ハイデッガーとナチズム」の問題が政治に疎い私にとってあまりにも重荷であったことを告白しなければならない。またその間に薗田先生とともに取り組んだ『ディルタイ全集第十巻』の難渋を極めた翻訳に、多大な年月を費やしたことも確かである。しかしこの翻訳のおかげでキリスト教を本格的に学ぶこととなり、結果として本書の成立が可能になったと思っている。なお本書には一部に、以前に書いた拙稿を改稿のうえ取り込んだものもあるが、基本的に書き下ろしであり、もとの拙稿を記すことは割愛させていただいた。

ところで本書を執筆するさい、何度もある種の虚しさに襲われることがあった。というのも本書は Vittorio Klostermann の全集をもとに執筆されたものであるが、この全集はさまざまな研究者から批判を受けているからである。その理由は本文でも触れたようにその編集方針にある。とりわけO・ペゲラー先生による批判は、ヘーゲル・アルヒーフ所長として新たなヘーゲル全集の編纂を主導された方によるものであるだけに非常に重いものであった。もちろん私もこのことを意識して可能なかぎり論拠としてハイデッガー生前に公刊された著作に拠るよう努めたが、全集版の講義録や思索断片に拠らざるをえなかった箇所も少なくない。本全集完成後いつかは開始されるであろう「批判的全集」によって、私の主張は意義を失うかもしれない——この不安は何度も私の脳裏をよぎった。この点ではいかなる研究も時代の制約を受けざるをえないという限界をひしひしと感じている。

ところでペゲラー先生はゼミナールの場で、さまざまな研究者の説を批判するさい、「彼（彼女）の主張はたんなる間違いにすぎない（einfach falsch）」という言い方をよくされた。私は執筆を進めながら先生のこの言葉をつねに思い出し、解釈や推論が einfach falsch とならないよう心がけたつもりである。それにもかかわらずたんなる間違いを犯しているかもしれない。読者諸賢のご批判を請う次第である。

このように拙い著作であるにもかかわらず、この研究成果が日の目を見るに至ったのは多くの方々のご支援のおかげである。とりわけ京都大学文学部哲学科宗教学研究室の先生および先輩の方々、上田閑照先生、長谷正當先生、藤田正勝先生、氣多雅子先生、薗田坦先生、佐々木亮先生、米澤穂積先生、松丸壽雄先生、中路正恒先生を始め多くの先生方には篤くお礼申し上げたい。またかつて在籍した同大学仏教学研究室の荒牧典俊先生には長年にわたって親しくしていただき多くのご教示をいただいた。荒牧先生はインド仏教、中国仏教の分野で多くの秀でた研究成果を発表してこられたのみならず、ハイデッガーにも深く傾倒され、その優れた理解を研究会などの場で披瀝してこられた。荒牧先生の研究者、思索者としての真摯な姿勢が、怠慢な私をどれほど鼓舞し続けてきたことか。本書は先生方に胸を張ってお見せできるような成果とはとても言えるものではないが、ささやかながら先生方の学恩に対する感謝を形にでき、私としては少し安堵している。またボーフム大学教授、ヘーゲル・アルヒーフ所長でおられたO・ペゲラー先生に本書が多くを負っていることは改めて言うまでもない。本書を先生に捧げることが許されるならば、私にとってこれ以上の喜びはない。また本書の出版にさいして晃洋書房編集部井上芳郎氏ならびに桃夭舎の高瀬桃子氏（編集実務・組版担当）に大変お世話になった。ここに記して謝したい。

二〇一八年一一月

京都にて　谷口静浩

人名索引

〈ア　行〉

アーレント　118
アウグスティヌス　158, 159
青野太潮　192
アドルノ　222
荒牧典俊　241, 242
アリストテレス　74, 91, 92, 137, 198
アレクサンダー　126
アンゲルス・ジレージウス　243
泉井久之助　126
井筒俊彦　148, 243
ヴァイスゲルバー　124, 150
上田閑照　243
エーベリング　20, 26
エックハルト　44, 192, 216
エリアーデ　212, 221, 223, 232
大橋容一郎　84
大林太良　220
オット（Heinrich）　19, 26
オット（Hugo）　47
オットー（Rudolf）　177, 232, 233, 242
オットー（Walter F.）　149

〈カ　行〉

ガーダマー　197-200
片柳栄一　86
カッシーラー　4, 195, 200-207, 210, 218, 219, 223, 227
金子晴勇　81, 87
カント　50, 136
九鬼周造　16, 86
グラーゼナップ　241
グレーバー　31
グロックナー　123
ゲーテ　142, 151, 152
氣多雅子　243
ゴッケル　222

〈サ　行〉

サルトル　10, 16
茂牧人　152, 188
清水哲郎　192
シュタウピッツ　81
シュプランガー　125
シュライアーマッハー　156, 181, 193
シュレーゲル　199, 200
スタイナー　149

〈タ　行〉

田邊元　16, 25
田鍋良臣　224
辻村公一　163, 164, 190, 191
常俊宗三郎　48
ディルタイ　59, 156, 181, 193
トラバント　149

〈ナ　行〉

ナトルプ　58
ニーチェ　193
西田幾多郎　24
西谷啓治　164, 165, 167, 191
ノヴァーリス　137

〈ハ　行〉

ハイネ　125, 149
ハイムゼート　23
パウロ　63, 64, 157, 171, 174, 229
パルメニデス　95, 96, 123, 197, 211
ファリアス　13, 36, 47

フェディエ　152
福永光司　149
フッサール　10, 32, 33, 35, 47, 63, 68, 85, 156, 187
ブッダ　186, 190, 230-232, 239
プラトン　198, 221
ブルトマン　4, 68, 156, 159-161, 182, 183, 188, 226, 241
ブレンターノ　31, 33, 47
フンボルト（Alexander von）　126
フンボルト（Wilhelm von）　3, 121, 122, 124-133, 145-148, 151, 226
ヘーゲル　199
ペゲラー　1, 8, 9, 13, 20-24, 26, 27, 37, 38, 50, 84, 118, 120, 150, 155, 156, 163, 190, 241
ベッカー　10
ヘラクレイトス　94-96, 113, 123, 197
ヘルダーリン　3, 5, 45, 89, 90, 96-98, 100, 101, 103-106, 110-112, 116, 117, 166, 179, 226, 237, 240
ボーフレ　10
ホメロス　110
ホルクハイマー　222

〈マ　行〉

マーハ・マーニ　162, 163, 189
前田毅　242
三木清　16, 25
ミダール　166
ムハンマド　228, 229, 238, 241
メンシング　232
森秀樹　84

〈ヤ　行〉

ヤスパース　162, 228, 241
山田晶　83
ユンゲル　19, 26
吉田敦彦　220

〈ラ　行〉

ラクー＝ラバルト　36, 49
ランケ　124
リチャードソン　11
リッカート　58
ルター　4, 81, 85, 156, 157, 171, 182, 226
レヴィ＝ストロース　221
レーヴィット　156

《著者紹介》
谷口静浩（たにぐち　しずひろ）
1956 年大阪市生まれ。1985 年京都大学大学院博士課程満期退学。1987/88 年ドイツ（当時西ドイツ）ボーフム大学哲学科に留学。2017 年文学博士（京都大学）。現在龍谷大学、同志社大学非常勤講師。
主な著書に、『日本近代思想を学ぶ人のために』（共著、世界思想社、1997 年）、『新しい教養のすすめ　宗教学』（共著、昭和堂、1999 年）、『宗教の根源性と現代』（共著、晃洋書房、2001 年）、主な訳書に W. イェシュケ／ H. ホルツァイ編『初期観念論と初期ロマン主義』（共訳、昭和堂、1994 年）、『ディルタイ全集　第十巻』（共訳、法政大学出版局、2016 年）がある。

ハイデッガーの思惟と宗教への問い
——宗教と言語を巡って——

2019 年 2 月 28 日　初版第 1 刷発行　＊定価はカバーに表示してあります

著者の了解により検印省略

著　者　谷　口　静　浩©
発行者　植　田　　実
印刷者　藤　森　英　夫

発行所　株式会社　晃　洋　書　房
〒615-0026　京都市右京区西院北矢掛町 7 番地
電話　075(312)0788 番㈹
振替口座　01040-6-32280

カバーデザイン 尾崎閑也　組版 桃夭舎
印刷・製本 亜細亜印刷㈱

ISBN978-4-7710-3187-6